Jens Peter Hjort

Aufhebungsvertrag und Abfindung

Strategien, Tipps und Musterverträge

2. überarbeitete und aktualisierte Auflage

Bund-Verlag

Bibliografische Information Der Deutschen Bibliothek
Die Deutsche Bibliothek verzeichnet diese Publikation in der Deutschen Nationalbibliografie; detaillierte bibliografische Daten sind im Internet über http://dnb.ddb.de abrufbar.

2., überarbeitete Auflage 2003

Herstellung: Inga Tomalla, Frankfurt am Main
Umschlag: Neil McBeath, Stuttgart
Satz: Dörlemann Satz, Lemförde
Druck: Ebner & Spiegel GmbH, Ulm
Printed in Germany 2003
ISBN 3-7663-3510-3

www.bund-verlag.de

Jens Peter Hjort
Aufhebungsvertrag und Abfindung
Strategien, Tipps und Musterverträge

RECHT AKTUELL

Vorwort zur 2. Auflage

Knapp zwei Jahre nach erstmaligem Erscheinen ist es nötig, diesen Ratgeber neu vorzulegen. Dabei wurde das Buch komplett überarbeitet.

Die Dynamik des Personalabbaus hat enorm zugenommen. Die lahmende (Welt-)Wirtschaftskonjunktur, kriegerische Konflikte und ein sich immer schneller drehendes Rationalisierungskarussell sind Auslöser dieser Entwicklung. Die (offiziellen) Arbeitslosenzahlen schnellen auf neue Rekordmarken. Experten rechnen noch im Jahre 2003 mit einer Überschreitung der 5-Millionen-Grenze.

Als Patentrezepte werden überwunden geglaubte neoliberale Ideen erörtert und teilweise umgesetzt, wie dies beispielsweise mit den Hartz-Gesetzen der Fall ist, die insbesondere die arbeitsförderungsrechtlichen Folgen bei Aufhebungsvereinbarungen beeinflussen. Die Möglichkeiten der Arbeitnehmerüberlassung (Leiharbeit) sind deutlich ausgeweitet worden. Ohne Einschränkungen können Arbeitsverhältnisse nunmehr befristet werden mit Arbeitslosen, die das 52. Lebensjahr vollendet haben. Neben diesen in die Neuauflage eingearbeiteten Veränderungen hat für die zivilrechtliche Beurteilung von Aufhebungsverträgen die Schuldrechtsmodernisierung mit Gesetz vom 26. 11. 2001 eine zentrale Bedeutung.

In diesem Zusammenhang ist gegenwärtig sehr umstritten, ob das neue Zivilrecht ein Widerrufsrecht bei Aufhebungsverträgen gewährt. Der Autor bejaht dies, weil dies dem Schutzzweck der auf das Arbeitsrecht ausgedehnten Verbraucherschutzgesetzgebung adäquat ist.

Gesetzgebung, Rechtsprechung und Literatur sind bis einschließlich 28. 2. 2003 berücksichtigt.

Dank schulde ich manchen Lesern für wertvolle Anregungen. Zu danken habe ich ebenfalls unserer Sekretariatsmitarbeiterin Frau Kerstin Ohlsson, die sich erneut um das Textmanuskript verdient gemacht hat.

Hamburg, im März 2003 — Jens Peter Hjort

Aus dem Vorwort zur 1. Auflage

Die viel beschworene Flexibilität im Arbeitsleben nimmt zu. Wenn auch meist unfreiwillig wächst die Zahl der Arbeitnehmer, die ihren Arbeitsplatz aufgeben müssen. Als probates Mittel der Trennung gilt dabei der Aufhebungsvertrag. Zu seinem Abschluss gehören aber zwei Parteien, die – nicht nur in diesem Zusammenhang – durchaus gegensätzliche Interessen vertreten.

Ziel dieses Buches ist insbesondere die Aufarbeitung der damit verbundenen Problemlagen aus Arbeitnehmersicht. Wer optimal verhandeln will, braucht aber nicht nur eine verlässliche rechtliche Grundlage, sondern sollte auch möglichst in der Lage sein, die typischen psychologischen Mechanismen zu durchschauen, die in der Trennungsphase das Verhalten der Beteiligten nachhaltig beeinflussen können. Deshalb werden anhand von Beispielsfällen aus der arbeitsrechtlichen Praxis maßgebliche psychologische Einflussfaktoren analysiert und nutzbar gemacht für Hinweise auf situationsgerechte und nützliche Strategien bei der Wahrnehmung der eigenen Interessen.

Dieser Praxisratgeber dient als Leitfaden für eine fundierte Orientierung hinsichtlich der arbeitsrechtlichen Rahmenbedingungen von Aufhebungsverträgen sowie den sozialversicherungs- und steuerrechtlichen Rechtsfolgen.

Die Verhandlungskompetenz zu unterstützen und je nach Lage des Einzelfalls angemessen dotierte Abfindungsleistungen durchzusetzen, ist dabei ein Ziel dieses Ratgebers. Von gleichrangiger Bedeutung ist die rechtssichere Gestaltung der Vertragsbedingungen, damit nicht im Nachhinein ein böses Erwachen stattfindet.

Im Mittelpunkt des Buches stehen insoweit umfangreiche und ausführlich erläuterte Formulierungshilfen (mit Alternativvorschlägen je nach Einzelfallkonstellation) für die bei Aufhebungs- und Abwicklungsverträgen regelungsbedürftigen Punkte. Im Anhang des Buches sind diese Vertragsklauseln als Vertragsmuster zusammengefasst, ergänzt um wichtige einschlägige Gesetzestexte.

Die aktuelle Gesetzgebung, insbesondere zur Formbedürftigkeit von Aufhebungsverträgen und zum neuen Teilzeit- und Befristungsgesetz sowie Rechtsprechung und Literatur sind bis zum 30. 4. 2001 eingearbeitet.

An geeigneter Stelle sind auch Alternativen zur herrschenden Meinung in Rechtsprechung und Literatur formuliert worden, da es gerade im Arbeitsrecht für die Durchsetzung arbeitnehmerschützender Rechte erforderlich ist, solche kontroversen Positionen zu entwickeln und in die juristische Debatte einzubringen.

In diesem Buch ist der besseren Lesbarkeit wegen überwiegend die männliche Form gewählt worden (»der Arbeitnehmer«, »der Arbeitgeber«, »der Rechtsanwalt« usw.). Eine geschlechtsspezifische Diskriminierung ist damit jedoch in keinem Fall verbunden.

Hamburg, im April 2001 — Jens Peter Hjort

Inhaltsverzeichnis

Anhang

Abkürzungsverzeichnis

a.A.	anderer Ansicht
a.a.O.	am angegebenen Ort
Abs.	Absatz
a.F.	alte Fassung
AFG	Arbeitsförderungsgesetz
AiB	Arbeitsrecht im Betrieb (Zeitschrift)
Anh.	Anhang
Anm.	Anmerkung
AnwBl.	Anwaltsblatt (Zeitschrift)
ArbG	Arbeitsgericht
ArbGG	Arbeitsgerichtsgesetz
ArbPlSchG	Arbeitsplatzschutzgesetz
ArbRB	Der Arbeitsrechtsberater (Zeitschrift)
Aufl.	Auflage
AZG	Arbeitszeitgesetz
BABl.	Bundesarbeitsblatt (Zeitschrift)
BAG	Bundesarbeitsgericht
BAG GS	Großer Senat des BAG
BAT	Bundes-Angestelltentarifvertrag
BAnz.	Bundesanzeiger
BB	Betriebs-Berater (Zeitschrift)
BBG	Bundesbeamtengesetz
BBiG	Berufsbildungsgesetz
BerzGG	Bundeserziehungsgeldgesetz
BeschFG	Beschäftigungsförderungsgesetz
BetrAVG	Gesetz zur Verbesserung der betrieblichen Altersversorgung
BetrVG	Betriebsverfassungsgesetz
BfA	Bundesversicherungsanstalt für Angestellte
BGB	Bürgerliches Gesetzbuch
BGBl.	Bundesgesetzblatt

BGH	Bundesgerichtshof
BRAGO	Bundesrechtsanwaltsgebührenordnung
BR-Drucks.	Bundesrats-Drucksache
BSG	Bundessozialgericht
BT-Drucks.	Bundestags-Drucksache
BUrlG	Bundesurlaubsgesetz
BVerfG	Bundesverfassungsgericht
BVerwG	Bundesverwaltungsgericht
BZRG	Bundeszentralregistergesetz
DA	Durchführungsanweisung
DAG	Deutsche Angestellten Gewerkschaft
DB	Der Betrieb (Zeitschrift)
DBlR	Dienstblatt der BA (Bundesanstalt für Arbeit) – Rechtsprechung
DGB	Deutscher Gewerkschaftsbund
DStR	Das Steuerrecht (Zeitschrift)
DVBl.	Deutsches Verwaltungsblatt (Zeitschrift)
EU	Europäische Union
EuGH	Europäischer Gerichtshof
EZA	Entscheidungen zum Arbeitsrecht
FN	Fußnote
GG	Grundgesetz
gem.	gemäß
ggf.	gegebenenfalls
GKG	Gerichtskostengesetz
HGB	Handelsgesetzbuch
h.M.	herrschende Meinung
i.d.F.	in der Fassung
i.d.R.	in der Regel
IG	Industriegewerkschaft
InsO	Insolvenzordnung
i.V.m.	in Verbindung mit
KSchG	Kündigungsschutzgesetz
LAG	Landesarbeitsgericht
LAGE	Entscheidungen der Landesarbeitsgerichte, Entscheidungssammlung
LG	Landgericht
LSG	Landessozialgericht
LStDVO	Lohnsteuerdurchführungsverordnung

LStR	Lohnsteuerrichtlinien
LVA	Landesversicherungsanstalt
m.H.a.	mit Hinweis auf
MinBl.	Ministerialblatt
MTV	Manteltarifvertrag
MuSchG	Mutterschutzgesetz
m.w.N.	mit weiteren Nachweisen
NJW	Neue Juristische Wochenschrift
NJW-RR	NJW-Rechtsprechungs-Report (Zeitschrift)
NZA	Neue Zeitschrift für Arbeitsrecht
NZA-RR	NZA-Rechtsprechungs-Report (Zeitschrift)
NZS	Neue Zeitschrift für Sozialrecht
OLG	Oberlandesgericht
OVG	Oberverwaltungsgericht
OWiG	Gesetz über Ordnungswidrigkeiten
PersV	Personalvertretung (Zeitschrift)
PersVG	Personalvertretungsgesetz
Rn.	Randnummer
Rspr.	Rechtsprechung
RVO	Reichsversicherungsordnung
Rz.	Randziffer
SchwbG	Schwerbehindertengesetz
SGB (I bis XI)	Sozialgesetzbuch (jeweiliges Buch)
SGG	Sozialgerichtsgesetz
str.	streitig
TzBfG	Teilzeit- und Befristungsgesetz
umstr.	umstritten
VBL	Versorgungsanstalt des Bundes und der Länder
VerwG	Verwaltungsgericht
VwGO	Verwaltungsgerichtsordnung
z.B.	zum Beispiel
ZDG	Zivildienstgesetz
ZfA	Zeitschrift für Arbeitsrecht
ZIP	Zeitschrift für Wirtschaftsrecht und Insolvenzpraxis
ZPO	Zivilprozessordnung

Literaturverzeichnis

Ascheid/Preis/Schmidt (zit.: APS-*Bearbeiter*), Großkommentar zum Kündigungsrecht, 1. Aufl. 2000

Bauer, Arbeitsrechtliche Aufhebungsverträge, 6. Aufl. 1999

ders. Neue Spielregeln für Aufhebungs- und Abwicklungsverträge durch das geänderte BGB?, NZA 2002, S. 169ff.

Bauer/Krets, Gesetze für moderne Dienstleistungen am Arbeitsmarkt, NJW 2003, S. 537ff.

Bengelsdorf, Aufhebungsvertrag und Abfindungsvereinbarungen, 3. Aufl. 1999

Berkowsky, Beschäftigung, Weiterbeschäftigung und Sozialauswahl, NJW 1996, 291ff.

ders., Die betriebsbedingte Kündigung, 4. Aufl. 1997

ders., Die personen- und verhaltensbedingte Kündigung, 3. Aufl. 1997

Bitter, Zur Unternehmerentscheidung zwecks Personalabbau, DB 2000, 1760ff.

Blanke, Der Gesetzentwurf der Bundesregierung über Teilzeitarbeit und befristete Arbeitsverträge, AiB 2000, 728ff.

Däubler, Die Einführung des Euro – Auswirkungen im Arbeitsrecht, AiB 1998, 541ff.

ders., Das geplante Teilzeit- und Befristungsgesetz, ZIP 2000, 1961ff.

ders., Obligatorische Schriftform für Kündigungen, Aufhebungsverträge und Befristungen, AiB 2000, 188ff.

ders., Die Auswirkungen der Schuldrechtsmodernisierung auf das Arbeitsrecht, NZA 2001, S. 1329ff.

Dieterich/Hanau/Schaub (zit.: ErfK-*Bearbeiter*), Erfurter Kommentar zum Arbeitsrecht, 3. Aufl. 2003

Elsner, Personenbedingte Kündigung, 1. Aufl. 2000

Esser/Wolmerath, Mobbing, Der Ratgeber für Betroffene und ihre Interessenvertretung, 5. Aufl. 2003

Fitting/Kaiser/Heither/Engels/Schmidt (zit.: FKHES), Betriebsverfassungsgesetz, 21. Aufl. 2002

Gagel, Zum Ruhen von Arbeitslosengeld durch Abfindungen aus Sozialplänen, NZS 2000, 327

ders., Ratschlag: Sperrzeiten vermeiden, FA 2000, 9ff.

Gagel/Vogt, Beendigung von Arbeitsverhältnissen, 5. Aufl. 1996

v. Gamm, Die neuere Rechtsprechung des BGH zum Handelsvertreterrecht, NJW 1979, 2489ff.

Gerold/Schmidt/v. Eicken/Madert, Bundesgebührenordnung für Rechtsanwälte, 13. Aufl. 1997

Grundstein, Widerrufsrecht des Arbeitnehmers bei Abschluss eines Aufhebungsvertrages, FA 2003, S. 41ff.

Harbauer, Rechtsschutzversicherung, 6. Aufl. 1998

Hoß, Widerrufsrecht beim Abschluss von Aufhebungsverträgen, ArbRB 2002, S. 181ff.

Hueck/v. Hoyningen-Huene, Kündigungsschutzgesetz, 12. Aufl. 1997

Hümmerich, Die arbeitsgerichtliche Abfindung, NZA 1999, 342ff.

ders., Steuerliche Abzugsfähigkeit der Kostennote eines Arbeitsrechtsanwalts, FA 2000, 2ff.; Erweitertes Arbeitnehmerrecht durch Verbraucherschutz, AnwBl. 2002, S. 671ff.

Hümmerich/Holthausen, Der Arbeitnehmer als Verbraucher, NZA 2002, S. 173ff.

ders., Abschied vom arbeitsrechtlichen Aufhebungsvertrag, NZA 1994, 200ff.

Hümmerich/Spirolke, Die arbeitsrechtliche Abfindung im neuen Steuerrecht, NJW 1999, 1663ff.

Hümmerich/Holthausen/Welslau, Arbeitsrechtliches im Ersten Gesetz für moderne Dienstleistungen am Arbeitsmarkt, NZA 2003, S. 7ff.

Kittner/Däubler/Zwanziger (zit.: KSchR-*Bearbeiter*), Kündigungsschutzrecht, 5. Aufl. 2001

Kittner/Zwanziger (Hrsg.), Arbeitsrecht – Handbuch für die Praxis, 2. Aufl. 2003

Küttner (zit.: Küttner-*Bearbeiter*), Personalbuch, 9. Aufl. 2002

Lohre/Mayer/Stevens-Bartol (Hrsg.), Arbeitsförderungsrecht, 3. Aufl. 2000

Neef/Schrader, Die Behandlung der Abfindung nach dem SGB III, DB 1999, 281ff.

Nielebock, Die neuen gesetzlichen Regelungen zur befristeten Beschäftigung, AiB 2001, 75ff.

Niesel, SGB III, Kommentar, 2. Aufl. 2002

Pahde, Altersteilzeit, AiB 2001, 136ff.

Palandt/Bearbeiter, Bürgerliches Gesetzbuch sowie Ergänzungsband: Gesetz zur Modernisierung des Schuldrechts, 61. Aufl. 2002

Reim, Arbeitnehmer und/oder Verbraucher, DB 2002, S. 2434ff.

Sauer, Der Eintritt einer Sperrzeit nach der Beendigung des Beschäftigungsverhältnisses, NZS 1996, 415ff.

Schaub, Arbeitsrechts-Handbuch, 9. Aufl. 2000

Schiefer, Betriebsbedingte Kündigung, FA-Spezial 1/2000, Iff.

Schleusener, Zur Widerrufsmöglichkeit von arbeitsrechtlichen Aufhebungsverträgen nach § 312 BGB, NZA 2002, S. 949ff.

Schmidt, Kündigungsschutz und Arbeitslosengeld, NZA 2002, S. 1380ff.

Schubert, Der Anwalt im Arbeitsrecht, 1. Aufl. 2000

Siewert, Arbeitszeugnisse: Wie man sie formuliert, interpretiert und von ihnen profitiert, 8. Aufl. 2000

Simon-Widmann, Haftungsgefahren im Zusammenhang mit Entlassungsentschädigungen, AnwBl. 2003, S. 49ff.

Strohner/Schmidt-Keßeler, Zweifelsfragen im Zusammenhang mit der lohn- und einkommensteuerlichen Behandlung von Entlassungsentschädigungen, DStR 1999, 693, 699

Valgolio, Gleichwohlgewährung und Kündigungsschutzprozess, FA 2001, S. 322ff.

Welslau, Erstattungspflicht des Arbeitgebers nach § 147a SGB III, FA 1999, 313ff.

Winkler, Das ABC des wichtigen Grundes, info also 1996, 174ff.

1. Aufhebungsvertrag und andere Formen der Beendigung des Arbeitsverhältnisses

Um die Bedeutung und die Reichweite eines Aufhebungsvertrages einschätzen zu können, ist er zunächst von anderen Formen der Beendigung des Arbeitsverhältnisses abzugrenzen. Diese Abgrenzung dient als Überblick dazu, die Unterschiede herauszuarbeiten, um die Vorteile, aber auch die Risiken für den betroffenen Arbeitnehmer[1] darzustellen.

1.1 Schriftform als gemeinsame Voraussetzung

Gemeinsam ist den Beendigungstatbeständen des Aufhebungsvertrages, der Kündigung (und zwar unabhängig davon, ob eine solche vom Arbeitgeber oder Arbeitnehmer ausgesprochen wird) sowie der Beendigung durch Befristung, dass diese seit dem 1.5.2000 gemäß § 623 BGB zu ihrer Wirksamkeit der **Schriftform** bedürfen, d.h. dass sie schriftlich erfolgen und eigenhändig unterschrieben werden müssen.[2]

Die Neueinführung des Signaturgesetzes 1996, wonach auch eine elektronische Signatur anstelle der Schriftform zugelassen ist, gilt nur für vertraglich vereinbarte Schriftformklauseln. Soweit also – wie hier – gesetzlich Schriftform vorgeschrieben ist, reicht eine elektronische Signatur nicht aus. Auch nach der Neufassung des Signaturgesetzes bleibt § 623 BGB von der Anwendung der elektronischen Signatur ausgenommen. Begründet wird dies damit, dass die Warnfunktion des Schriftformerfordernisses bei der elektronischen Signatur nicht in vollem Umfang gegeben sei.

---

1 In diesem Buch ist überwiegend, wenn es um eine/n Arbeitnehmer/in geht, der besseren Lesbarkeit wegen die männliche Form gewählt worden. Eine Diskriminierung ist damit selbstverständlich nicht bezweckt.

2 Vgl. hierzu: Däubler, AiB 2000, 188.

1.2 Aufhebungsvertrag

Die einvernehmliche Beendigung des Arbeitsverhältnisses durch Vertrag ist Ausfluss der Vertragsfreiheit der Vertragsparteien (§ 311 BGB) und daher grundsätzlich zulässig.[3] Während der Aufhebungsvertrag vormals im BGB überhaupt keine Erwähnung fand, wurde er zunächst in Nebengesetzen (z.B. § 41 Abs. 4 Satz 3 SGB VI, § 112a Abs. 1 Satz 2 BetrVG) aufgenommen und wird nunmehr auch in § 623 BGB als Beendigungstatbestand aufgeführt. Gleichwohl fehlt die gesetzliche Definition, worum es sich bei einem Aufhebungsvertrag genau handelt.

Unter einem Aufhebungsvertrag wird eine einvernehmliche Vereinbarung zwischen Arbeitgeber und Arbeitnehmer verstanden, wonach allein diese Vereinbarung den Grund für die Beendigung des Arbeitsverhältnisses darstellen soll. Der Aufhebungsvertrag bedarf nach der Einführung des § 623 BGB der Schriftform, d.h. er ist von Arbeitgeber **und** Arbeitnehmer zu unterschreiben. Die bisherige Rechtsprechung, wonach ein Aufhebungsvertrag nicht nur mündlich, sondern unter besonderen Umständen sogar stillschweigend abgeschlossen werden konnte,[4] ist damit hinfällig. Gleichwohl bedeutet dies nicht, dass ein Aufhebungsvertrag auch ausdrücklich als solcher bezeichnet werden muss. Aus dem schriftlichen Dokument muss lediglich der Wille beider Parteien, durch Abschluss des Vertrages das Arbeitsverhältnis zu einem bestimmten Zeitpunkt zu beenden, deutlich werden. Die Überschrift mag damit zwar ein Indiz dafür darstellen, was die Parteien vereinbaren wollten – entscheidend ist aber letztlich die Auslegung des gesamten Inhalts. Oft wollen die Parteien dann, wenn sie sich schriftlich über die Bedingungen zur Aufhebung des Arbeitsverhältnisses geeinigt haben, dass diese Einigung, z.B. im Rahmen einer anhängigen Kündigungsschutzklage, gerichtlich protokolliert wird. Immerhin wird damit ein Vollstreckungstitel geschaffen. Im Zweifel ist in einem solchen Fall davon auszugehen, dass der Vergleich erst mit der Protokollierung vor Gericht abgeschlossen ist. Wer bei vereinbarter Beurkundung aus der vorher getroffenen Vereinbarung trotzdem Rechte herleiten will, hat hierfür die Beweislast.[5]

---

3 Vgl. Bauer, Rn. 7 m.w.N.

4 So z.B. BAG vom 3.5.1979, DB 1979, 1465; LAG Sachsen-Anhalt vom 10.12.1996, AuR 1997, 372.

5 BAG vom 15.1.1997, NZA 1997, 789.

1.3 Abwicklungsvertrag

1.3.1 »Echte« Abwicklungsvereinbarung

Im Gegensatz zu einem Aufhebungsvertrag hat die (echte) Abwicklungsvereinbarung nicht zur Folge, dass **durch sie** das Arbeitsverhältnis beendet wird. Sie setzt im Gegenteil voraus, dass das Arbeitsverhältnis bereits aus einem anderen Grunde geendet hat bzw. enden wird, insbesondere durch den Ausspruch einer Kündigung durch den Arbeitgeber. Sie dient lediglich dem Zweck, die noch offenen Fragen des auslaufenden Arbeitsverhältnisses (z.B. Form und Inhalt des Zeugnisses, (Rest-)Urlaubsanspruch, Freistellung von der Arbeitsleistung) verbindlich zu klären.

Da die Abwicklungsvereinbarung selbst somit nicht zur Beendigung des Arbeitsverhältnisses führt, ist sie vom Schriftformerfordernis des § 623 BGB nicht erfasst. Gleichwohl empfiehlt sich die schriftliche Fixierung, um deren Inhalt beweiskräftig festzustellen. Andererseits birgt die schriftliche Erstellung einer Abwicklungsvereinbarung das Risiko, dass diese entgegen der ursprünglichen Intention in dem Fall, in welchem zunächst ein vermeintlich bestehender Beendigungstatbestand sich später als unwirksam herausstellt, als Aufhebungsvertrag verstanden werden könnte. Um dieser Problematik zu entgehen, sollte gerade bei einer schriftlichen Abwicklungsvereinbarung[6] der jeweiligen Formulierung genaueste Aufmerksamkeit geschenkt werden.

Die von Hümmerich unter der Überschrift »Abschied vom arbeitsrechtlichen Aufhebungsvertrag«[7] propagierten Vorteile der Abwicklungsvereinbarung sollen vor allem darin bestehen, dass den Arbeitnehmer hierbei nicht das Sperrzeitrisiko treffen soll, da hier das Arbeitsverhältnis durch eine Kündigung des Arbeitgebers beendet wurde. Nach der Rechtsprechung des Bundessozialgerichts sei ein Arbeitnehmer nicht gezwungen, gegen eine ggf. auch unwirksame Kündigung zu klagen.[8]

6 Dieses Problem stellt sich nur bei schriftlichen Vereinbarungen, da andere zwar ebenso in einen Aufhebungsvertrag umgedeutet werden könnten, dann aber wegen mangelnder Schriftform gemäß § 623 BGB unwirksam sind.

7 Vgl. Hümmerich, NZA 1994, 200ff.

8 Vgl. BSG vom 9.12.1995, NZA-RR 1997, 109.

1.3.2 »Unechte« Abwicklungsvereinbarung

Für den »unechten« Abwicklungsvertrag[9] ist kennzeichnend, dass auch hier – wie beim Aufhebungsvertrag – der Arbeitnehmer sich an der Beendigung des Beschäftigungsverhältnisses beteiligt. Zunächst verzichtet er durch den Abschluss einer solchen Abwicklungsvereinbarung auf die Möglichkeit, die ausgesprochene Kündigung gerichtlich anzugreifen.[10] Darüber hinaus sieht die Arbeitsverwaltung, wenn weitere Absprachen bezüglich der Hinnahme der Kündigung einerseits, der Regelung von Modalitäten der Vertragsauflösung andererseits erfolgen, hierin eine Umgehung sozialrechtlicher Vorschriften.[11] Gerade wenn dabei zusätzliche finanzielle Leistungen an den Arbeitnehmer vereinbart werden (z.B. Zuschüsse oder Abfindungen), handelt es sich nach Auffassung des Bundessozialgerichts in Wirklichkeit um einen Aufhebungsvertrag, der konstitutiv für die Auflösung des Arbeitsverhältnisses ist und damit Sperrzeiten auslöst.[12] Entscheidend ist nach Auffassung der Arbeitsverwaltung, welche Rechtsfolge von den Arbeitsvertragsparteien angestrebt wird und nicht, in welcher äußeren Form und mit welchem Wortlaut die Parteien ihre Erklärungen versehen. Gerade die Bezeichnung einer Vereinbarung als Abwicklungsvertrag löst besondere Prüfungspflichten des Arbeitsamtes aus, da bereits in der grundlegenden Arbeitsbescheinigung, die bei jeder Arbeitslosmeldung vom letzten Arbeitgeber beizubringen ist (vgl. § 312 SGB III) formularmäßig unter Nr. 4a danach gefragt wird, ob die Kündigung seitens des Arbeitgebers mit »Abwicklungsvertrag« erfolgt ist oder nicht.[13] Weitere Einzelheiten hierzu in Kapitel 8.2.1.2.

1.4 Kündigung

Im Gegensatz zum Abschluss eines Aufhebungsvertrages wird das Arbeitsverhältnis bei einer Kündigung durch **einseitige** Erklärung einer der beiden Vertragsparteien beendet. Während also beim Aufhebungsvertrag ebenso wie oft

9 Vgl. zur Terminologie: Bauer, Rn. 18a.
10 Vgl. APS-Steinmeyer, SozR, Rn. 393.
11 Vgl. BSG vom 9. 11. 1995, a.a.O.
12 Bei dem vom BSG entschiedenen Fall ging es um einen weitgehend kündigungsgeschützten älteren Chemiearbeiter; s. BSG vom 9. 11. 1995, a.a.O.
13 Vgl. ausführlich die Durchführungsanweisung der Bundesanstalt für Arbeit zu § 144 SGB III, Rn. 22ff.

bei der Abwicklungsvereinbarung letztlich beide Parteien darüber einig sind, dass das Arbeitsverhältnis enden soll, kann die Kündigung auch gegen den ausdrücklichen Willen des Vertragspartners ausgesprochen werden – was zumindest bei der arbeitgeberseitigen Kündigung den Regelfall darstellt.

Gleichwohl kann auch in den Fällen, in denen die Beendigung des Arbeitsverhältnisses entgegen dem (ausdrücklichen) Willen der einen Vertragspartei erfolgt, der Abschluss eines Aufhebungsvertrages für den Arbeitnehmer die vorteilhaftere Regelung darstellen:

Bei der Kündigung durch den Arbeitgeber kann auf diese Weise verhindert werden, dass der Kündigungsgrund bekannt wird. Dies kann insbesondere bei einer verhaltens- oder personenbedingten Kündigung von Vorteil sein, da andernfalls die Suche nach einer neuen Arbeitsstelle erheblich erschwert werden kann. Dem steht allerdings der gravierende Nachteil gegenüber, dass der Arbeitnehmer mit Abschluss des Aufhebungsvertrages den gesetzlichen Kündigungsschutz verliert. Die Hauptanwendungsfälle der arbeitgeberseitigen Kündigung, welche dem Abschluss eines Aufhebungsvertrages oft vorausgeht bzw. zumindest angedroht worden ist, werden wegen ihrer Relevanz und Problematik in Kapitel 2 vorgestellt.

Doch auch die Kündigung durch den Arbeitnehmer weist insbesondere in Bezug auf einen möglichen Anspruch auf Arbeitslosengeld Probleme auf:

Der Arbeitnehmer ist – im Gegensatz zum Arbeitgeber – grundsätzlich frei in seiner Entscheidung, ob er das Arbeitsverhältnis kündigen will. Lediglich die vertraglichen und gesetzlichen Kündigungsfristen sind hier zu beachten. Andererseits riskiert der Arbeitnehmer bei einer Eigenkündigung, dass das Arbeitsamt nach § 144 Abs. 1 Nr. 1 SGB III eine Sperrzeit von bis zu zwölf Wochen verhängt und für diesen Zeitraum kein Anspruch auf Arbeitslosengeld besteht.

Nach dieser Vorschrift kann eine Sperrzeit jedoch auch bei Abschluss eines Aufhebungsvertrages verhängt werden; entscheidend ist nach dem Wortlaut, dass der »... Arbeitnehmer das Arbeitsverhältnis gelöst und dadurch vorsätzlich oder grob fahrlässig die Arbeitslosigkeit herbeigeführt ...« hat. Die sozialrechtlichen Folgen des Abschlusses von Aufhebungs- und Abwicklungsverträgen sind in Kapitel 8 ausführlich dargestellt.

1.5 Beendigung durch Befristung, Zweckerreichung bzw. Erreichen der Altersgrenze

Neben dem Abschluss eines unbefristeten Arbeitsverhältnisses ist es in gewissen Grenzen möglich, die Dauer des Arbeitsverhältnisses von vornherein zu begrenzen, so dass das Arbeitsverhältnis ohne Ausspruch einer Kündigung zu einem bestimmten Zeitpunkt endet. Hier setzen also – wie beim Aufhebungsvertrag – beide Parteien gemeinsam die Ursache für die spätere Beendigung des Arbeitsverhältnisses. Dieses »gemeinsame Zusammenwirken« hat jedoch in aller Regel den Grund, dass der Arbeitgeber nicht zum Abschluss eines unbefristeten Arbeitsvertrages bereit ist, von welchem er sich nur mittels Kündigung wieder lösen könnte. Dies kommt z.B. bei der Vorschaltung eines befristeten Arbeitsverhältnisses als Probearbeitsverhältnis zum Ausdruck.

1.5.1 Befristung

Nach § 620 Abs. 1 BGB endet das Dienstverhältnis mit dem Ablauf der Zeit, für die es eingegangen ist. Für Arbeitsverträge verweist § 620 Abs. 3 BGB nunmehr auf das Teilzeit- und Befristungsgesetz, welches am 1.1.2001 in Kraft getreten ist.[14] Mit diesem Gesetz ist das Recht der Befristung neu geregelt worden.

1.5.1.1 Befristungen mit sachlichem Grund

Nach § 14 Abs. 1 TzBfG bedarf die Befristung eines Arbeitsvertrages grundsätzlich eines sachlichen Grundes. Das Gesetz verzichtet allerdings auf eine allgemeine Definition des sachlichen Grundes und verweist stattdessen auf »insbesondere« acht Beispiele als typische Fallgruppen, die eine Befristung zulässig machen sollen. Dabei wird vom Gesetzgeber weitgehend das aufgegriffen, was sich bisher auch aus der Rechtsprechung des Bundesarbeitsgerichts ergeben hat. Die auch vom BAG überwiegend anerkannten Sachgründe reichen von dem nur vorübergehenden Bedarf an der Arbeitsleistung aus vorhersehbaren betrieblichen Gründen über die befristete Übernahme nach Ausbildung oder Studium, um den Übergang in eine Anschlussbeschäftigung zu

---

14 Gesetz über Teilzeitarbeit und befristete Arbeitsverträge (TzBfG) vom 21.12.2000, BGBl. I S. 1966.

erleichtern, der Erprobung bis zur Befristung, die auf einem gerichtlichen Vergleich beruht.

Kritisch anzumerken ist, dass nunmehr der Gesetzgeber auch ausdrücklich Befristungsregelungen anerkannt hat, wenn Haushaltsmittel, aus denen der Arbeitnehmer vergütet wird, aufgrund einer haushaltsrechtlichen Bestimmung nur für eine befristete Beschäftigung vorgesehen sind (vgl. § 14 Abs. 1 Satz 2 Nr. 7 TzBfG). Das Gesetz stellt auch keinen Zusammenhang her zwischen Befristungsgrund und Befristungsdauer, so dass angesichts der Tatsache, dass der Beispielskatalog in § 14 Abs. 1 TzBfG auch nicht abschließend ist (»insbesondere«), die Gefahr besteht, dass unbefristete Arbeitsverhältnisse mehr und mehr zurückgedrängt werden zugunsten befristeter Arbeitsverhältnisse ohne echten Kündigungsschutz.[15]

1.5.1.2 Befristungen ohne sachlichen Grund

Darüber hinaus regelt das Gesetz in § 14 Abs. 2 TzBfG, dass auch ohne jeden sachlichen Grund ein Arbeitsvertrag kalendermäßig befristet werden kann bis zur Höchstdauer von zwei Jahren. Innerhalb eines solchen Zeitraums kann auch ein kalendermäßig befristeter Arbeitsvertrag kürzerer Dauer höchstens dreimal auf die Höchstdauer von zwei Jahren insgesamt verlängert werden. Diese bereits aus dem vorangegangenen so genannten Beschäftigungsförderungsgesetz bekannten Regelungen, die ohne Dazutun des Gesetzgebers am 31. 12. 2000 einfach ausgelaufen wären, übernehmen die alte Gesetzeslage. Nunmehr sind allerdings Kettenbefristungen dadurch eingeschränkt worden, dass nach § 14 Abs. 2 Satz 2 TzBfG die erleichterte, sachgrundlose Befristung unzulässig ist, wenn zuvor mit demselben Arbeitgeber – irgendwann einmal – ein Arbeitsverhältnis bestanden hat, gleich ob dieses befristet (mit oder ohne sachlichen Grund) oder unbefristet bestanden hatte. Allerdings bleibt es weiter zulässig, nach einem bis zur Höchstdauer von zwei Jahren abgeschlossenen befristeten Arbeitsvertrag ohne sachliche Rechtfertigung ein befristetes Arbeitsverhältnis anzuschließen, für das ein sachlicher Grund besteht.

Darüber hinaus eröffnet das Gesetz in § 14 Abs. 3 TzBfG nunmehr[16] die Möglichkeit, bei Arbeitnehmern, die das 52. Lebensjahr (bis zum 31. 12. 2002 war es das 58. Lebensjahr) vollendet haben, ohne die Begrenzung auf zwei Jahre

15 Vgl. Nielebock, S. 76.

16 Vgl. BGBl. I 2002, S. 4607 ff., 4621 ff. = Gesetz für moderne Dienstleistungen am Arbeitsmarkt/ Hartz-Gesetze. Diese Regelung ist zunächst bis 31. 12. 2006 befristet.

das Arbeitsverhältnis ohne Sachgrund zu befristen. Damit kann es hier auch zu den gescholtenen Kettenbefristungen kommen, wenn zu einem vorausgehenden unbefristeten Arbeitsvertrag mit demselben Arbeitgeber kein enger sachlicher Zusammenhang besteht, der bereits verneint wird, wenn das letzte Arbeitsverhältnis mehr als vier Monate zurückliegt.[17]

Diese außerordentlich erleichterte Möglichkeit, mit Arbeitnehmern, die das 52. Lebensjahr vollendet haben, ohne jedwede zeitliche Begrenzung befristete Arbeitsverträge ohne sachlichen Grund abzuschließen, dürfte gegen europäisches Recht verstoßen.[18]

In solchen Fällen sollte also unbedingt Rechtsrat eingeholt werden und zwar rechtzeitig im Zusammenhang mit dem Auslaufen der Befristung.

1.5.1.3 Zweckerreichung und auflösende Bedingung

Nach § 3 Abs. 1 Satz 2 TzBfG liegt ein befristeter Arbeitsvertrag nicht nur vor, wenn dieser zu einem bestimmten Kalenderdatum ausläuft, sondern auch dann, wenn nach »Art, Zweck oder Beschaffenheit der Arbeitsleistung« sich ergibt, dass es sich um eine so genannte Zweckbefristung handelt. Diese ist dann zulässig, wenn sich objektiv bestimmen lässt, dass ein bestimmtes Ereignis eintritt und lediglich noch ungewiss ist, wann dieser Zeitpunkt eintritt. Als (makaberes) Beispiel mag die Verabredung einer Pflegeleistung bis zum Tod benannt werden.

Die Zweckbefristung ist verwandt mit der Vereinbarung einer auflösenden Bedingung, die nach § 21 TzBfG an die gleichen inhaltlichen Voraussetzungen geknüpft ist, wie bei der Zugrundelegung von Sachgründen für die Befristung im Rahmen von § 14 TzBfG. Allerdings bestand bislang Einigkeit darin, dass durch die beliebige Vereinbarung einer auflösenden Bedingung der Kündigungsschutz ausgehöhlt werden kann. Deshalb sind hier bei der Prüfung des sachlichen Grundes strengere Anforderungen zu beachten, die den hohen Grad an Ungewissheit berücksichtigen, der durch die auflösende Bedingung eintritt.[19]

---

17 Vgl. Blanke, AiB 2000, S. 734 m.w.N.

18 Zur vormaligen Öffnung für befristete Verträge ab dem 58. Lebensjahr bereits ablehnend APS-Backhaus (Nachtrag: Das neue Befristungsrecht, 2001), § 14 TzBfG Rn. 104; Däubler, ZIP 2000, 1967; zur neuen Regelung ebenfalls ablehnend Hümmerich/Holthausen/Welslau, NZA 2003, S. 7, 9.

19 Vgl. BAG vom 24.9.1997, AP Nr. 192 zu § 620 BGB Befristeter Arbeitsvertrag.

1.5.2 Klagefrist und Überprüfung der Befristung

Für jeden Arbeitnehmer ist es von besonderer Wichtigkeit, dass er sich auf eine unwirksame Befristung nur dann berufen kann, wenn er innerhalb von drei Wochen nach dem vereinbarten Ende des befristeten Arbeitsvertrages Klage beim Arbeitsgericht erhebt. Damit wird parallel zu den Fristen bei der Kündigungsschutzklage auch durch § 17 TzBfG eine 3-Wochen-Frist verordnet, deren Versäumung dazu führt, dass nach Fristablauf die Befristung gem. § 17 Satz 2 TzBfG i.V.m. § 7 KSchG als wirksam gilt. Damit ist der ursprünglich befristete Vertrag, in dem das »vereinbarte Ende« geregelt worden war, aufgrund der Befristung beendet worden. Im Falle der Klage sollte der Arbeitnehmer daher auch durch entsprechende Klageanträge deutlich machen, dass er von einem Fortbestand des Arbeitsverhältnisses als unbefristetem ausgeht.

Nach der bisherigen ständigen Rechtsprechung des Bundesarbeitsgerichts wurde aber jeweils nur der letzte befristete Arbeitsvertrag auch bei so genannten Kettenarbeitsverträgen einer arbeitsgerichtlichen Befristungskontrolle unterzogen. Hatte also ein Arbeitnehmer versäumt, gegen einen früheren unwirksam befristeten Arbeitsvertrag Klage zu erheben und war der letzte befristete Arbeitsvertrag z.B. wegen eines sachlichen Grundes wirksam, so war sein gerichtliches Vorgehen nicht von Erfolg gekrönt.[20]

Der Gesetzgeber hat in § 17 Satz 3 TzBfG nunmehr vorgesehen, dass bei Fortsetzung des Arbeitsverhältnisses nach dem vereinbarten Ende die 3-Wochen-Frist zur Klage nur beginnt, wenn der Arbeitgeber schriftlich erklärt hat, dass das Arbeitsverhältnis aufgrund der Befristung beendet sei. Es ist derzeit umstritten, ob mit dieser gesetzlichen Regelung wirklich erreicht wird, dass sich der Arbeitnehmer in Ermangelung einer solchen schriftlichen Mitteilung auch noch bei Auslaufen des letzten befristeten Vertrages auf die Unwirksamkeit früherer Befristungen berufen kann.[21]

Kommt es zu gerichtlichen Auseinandersetzungen über die Wirksamkeit von Befristungen, kann auch in solchen Fällen ein Aufhebungsvertrag helfen, die ggf. bestehenden Unklarheiten zu beseitigen und das Prozessrisiko des Arbeitgebers gegen Zahlung einer Abfindung aufzuheben.

20 Vgl. BAG vom 15.2.1995, AP Nr. 166 zu § 620 BGB Befristeter Arbeitsvertrag.
21 Vgl. APS-Backhaus, § 17 TzBfG Rn. 17ff.

1.5.3 Erreichen der Altersgrenze

Einen Unterfall der »normalen Befristung« stellt schließlich eine Vereinbarung dar, nach welcher das Arbeitsverhältnis bei Erreichen einer bestimmten Altersgrenze des Arbeitnehmers enden soll. Entgegen weit verbreiteter Auffassung endet ein Arbeitsverhältnis keineswegs automatisch mit Vollendung des 65. Lebensjahres auf Seiten des Arbeitnehmers. § 41 SGB VI stellt darüber hinaus klar, dass das Erreichen einer bestimmten Altersgrenze keinesfalls eine arbeitgeberseitige Kündigung nach dem KSchG rechtfertigen kann. Daraus ergibt sich, dass das Erreichen einer bestimmten Altersgrenze allein auch noch keinen sachlichen Grund für eine Befristung ergibt.

Eine Ausnahme gilt nach § 41 SGB VI allerdings, sofern als Altersgrenze (mindestens) 65 Jahre vereinbart wurde bzw. die Vereinbarung innerhalb der letzten drei Jahre vor Erreichen des 65. Lebensjahres geschlossen wurde oder der Arbeitnehmer eine ältere Vereinbarung binnen diesen Zeitraumes bestätigt hat.

Sofern also ein Ausscheiden des Arbeitnehmers mit Erreichen des 65. Lebensjahres vereinbart wurde, liegt eine grundsätzlich wirksame Vereinbarung vor. Fehlt eine solche Vereinbarung, besteht das Arbeitsverhältnis auch darüber hinaus fort und kann vom Arbeitgeber jedenfalls nicht mit der Berufung darauf, dass der Arbeitnehmer dieses Alter erreicht hat und damit i.d.R. rentenberechtigt ist, gekündigt werden.

Die automatische Beendigung des Arbeitsverhältnisses mit Erreichen des Rentenalters ist ferner häufig tarifvertraglich geregelt. Wirkung entfaltet eine solche Regelung allerdings nur, sofern beide Seiten auch tatsächlich tarifgebunden sind.

1.6 Rücktritt

Grundsätzlich können Verträge bei Vorliegen bestimmter Voraussetzungen, insbesondere dann, wenn eine Partei die ihr obliegenden Pflichten nicht (vollständig) erbringt, auch durch Rücktritt beendet werden. Für das Arbeitsverhältnis als Dauerschuldverhältnis spielt der Rücktritt jedoch keine Rolle: **Vor** Beginn des Arbeitsverhältnisses haben die Parteien in der Regel noch keine derartigen Pflichten, deren Nichterfüllung die andere Partei zum Rücktritt berechtigen könnte. **Nach** Beginn des Arbeitsverhältnisses ist der Rücktritt ausgeschlossen, da hier stattdessen die Befugnis zur Kündigung steht.

1.7 Anfechtung

Das Arbeitsverhältnis kann ferner grundsätzlich auch durch Anfechtung einseitig beendet werden, insbesondere wegen Irrtums gem. § 119 BGB oder einer arglistigen Täuschung bzw. einer widerrechtlichen Drohung gem. § 123 BGB. Die Frage, ob bzw. unter welchen Voraussetzungen der Arbeitgeber einen Arbeitsvertrag wegen Irrtums und/oder einer arglistigen Täuschung anfechten darf, wenn der Arbeitnehmer bei der Einstellung unzutreffende Angaben gemacht hat, hat in der Praxis zu zahlreichen Auseinandersetzungen geführt, so dass hier nur auf die einschlägige Literatur verwiesen werden kann. Zur Frage, unter welchen Voraussetzungen ein Aufhebungsvertrag angefochten werden kann, siehe Kapitel 9.

1.8 Auflösungsurteil gemäß §§ 9, 10 KSchG

Dem Aufhebungsvertrag von den Folgen her verwandt ist ein gerichtliches Auflösungsurteil gem. §§ 9, 10 KSchG. Ein solches Urteil setzt zunächst voraus, dass das Gericht im Rahmen eines Kündigungsrechtsstreits feststellt, dass das Arbeitsverhältnis durch die Kündigung **nicht beendet** wurde und damit grundsätzlich fortbesteht. Auf Antrag (zumindest) einer Partei, welcher die Fortführung des Arbeitsverhältnisses (unter anderem wegen dieses Rechtsstreits) nicht zuzumuten ist, kann das Gericht das Arbeitsverhältnis gegen Festsetzung einer bestimmten Abfindung durch Urteil auflösen.

Im Gegensatz zum Aufhebungsvertrag, den beide Parteien – zumindest theoretisch – einvernehmlich schließen, wird hier also das Arbeitsverhältnis auch nur auf Antrag einer Partei und in der Regel gegen den Willen der anderen (zumeist des Arbeitnehmers) beendet. Häufig verlaufen in der Praxis die Grenzen zwischen einem gerichtlichen Vergleich (einvernehmliche Beendigung des Arbeitsverhältnisses, ggf. gegen Zahlung einer Abfindung und Regelung weiterer Punkte, z.B. hinsichtlich des Zeugnisses) und einem gerichtlichen Auflösungsurteil jedoch fließend, indem die Parteien sich über einige Punkte vorab einigen und lediglich die Höhe der Abfindung gerichtlich festgesetzt wird, weil hierüber keine Einigung erzielt werden konnte. Besondere Bedeutung hat der Auflösungsantrag bei leitenden Angestellten. Hier bedarf der Auflösungsantrag des Arbeitgebers gem. § 14 Abs. 2 Satz 2 KSchG keiner Begründung, während bei »normalen« Arbeitnehmern Voraussetzung für die gerichtliche Auflösung[22] des Arbeitsverhältnisses gem. § 9 Abs. 1 Satz 2 KSchG ist, dass eine gemeinsame Zusammenarbeit nicht mehr zumutbar ist und zwar jeweils aus Gründen, die in der Person oder im Verhalten der anderen Vertragspartei begründet sind.[23]

Zumindest für den gerichtlichen Vergleich in der eben skizzierten Form sind die nachfolgenden Darstellungen über den Aufhebungsvertrag zu beachten – sowohl von der (psychologischen) Ausgangslage der Beteiligten her wie auch hinsichtlich der (sozialrechtlichen) Folgen bestehen viele Gemeinsamkeiten.

1.9 Tod des Arbeitnehmers oder des Arbeitgebers

Der Tod des Arbeitnehmers beendet das Arbeitsverhältnis unmittelbar, ohne dass es einer Kündigung seitens der Erben bedürfte. Dies ergibt sich aus § 613 BGB, wonach der so genannte Dienstverpflichtete, also der Arbeitnehmer, die Dienste im Zweifel persönlich erbringen muss und diese Verpflichtung nicht auf Dritte übertragen darf.

Der Tod des Arbeitgebers stellt dagegen grundsätzlich keinen Beendigungsgrund für das Arbeitsverhältnis dar.[24] Hier müssen die Erben des Verstorbenen das Arbeitsverhältnis fortsetzen oder »normal« kündigen und dabei ggf. auch die Bestimmungen des KSchG beachten. Bei sehr kleinen Betrieben, die hauptsächlich auf die Person des Arbeitgebers zugeschnitten sind, kann jedoch – sofern das KSchG überhaupt Anwendung findet – eine betriebsbedingte Kündigung in Betracht kommen.

Von diesem Grundsatz sind auch dann keine Ausnahmen zulässig, wenn die Arbeitsleistung gerade in der Verrichtung höchstpersönlicher Dienste für den Arbeitgeber bestanden hat (z.B. als dessen Privatsekretär oder bei der Pflege des schwer kranken Arbeitgebers).[25] Selbst wenn in solchen Fällen eine Zweckbefristung vereinbart wurde, ist wegen des plötzlichen Todes zumindest eine Auslauffrist für die Dauer der Kündigungsfrist als notwendig zu erachten.[26]

---

22 Dies gilt allerdings nur, wenn der leitende Angestellte die Befugnis zur selbständigen Einstellung und Entlassung von Arbeitnehmern hat, so ausdrücklich: BAG vom 18.12.2000, DB 2001, 652f.

23 Vgl. APS-Biebl, 2000, § 9 KSchG, Rn. 34f., 51f. m.w.N.

24 BAG vom 4.4.1990, DB 1990, 1726.

25 KSchR-Däubler, Einl., 337 m.w.N.

26 Vgl. LAG Berlin vom 13.7.1990, DB 1990, 1828.

2. Ausgangslage bei Aufhebungsverträgen

Die Frage, ob es sinnvoll ist, einen Aufhebungsvertrag im konkreten Fall überhaupt zu schließen, und wenn ja, welche Punkte im Einzelnen wie geregelt werden sollen, kann nicht von der konkreten Lebenssituation losgelöst betrachtet werden. Vielmehr muss dieser spezifische Hintergrund als Ausgangslage für die einsetzenden Verhandlungen angemessen berücksichtigt werden, damit der Betroffene die Stärken und Schwächen seiner Verhandlungsposition einschätzen und darauf aufbauend eine möglichst optimale Verhandlungsstrategie ergreifen kann.

2.1 Hauptstreitpunkt: Die arbeitgeberseitige Kündigung – typische Fallgruppen

Die meisten Streitfälle treten in der Praxis vor dem Hintergrund einer beabsichtigten oder schon erfolgten arbeitgeberseitigen Kündigung auf. In diesen Fällen liegt es grundsätzlich nicht im Interesse des Arbeitnehmers, dass das Arbeitsverhältnis überhaupt beendet wird. Wenn der Arbeitgeber das Arbeitsverhältnis dennoch beenden möchte und eine Kündigung androht oder sogar schon ausgesprochen hat, so gilt es zunächst zu überprüfen, ob eine Verteidigung gegen diese Kündigung Aussicht auf Erfolg hat. Vielfach wird sich diese Frage nicht eindeutig klären lassen, sondern es können nur Prognosen darüber erstellt werden, an welchen Stellen eines möglichen Kündigungsschutzverfahrens vor dem Arbeitsgericht welche der beiden Seiten Schwierigkeiten bekäme.

Aufbauend auf dieser Prognose ist zu entscheiden, ob es Sinn macht, das Arbeitsverhältnis um jeden Preis erhalten zu wollen und damit ein Kündigungsschutzverfahren notfalls bis zum rechtskräftigen Ende durchzuführen, oder ob eine Einigung mit dem Arbeitgeber über die Modalitäten einer Aufhebung des Arbeitsverhältnisses schon im Anfangsstadium gesucht werden soll. Die erste Möglichkeit beinhaltet einerseits die Chance, dass das Arbeitsverhältnis erhalten bleibt, andererseits aber auch das Risiko, dass der Arbeitgeber vor Gericht Recht bekommt und der Arbeitnehmer »mit leeren Händen« dasteht. Der Abschluss eines Aufhebungsvertrages kann demgegenüber zwar unter Umständen zu einer Abfindung führen, beendet das Arbeitsverhältnis dafür aber definitiv. Die Entscheidung, welche der beiden Alternativen vorzuziehen ist, hängt vom konkreten Einzelfall ab.

Nachstehend erfolgt eine Übersicht über typische »Einfallstore«, mit denen eine arbeitgeberseitige Kündigung unter Umständen zu Fall gebracht werden kann, um hierauf aufbauend eine Prognose über die Aussichten eines Kündigungsschutzverfahrens zu erstellen. Denn: Je größer für den Arbeitgeber das Risiko ist, im gerichtlichen Verfahren zu unterliegen, desto größer wird seine Bereitschaft sein, dem Arbeitnehmer im Rahmen von Aufhebungsverträgen entgegenzukommen. Voraussetzung ist allerdings stets, dass das Kündigungsschutzgesetz überhaupt Anwendung findet.

2.1.1 Anwendbarkeit des Kündigungsschutzgesetzes

Der allgemeine Kündigungsschutz ist nicht für alle Arbeitsverhältnisse gegeben. Zunächst sind vom Kündigungsschutz nur Arbeitnehmer erfasst, d.h. diejenigen, die im Rahmen einer von Dritten (Arbeitgeber) bestimmten Arbeitsorganisation in persönlicher Abhängigkeit Dienstleistungen erbringen.[1]

Die persönliche Abhängigkeit ergibt sich insbesondere aus der Eingliederung in eine fremde Arbeitsorganisation und dem Umfang der Weisungsgebundenheit.[2] Problematisch ist die Abgrenzung vornehmlich im Bereich der so genannten »Schein-Selbständigkeit«, bei der oft der Versuch unternommen wird, den Regeln und Schutzmechanismen des Arbeitsrechts wie auch den sozialrechtlichen Abgabepflichten dadurch zu entgehen, dass dem (wirtschaftlich zumeist abhängigen) »Selbständigen« gewisse Entscheidungsfreiheiten belassen werden, ohne dass dieser dadurch aber tatsächlich im unternehmerischen Sinne als freier Selbständiger auf dem Markt auftreten kann. In diesen Fällen ist besonders genau zu prüfen, ob es sich (schon) um einen selbständigen Auftragnehmer handelt oder (noch) um einen Arbeitnehmer. Der Bezeichnung, die dabei im Vertrag oder bei der Beschreibung der Tätigkeit gewählt

1 KSchR-Kittner, Einl. Rn. 32ff.
2 KSchR-Kittner, Einl. Rn. 36 m.w.N.

wird, kommt dabei keine besondere Bedeutung bei: Es kommt vielmehr nach ständiger Rechtsprechung auf die Prüfung dessen an, wie die Parteien ihre Vertragsbeziehungen tatsächlich ausgestaltet haben.[3]

Keinen Kündigungsschutz genießen nach § 14 KSchG schließlich die gesetzlichen Vertreter juristischer Personen (z.B. Vorstand einer Aktiengesellschaft oder Geschäftsführer einer GmbH) sowie die vertretungsberechtigten Gesellschafter von Personengesellschaften (OHG, KG, GbR) oder eines nichtrechtsfähigen Vereins.

Das Kündigungsschutzgesetz erfasst aber auch alle Teilzeitarbeitsverhältnisse, Nebenbeschäftigungen, leitende Angestellte usw.

Der Kündigungsschutz gilt ferner nur in Betrieben mit mehr als fünf Beschäftigten.[4] Dabei werden allerdings Teilzeitbeschäftigte mit nicht mehr als 30 Stunden wöchentlich nur anteilig mitgezählt. Es gelten zwei Quoten:

- Bei Beschäftigungen bis zu 20 Stunden gilt eine Quote von 0,5 pro teilzeitbeschäftigtem Arbeitnehmer (so dass z.B. eine Reinigungskraft mit nur ein oder zwei Stunden wöchentlich mit 0,5 gezählt wird).
- Bei Beschäftigungen bis zu 30 Stunden gilt eine Quote von 0,75 pro teilzeitbeschäftigtem Arbeitnehmer.

Kündigungsschutz greift also, wenn sich danach 5,25 »Arbeitnehmer« oder mehr als regelmäßig im Betrieb beschäftigt errechnen lassen.

Diese so genannte »Kleinbetriebsklausel«, die durchaus kritisch gewürdigt wird, ist nach der Rechtsprechung des Bundesverfassungsgerichts so auszulegen, dass sie nur auf solche Kleinbetriebe anzuwenden ist, in denen **ein** Arbeitgeber zuständig ist, ohne dass er diese betriebliche Einheit als einen Teil eines größeren Unternehmens oder als Filialbetrieb führt und hier jeweils zusammengerechnet mehr als fünf Arbeitnehmer tätig sind.[5] Es sollen also nur Kleinunternehmen vor dem Kündigungsschutz »bewahrt« werden, nicht aber die Kleinbetriebe, die in Wirklichkeit größeren Unternehmen zuzurechnen sind.

Auch können mehrere Unternehmen einen Gemeinschaftsbetrieb bilden (Voraussetzung: Einheitliche Leitungsmacht insbesondere in personellen Angelegenheiten). Dann werden für die Anwendung des Kündigungsschutzgesetzes die Arbeitnehmer der beteiligten Unternehmen zusammengezählt.

---

3 Vgl. APS-Preis, Grundlagen C, Rn. 13ff. m.w.N.

4 Vgl. die Neufassung des Kündigungsschutzgesetzes durch das Gesetz vom 19. 12. 1998, BGBl. I S. 3849 – vorher mussten es zehn und mehr Arbeitnehmer pro Betrieb sein. Leider sind hier erneute Verschlechterungen für den Kündigungsschutz im Gespräch.

5 Vgl. BVerfG vom 27. 1. 1998, NZA 1998, 469ff. und 474ff.

Schließlich muss der Arbeitnehmer, der sich auf den Kündigungsschutz beruft, zum Zeitpunkt des Zugangs der Kündigung länger als sechs Monate in einem ununterbrochenen Beschäftigungsverhältnis befunden haben, d.h. die so genannte Wartezeit erfüllt haben. Sofern das Arbeitsverhältnis unmittelbar an eine vorherige Ausbildung im gleichen Betrieb oder Unternehmen anschließt, ist die Ausbildungszeit mit anzurechnen.

2.1.2 Die betriebsbedingte Kündigung

Die betriebsbedingte Kündigung ist Gegenstand einer Vielzahl von arbeitsgerichtlichen Auseinandersetzungen – schließlich werden gut ein Drittel aller Kündigungen mit betrieblichen Gründen begründet.[6] Eine solche ist nach dem Gesetz[7] sozial gerechtfertigt und damit zulässig, wenn sie durch **dringende betriebliche Erfordernisse** bedingt ist und **keine anderweitige Beschäftigungsmöglichkeit** für den betroffenen Arbeitnehmer besteht. Diese Voraussetzung ist nach dem BAG erfüllt, wenn es dem Arbeitgeber nicht möglich ist, der betrieblichen Lage durch andere Maßnahmen auf technischem, organisatorischem oder wirtschaftlichem Gebiet als durch Kündigung zu entsprechen.[8]

Gerade im Bereich der betriebsbedingten Kündigung hat die Rechtsprechung ein differenziertes System der Darlegungs- und Beweislast geschaffen, welches von den Parteien verlangt, hinreichenden Sachvortrag zu den Gründen zu erbringen. Diese Darlegungslast stellt beide Seiten z.T. vor erhebliche Probleme: So ist festzustellen, dass viele Kündigungsschutzprozesse nur deshalb verloren werden, weil die Parteien nicht ausreichend vortragen.[9] Oftmals stellt es gerade für den Arbeitgeber ein tatsächliches Problem dar, hinreichend zu begründen, dass Arbeitsplätze aus **dringenden betrieblichen Erfordernissen** wegfallen sollen.

2.1.2.1 Außer- und innerbetriebliche Ursachen

Ein dringendes betriebliches Erfordernis, welches eine Kündigung grundsätzlich rechtfertigen könnte, setzt voraus, dass der Arbeitgeber den Arbeitnehmer am bisherigen Arbeitsplatz nicht mehr weiterbeschäftigen kann. Der Arbeitsplatz muss mit anderen Worten weggefallen sein.

6 Untersuchung des Max-Planck-Institutes, DB 1981, 1139.
7 Vgl. § 1 Abs. 2 Sätze 1 bis 3 KSchG.
8 BAG vom 17.6.1999, DB 1999, 1399.
9 Berkowsky, Die betriebsbedingte Kündigung, § 1 Rn. 3.

Die Gründe dafür können zunächst im innerbetrieblichen Bereich liegen, z.B. wenn sich der Arbeitgeber entschließt, den Betrieb ganz oder teilweise stillzulegen. Andererseits können aber auch außerbetriebliche Ursachen den konkreten Arbeitsplatz scheinbar entfallen lassen, so z.B. bei einem erheblichen Umsatzrückgang. Bei einer solchen Konstellation läge es zunächst nahe anzunehmen, dass der Arbeitgeber z.B. bei einem Umsatzrückgang von 50% auch die Hälfte seiner Belegschaft entlassen dürfte. Der Arbeitgeber ist allerdings keinesfalls gezwungen, auf einen Auftrags- oder Umsatzrückgang durch Abbau von Personal zu reagieren, er könnte beispielsweise in der Hoffnung auf eine baldige Besserung der Marktsituation auch zunächst auf Vorrat produzieren und ggf. das Marketing verstärken. Daraus ergibt sich, dass außerbetriebliche Ursachen, die regelmäßig wesentlich durch das Marktgeschehen bestimmt sind, niemals unmittelbar den Wegfall eines Arbeitsplatzes verursachen können, da dem Arbeitgeber immer – zumindest theoretisch – Alternativen offen stehen.

Der Wegfall des Arbeitsplatzes beruht damit letztlich grundsätzlich auf einer innerbetrieblichen Entscheidung des Unternehmers.[10] Die außerbetrieblichen Ursachen stellen dann lediglich das Motiv des Arbeitgebers dar, warum er zu bestimmten innerbetrieblichen Maßnahmen greift.

Um also überprüfen zu können, ob der Arbeitsplatz aufgrund eines dringenden betrieblichen Erfordernisses weggefallen ist, muss die Entscheidung des Arbeitgebers, die zum Wegfall des Arbeitsplatzes geführt hat, untersucht werden (sog. **Unternehmerentscheidung**).

2.1.2.2 Unternehmerentscheidung

Einem dringenden betrieblichen Erfordernis geht demnach grundsätzlich eine Unternehmerentscheidung voraus. Obwohl eine solche letztlich sowohl bei inner- wie außerbetrieblichen Ursachen gleichermaßen vorliegt, ist die Unterscheidung nach wie vor wichtig, da unterschiedliche Anforderungen an die Darlegungs- und Beweislast zu stellen sind:

Bei einer **außerbetrieblichen Ursache** muss der Arbeitgeber im Prozess zunächst die Ursache als solche beschreiben und hierzu auch derart detaillierte Angaben machen, dass sie vom Arbeitnehmer mit Gegentatsachen bestritten und vom Gericht überprüft werden können.[11] Der Arbeitgeber wird daher zum Beispiel bei behauptetem Umsatzrückgang die maßgeblichen Umsatz-

10 Berkowsky a.a.O., § 7 Rn. 16.

11 APS-Kiel, § 1 KSchG Rn. 483.

zahlen und auch eine auf Tatsachen gestützte Prognose über den künftig zu erwartenden Umsatz vorlegen müssen, da eine betriebsbedingte Kündigung nur in Betracht kommt, wenn der Arbeitsplatz **auf Dauer** wegfällt.[12] Der Arbeitgeber muss damit vortragen, dass und wie die außerbetriebliche Ursache auf den konkreten Arbeitsplatz durchschlägt.[13] Darüber hinaus muss der Arbeitgeber darlegen, wie er auf die festgestellte außerbetriebliche Ursache reagieren will. Er muss also seine durch außerbetriebliche Ursachen motivierte Unternehmerentscheidung dem Gericht mitteilen.

Diese Unternehmerentscheidung unterliegt nur einer **eingeschränkten gerichtlichen Kontrolle:** Das Gericht prüft zwar nach, ob eine unternehmerische Entscheidung tatsächlich vorliegt und durch ihre Umsetzung das Beschäftigungsbedürfnis für einzelne Arbeitnehmer tatsächlich entfallen ist.[14] Die unternehmerische Entscheidung selbst ist aber **nicht auf** ihre **sachliche Rechtfertigung** oder ihre **Zweckmäßigkeit** zu überprüfen, sondern nur darauf, ob sie offenbar unsachlich, unvernünftig oder willkürlich ist (bindende Unternehmerentscheidung).[15] Dies wird damit begründet, dass der Arbeitgeber das wirtschaftliche Risiko für das Unternehmen trage und die Gerichte nicht an seiner Stelle Entscheidungen über die Lenkung desselben treffen dürfen. Andererseits soll und muss eine eingeschränkte Überprüfung der Unternehmerentscheidung erfolgen, um einen Missbrauch des Kündigungsrechts zu verhindern.

Bei **innerbetrieblichen Ursachen** stellt die Unternehmerentscheidung regelmäßig selbst die Ursache dar. Solche organisatorischen Maßnahmen, so z.B. die Entscheidung des Arbeitgebers, einen Betriebsteil stillzulegen, sind nach den gleichen Grundsätzen nur darauf zu überprüfen, ob sie ihrerseits offenbar unsachlich, unvernünftig oder willkürlich sind. Oftmals wird eine so genannte **gestaltende Unternehmerentscheidung** vorliegen, so z.B. wenn sich der Arbeitgeber entschieden hat, die im Betrieb anfallende Arbeit neu zu verteilen und/oder zu organisieren. Hier muss der Arbeitgeber zunächst die (nur eingeschränkt überprüfbare) Unternehmerentscheidung darlegen und darauf aufbauend die daraus resultierenden Auswirkungen auf den Arbeitsplatz konkret darlegen und ggf. beweisen. Will der Arbeitnehmer beispielsweise die Belegschaft verkleinern, obwohl die Arbeitsmenge gleichgeblieben ist, so muss er

12 Vgl. BAG vom 7. 3. 1996, NZA 1996, 931.

13 Bitter, S. 1760.

14 BAG vom 17. 6. 1999, DB 1999, 1399.

15 BAG vom 17. 6. 1999, ebenda.

nachweisen, dass und wie die Arbeitsmenge auch mit weniger Arbeitskräften bewältigt werden kann.[16]

Schwierigkeiten treten regelmäßig auf bei der Abgrenzung der – gestalterischen – Unternehmerentscheidung als organisatorische Maßnahme von deren personeller Umsetzung. Oftmals lässt sich zwischen der Organisationsentscheidung und der darauf beruhenden Kündigung kaum noch unterscheiden. Die Kündigung selbst stellt jedenfalls keine Unternehmerentscheidung in diesem Sinne dar, da sie allein keine organisatorische Maßnahme bildet, sondern allenfalls die Folge einer (anderen) organisatorischen Maßnahme ist.[17]

Nach der neueren Rechtsprechung soll aber z.B. die Entscheidung des Arbeitgebers, den Personalbestand auf Dauer zu reduzieren, eine Unternehmerentscheidung und damit der direkten Kontrolle durch die Arbeitsgerichte entzogen sein.[18] In den Fällen, in welchen die Unternehmerentscheidung und deren Umsetzung Hand in Hand gehen, hat das BAG allerdings eine abgestufte Darlegungs- und Beweislastverteilung vorgenommen:

- Der Arbeitgeber muss zunächst darlegen, dass er überhaupt eine Unternehmerentscheidung getroffen hat. Dazu muss er vortragen, dass und wie die von ihm erwählte Maßnahme durchgeführt werden soll.
- Anschließend ist es Aufgabe des Arbeitnehmers darzulegen, warum diese Maßnahme offensichtlich unsachlich, unvernünftig oder willkürlich ist. Hierbei kann insbesondere darauf abgestellt werden, dass die anfallenden Arbeiten vom verbleibenden Personal nicht oder nur zu unzumutbaren Bedingungen erledigt werden können.[19]
- Alsdann hat der Arbeitgeber diese Einwendungen zu entkräften.

Der Arbeitgeber muss somit immer die Unternehmerentscheidung als solche und hiervon losgelöst die konkreten Auswirkungen auf die betroffenen Arbeitsplätze so detailliert darlegen, dass der betroffene Arbeitnehmer hierauf qualifiziert antworten kann. Je näher die eigentliche Organisationsentscheidung an den Kündigungsentschluss heranrückt, umso höhere Anforderungen werden an den Vortrag des Arbeitgebers zu stellen sein.[20] Oftmals kann es für den Arbeitgeber ein erhebliches Problem darstellen, im Rahmen seiner Darlegungspflicht ein schlüssiges Konzept vorzutragen. Dies ist ein Indiz dafür, dass

16 APS-Kiel, § 1 KSchG Rn., 542, 543 m.w.N.
17 Bitter, S. 1760.
18 BAG vom 17.6.1999, AP § 1 KSchG 1969 Betriebsbedingte Kündigung Nr. 101.
19 BAG vom 17.6.1999, AP § 1 KSchG 1969 Betriebsbedingte Kündigung Nr. 102.
20 APS-Kiel, § 1 KSchG, Rn. 465 m.w.N.

es sich eben tatsächlich nicht um eine Unternehmerentscheidung im obigen Sinne handelt; es kann die Aussichten des betroffenen Arbeitnehmers nicht nur in einem etwaigen Kündigungsschutzprozess, sondern auch in den Verhandlungen um einen Aufhebungsvertrag verbessern.

Allerdings verblüfft es schon, wenn in einem Standardkommentar zum Arbeitsrecht festgestellt wird, dass es »keine höchstrichterliche Entscheidung (gibt), die bisher den Fall einer missbräuchlichen oder willkürlichen Unternehmerentscheidung festgestellt hätte«.[21] Jedenfalls in der Rechtsprechung der Instanzgerichte wird gelegentlich auch wesentlich kritischer die Unternehmerentscheidung beleuchtet, ob nämlich das Beschäftigungsbedürfnis tatsächlich entfallen ist und die betrieblichen Aufgaben von den verbliebenen Mitarbeitern nur im Rahmen einer Leistungsverdichtung erledigt werden können, die über das nach dem Arbeitsvertrag geschuldete Maß hinausgehen.[22] Zutreffend wird hier angemerkt, dass durch die Konzeption des BAG der Kündigungsschutz entleert wird und in einseitiger Weise ausschließlich auf die unternehmerische Freiheit Rücksicht genommen wird, die Grundrechtsposition der Arbeitnehmer aus Art.12 GG (Grundrecht der Berufsfreiheit) indes kaum mehr eine Rolle spielt.[23]

Es kann sich also im Einzelfall lohnen, sich auch kritisch und umfassend mit der so genannten Unternehmerentscheidung auseinanderzusetzen.

2.1.2.3 Wegfall der Beschäftigungsmöglichkeit

Als Folge der Unternehmerentscheidung muss der Arbeitsplatz also auf Dauer weggefallen sein. Es ist dabei allerdings nicht unbedingt erforderlich, dass der konkrete Arbeitsplatz des betroffenen Arbeitnehmers tatsächlich weggefallen ist, sondern lediglich, dass ein Arbeitskräfteüberhang besteht.[24] Die Frage, ob und wie sich dieser Arbeitskräfteüberhang auf den gekündigten Arbeitnehmer auswirkt, kann erst beantwortet werden, wenn geklärt ist, ob dieser anderweitig **weiterbeschäftigt** werden kann und ob bzw. nach welchen Kriterien eine **Sozialauswahl** stattzufinden hat.

21 Vgl. ErfK-Ascheid, § 1 KSchG Rz.432
22 Vgl. ArbG Magdeburg vom 22.5.2002, AuR 2002, S. 471f. m. Anm. Stein
23 Vgl. Stein, a.a.O.
24 APS-Kiel, § 1 KSchG, Rn. 477 m.w.N.

2.1.2.4 Kein anderweitiger Einsatz möglich

Eine betriebsbedingte Kündigung ist sozial ungerechtfertigt und damit unwirksam, wenn der betroffene Arbeitnehmer – ggf. auf einem anderen Arbeitsplatz – weiterbeschäftigt werden kann. Dabei ist – im Gegensatz zur Sozialauswahl – nicht nur auf den Betrieb, sondern auf das gesamte Unternehmen abzustellen.[25] Nach dem Gesetz kommen auch solche freien Arbeitsplätze in Betracht, welche der Arbeitnehmer erst nach zumutbaren Fortbildungs- oder Umschulungsmaßnahmen ausfüllen kann.

Der Arbeitnehmer hat allerdings nur einen Weiterbeschäftigungsanspruch, soweit die auf einem neuen Arbeitsplatz zu erbringende Leistung mit der von ihm bisher geschuldeten (nicht unbedingt nur der erbrachten!) Leistung übereinstimmt, wenn also der Aufgabenbereich des neuen Arbeitsplatzes mit der im Arbeitsvertrag vereinbarten Leistung übereinstimmt.[26] Je unbestimmter im Arbeitsvertrag die Leistungspflicht definiert wurde, desto eher kann der Arbeitnehmer verlangen, auf einem anderen Arbeitsplatz weiterbeschäftigt zu werden. Maßgeblich ist der Inhalt der jeweiligen Arbeitsverträge – und zwar zum Zeitpunkt der Kündigung. Demnach wäre auch bei einem weit definierten schriftlichen Arbeitsvertrag, bei welchem das Betätigungsfeld des Arbeitnehmers durch das Direktionsrecht des Arbeitgebers auf einen bestimmten Arbeitsbereich konkretisiert wurde, dieser Aufgabenbereich zugrunde zu legen.[27] Sofern der Arbeitsvertrag andererseits eine Versetzungsbefugnis des Arbeitgebers enthält, erwächst hieraus auch eine entsprechende Versetzungspflicht. Der Arbeitgeber muss in diesem Fall den Arbeitnehmer auf einen freien Arbeitsplatz versetzen, welcher vom ursprünglichen Arbeitsvertrag gedeckt ist.[28] Von diesem Weiterbeschäftigungsanspruch zu unterscheiden ist der u.U. ebenfalls bestehende Anspruch des Arbeitnehmers, auf einem anderen Arbeitsplatz zu veränderten Vertragsbedingungen weiterzuarbeiten.[29]

In jedem Fall sind auch solche Arbeitsplätze zu berücksichtigen, für die der Arbeitnehmer erst eine Umschulungs- oder Fortbildungsmaßnahme durchlaufen muss.[30] Die Qualifizierung muss allerdings erfolgversprechend und zumut-

25 BAG vom 17.5.1984, NZA 1985, 489.

26 Berkowsky, NJW 1996, 292.

27 Berkowsky, NJW 1996, 293.

28 Berkowsky, NJW 1996, 294.

29 Dieser Anspruch ergibt sich aus dem ultima-ratio-Prinzip, wonach eine Beendigungskündigung nur in Betracht kommt, soweit keine Änderungskündigung möglich ist, s. Kap. 2.1.2.6.

30 Vgl. APS-Kiel, § 1 KSchG, Rn. 614.

bar sein, wobei als zeitliche Höchstdauer der Maßnahme die längste gesetzliche Kündigungsfrist gilt.[31]

2.1.2.5 Sozialauswahl

Steht fest, dass die Weiterbeschäftigungsmöglichkeit zumindest eines Arbeitnehmers weggefallen ist, so ist damit noch lange nicht klar, welchem Arbeitnehmer der Arbeitgeber kündigen darf. Oftmals ergibt sich dies schon daraus, dass mehrere Arbeitnehmer mit der gleichen Arbeit beschäftigt sind und dass sich daher nicht festlegen lässt, **welcher** einzelne Arbeitsplatz überhaupt betroffen ist, sondern nur, dass eine **bestimmte Zahl** an Arbeitsplätzen betroffen ist.

Aber auch, wenn nur ein einzelner Arbeitnehmer mit einer bestimmten Tätigkeit beschäftigt ist, folgt daraus allein noch nicht, dass bei Wegfall dieser Beschäftigung auch dem betreffenden Arbeitnehmer gekündigt werden müsste. Der Arbeitgeber hat vielmehr unter sämtlichen **vergleichbaren Arbeitnehmern** grundsätzlich demjenigen zu kündigen, welcher **sozial am wenigsten schutzbedürftig** ist. Als Kriterien, nach welchen die soziale Schutzbedürftigkeit zu ermitteln ist, sind nach allgemeiner Ansicht das Alter, die Dauer der Betriebszugehörigkeit und die Anzahl der Unterhaltsberechtigten einzubeziehen. Die Gewichtung der einzelnen Kriterien ist gelegentlich durch Betriebsvereinbarung geregelt und steht ansonsten im pflichtgemäßen Ermessen des Arbeitgebers.[32] Der Arbeitnehmer hat im Prozess zunächst die Fehlerhaftigkeit der Sozialauswahl anhand der ihm zur Verfügung stehenden Informationen darzulegen, bzw. wenn er über diese Informationen nicht verfügt, einen entsprechenden Auskunftsanspruch gegen den Arbeitgeber geltend zu machen. Verweigert der Arbeitgeber daraufhin eine hinreichende Information, ist der (pauschale) Vortrag des Arbeitnehmers, es seien sozial stärkere Arbeitnehmer als er vorhanden, weswegen die gegenüber ihm ausgesprochene Kündigung sozial ungerechtfertigt sei, ausreichend.[33] Dabei unterliegt die Sozialauswahl des Arbeitgebers dem Gebot, dass die sozialen Kriterien »ausreichend« gewichtet werden. Kommt das Arbeitsgericht zu der Auffassung, dass der betroffene Arbeitnehmer **deutlich schutzwürdiger** als die im Rahmen der Sozialauswahl ansonsten vergleichbaren Arbeitnehmer ist, kann die Kündigung keinen Bestand haben. [34]

31 Vgl. APS-Kiel, § 1 KSchG, Rn. 620
32 Vgl. APS-Kiel, § 1 KSchG, Rn. 726.
33 Vgl. die zusammenhängende Darstellung in KSchR-Kittner, § 1 KSchG, Rn. 498ff., 501.
34 APS-Kiel, § 1 KSchG Rn. 726.

Erhebliche praktische Bedeutung hat dabei die Frage, welche Arbeitnehmer **vergleichbar** und damit in die Sozialauswahl mit einzubeziehen sind. Nach der h.M. sind in die Sozialauswahl jedenfalls nur die Beschäftigten des betroffenen Betriebes einzubeziehen.[35] Die Vergleichbarkeit der Arbeitnehmer ist nach der Rechtsprechung gegeben, wenn sie »gegenseitig austauschbar« sind,[36] also jeder vom Arbeitgeber mit dem (tatsächlichen) Aufgabenbereich eines jeden anderen betraut werden könnte und dürfte.[37] Es wird damit sowohl auf die tatsächlichen Kenntnisse und Fähigkeiten wie auch auf den Inhalt der jeweiligen Arbeitsverträge zum Zeitpunkt der Kündigung abzustellen sein (s.o.).[38] Diese Überlegungen können zumindest herangezogen werden, um eine vom Arbeitgeber getroffene Sozialauswahl mit dem Argument anzugreifen, er habe nicht die richtigen Arbeitnehmer in die Sozialauswahl einbezogen. Erfahrungsgemäß ist die Frage der Sozialauswahl der fehlerträchtigste Bereich, der auch hinsichtlich der bei der Sozialauswahl zu berücksichtigenden Arbeitnehmer der uneingeschränkten arbeitsgerichtlichen Kontrolle unterliegt. Dass Kündigungen hieran oft scheitern, mag auch daran liegen, dass bei einer Auswahlentscheidung des Arbeitgebers nicht selten auch subjektive Momente eine Rolle spielen, die nicht in Einklang stehen mit der sozialen Schutzbedürftigkeit des betroffenen Arbeitnehmers.

2.1.2.6 Grundsatz der Verhältnismäßigkeit

Nach dem Grundsatz der Verhältnismäßigkeit ist eine Beendigungskündigung nur als ultima ratio zulässig. Dies ergibt sich auch daraus, dass nach § 1 Abs. 2 KSchG eine »Dringlichkeit der Kündigung« gefordert ist. Dringende betriebliche Erfordernisse, welche eine Kündigung rechtfertigen können, liegen vor, wenn es dem Arbeitgeber nicht möglich ist, der betrieblichen Lage durch andere Maßnahmen auf technischem, organisatorischem oder wirtschaftlichen Gebiet als durch eine (Beendigungs-) Kündigung zu entsprechen. Die Kündigung muss demnach wegen der betrieblichen Lage unvermeidbar sein.[39]

Eine Kündigung wäre danach z.B. unwirksam, wenn als milderes Mittel auch der Ausspruch einer Änderungskündigung mit einer Weiterbeschäftigung im gleichen oder einem anderen Betrieb des Unternehmens möglich gewesen wäre.[40]

---

35 BAG vom 15.12.1994, NZA 1995, 413.

36 BAG vom 15.12.1994, NJW 1996, 339, AP § 1 KSchG Betriebsbedingte Kündigung Nr. 66.

37 Schiefer, FA Spezial 1/2000, V.

38 Berkowsky, NJW 1996, 293.

39 BAG vom 17.6.1999, AP § 1 KSchG 1969 Betriebsbedingte Kündigung Nr. 102.

40 Berkowsky, NJW 1996, 295.

2.1.2.7 Sonderfall: Betriebsübergang

Die eben dargestellten Grundsätze erfahren durch die Regelung des § 613a BGB für den Fall eines Betriebsüberganges eine wichtige Einschränkung: Nach Absatz 4 dieser Bestimmung ist die Kündigung eines Arbeitnehmers durch den bisherigen Arbeitgeber oder durch den neuen Inhaber unwirksam, wenn sie **wegen** des Betriebsübergangs erfolgt. Besondere Beachtung verdient diese Vorschrift auch deshalb, weil durch sie auch Arbeitnehmer geschützt werden, die ansonsten nicht unter den Schutz des KSchG fallen.

2.1.2.7.1 Kündigungsverbot wegen Betriebsübergangs

Die zentrale Frage dieser Vorschrift ist damit, wann eine Kündigung **wegen** des Betriebsübergangs erfolgt. Dies ist jedenfalls dann der Fall, wenn der Betriebsübergang der tragende Grund und nicht nur der äußere Anlass der Kündigung ist.[41] Andererseits soll eine Kündigung nicht wegen Verstoß gegen § 613a BGB unwirksam sein, wenn sie zur Rationalisierung des Betriebs zwecks Erhöhung der Verkaufschancen erfolgt.[42] Problematisch ist in diesem Zusammenhang, dass den Arbeitnehmer außerhalb der Anwendbarkeit des KSchG die Darlegungs- und Beweislast für eine Kündigung wegen des Betriebsübergangs treffen soll, während bei Anwendung des KSchG der Arbeitgeber darlegungs- und beweispflichtig für das Nichtvorliegen eines Betriebsübergangs ist.[43]

2.1.2.7.2 Situation bei Widerspruch des Arbeitnehmers

Nach § 613a BGB geht das Arbeitsverhältnis bei einem Betriebsübergang kraft Gesetz auf den Erwerber über; dieser wird damit automatisch neuer Arbeitgeber der Belegschaft. Da sich die Beschäftigten diesen Arbeitgeber nicht als Vertragspartner ausgesucht haben und ihnen kein neuer Vertragspartner aufgezwungen werden soll, können sie dem Übergang des Arbeitsverhältnisses widersprechen mit der Folge, dass sie weiter bei ihrem alten Arbeitgeber angestellt sind.[44] Das Widerspruchsrecht des Arbeitnehmers ist jetzt auch gesetzlich geregelt.[45] Danach hat zunächst der bisherige Arbeitgeber oder der neue Inhaber den betroffenen Arbeitnehmer von dem geplanten Betriebsübergang schriftlich zu unterrichten und hierbei insbesondere auch die Folgen des

41 Berkowsky, Die betriebsbedingte Kündigung, § 13 Rn. 12.

42 BAG vom 18.7.1996, DB 1996, 2288.

43 Vgl. KSchR-Zwanziger, § 613a BGB, Rn. 137.

44 Vgl. z.B. BAG vom 20.4.1989, NZA 1990, 32.

45 Gesetz vom 1.4.2002, BT-Drucks. 14/7760

Übergangs für die Arbeitnehmer und die hierfür in Aussicht genommenen Maßnahmen darzustellen; vgl. § 613a Abs. 5 BGB. Nach einer solchen schriftlichen Unterrichtung beginnt für den Arbeitnehmer eine Frist von einem Monat, innerhalb derer er schriftlich widersprechen kann; so § 613a Abs. 6 BGB.

Da der bisherige Arbeitsplatz bei dem bisherigen Arbeitgeber infolge des Betriebsüberganges jedoch nicht mehr vorhanden ist, droht eine betriebsbedingte Kündigung, sofern der Arbeitnehmer nicht auf einem anderen Arbeitsplatz weiterbeschäftigt werden kann.[46] Vor Einlegung eines Widerspruchs gegen den Betriebsübergang sollte daher dringend Rechtsrat eingeholt werden.

2.1.3 Die personenbedingte Kündigung

Auch wenn die Begriffe der personen- bzw. verhaltensbedingten Kündigung den Schluss nahe legen, dass es bei diesen beiden Formen der Kündigung nur auf den Arbeitnehmer und nicht auf betriebliche Belange ankommen würde, trifft dies nicht zu. Auch hier müssen die kündigungsrelevanten Umstände zu einer betriebsbezogenen Leistungsstörung im Arbeitsverhältnis führen. Ein Verhalten des Arbeitnehmers, welches vom Arbeitgeber missbilligt wird, kann ohne daraus resultierende betriebliche Störungen eine Kündigung nicht rechtfertigen.

Im Unterschied zur betriebsbedingten Kündigung fällt der Arbeitsplatz des gekündigten Arbeitnehmers jedoch nicht weg, sondern wird in aller Regel mit einem anderen Arbeitnehmer besetzt,[47] weil der gekündigte Arbeitnehmer seine Leistung nicht wie geschuldet erbracht hat. Die **Ursache** für eine personen- oder verhaltensbedingte Kündigung liegt demnach stets in der Person oder dem Verhalten des gekündigten Arbeitnehmers.[48] Der wesentliche Unterschied zwischen der personen- und der verhaltensbedingten Kündigung liegt darin, dass der Arbeitnehmer bei der personenbedingten Kündigung die geschuldete Arbeitsleistung nicht mehr erbringen kann, obwohl er es will, während er bei der verhaltensbedingten Kündigung die geschuldete Arbeits-

46 Vgl. hierzu z.B. Berkowsky, Die betriebsbedingte Kündigung, § 13 Rn. 33ff.

47 In der Praxis wird jedoch die Möglichkeit einer personen- bzw. verhaltensbedingten Kündigung oftmals auch zum Abbau von Arbeitsplätzen genutzt. Bei gewollten Rationalisierungsmaßnahmen werden z.T. Vorwände gesucht, um anstelle von betriebsbedingten Kündigungen mit den daraus resultierenden Problemen der Sozialauswahl bestimmte Arbeitnehmer gezielt personen- oder verhaltensbedingt zu kündigen.

48 Berkowsky, Die personen- und verhaltensbedingte Kündigung, § 6 Rn. 4.

leistung nicht erbringt, obwohl er es könnte.[49] Anders gesagt: Die personenbedingte Kündigung knüpft demnach grundsätzlich an eine bestimmte Eigenschaft des Arbeitnehmers an, welche dieser nicht beeinflussen kann, während es bei der verhaltensbedingten Kündigung auf ein steuerbares Verhalten des Arbeitnehmers ankommt.

2.1.3.1 »Eignungsmängel« des Arbeitnehmers – insbesondere Krankheit und Sucht

Eine personenbedingte Kündigung kommt demnach immer dann in Betracht, wenn der Arbeitnehmer die geschuldete Arbeitsleistung zwar erbringen möchte, aber aus Gründen, welche in seiner Person liegen und von ihm nicht geändert werden können, nicht erbringen kann. Der »klassische« Fall ist die durch Krankheit hervorgerufene Arbeitsunfähigkeit. Dabei ist zunächst zu betonen, dass Krankheit an sich grundsätzlich **kein Kündigungsgrund** ist. Der Gesetzgeber hat vielmehr mit dem Entgeltfortzahlungsgesetz sichergestellt, dass der Arbeitnehmer auch bei krankheitsbedingter Arbeitsunfähigkeit seinen Lohnanspruch für eine gewisse Dauer behält. Diese Regelung wäre sinnlos, wenn der Arbeitgeber eine Erkrankung des Arbeitnehmers zum Anlass nehmen könnte, um diesem zu kündigen. Gleichwohl kann eine Erkrankung des Arbeitnehmers eine Kündigung rechtfertigen, sofern die betrieblichen oder wirtschaftlichen Auswirkungen der Fehlzeiten für den Arbeitgeber unzumutbar werden. Dabei ist zu unterscheiden zwischen einer lang andauernden Krankheit, häufigen Kurzerkrankungen und als Sonderfall Suchtproblematiken, insbesondere Alkoholsucht.

Den verschiedenen Fallgruppen ist gemeinsam, dass eine Kündigung nur dann sozial gerechtfertigt ist, wenn aufgrund der Erkrankung eine begründete Prognose für künftige Fehlzeiten erstellt werden kann und eine daraus resultierende erhebliche Beeinträchtigung betrieblicher Interessen im Wege einer umfassenden Interessenabwägung zu einer billigerweise nicht mehr hinzunehmenden Belastung des Arbeitgebers führen (3-Stufen-Modell).

2.1.3.2 Negative Prognose

Zunächst stellt sich die Frage, ob der Arbeitnehmer aufgrund seiner persönlichen Eigenschaften und Fähigkeiten künftig voraussichtlich nicht mehr in der Lage sein wird, seine arbeitsvertraglichen Verpflichtungen zu erfüllen. Das setzt neben entsprechenden Fehlzeiten für die Vergangenheit eine auf Tat-

49 Berkowsky, a.a.O. § 6 Rn. 5.

sachen begründete Prognose über den weiteren Krankheitsverlauf (inklusive der vermuteten Fehlzeiten) in der Zukunft voraus. Der Arbeitgeber hat dabei im Prozess regelmäßig die Fehlzeiten der Vergangenheit detailliert darzulegen und darf dann zunächst pauschal behaupten, künftig seien entsprechende Fehlzeiten zu erwarten.[50] Es obliegt dann dem Arbeitnehmer, diese Prognose zu erschüttern, indem er z.B. seinen Arzt von der Schweigepflicht entbindet und ihn ein entsprechendes Gutachten fertigen lässt, nach welchem für die Zukunft von einer Besserung des Gesundheitszustandes auszugehen ist.

Es gibt allerdings keine »Messlatte«, ab welcher Häufigkeit von Kurzerkrankungen bzw. welcher Dauer einer Langzeiterkrankung diese Indizwirkung gelten soll; hinsichtlich der Kurzerkrankungen wird der Arbeitgeber aber mindestens für einen Zeitraum von 15 Monaten vorzutragen haben.[51] Bei einer lang andauernden Erkrankung kommt es noch mehr auf die Umstände des Einzelfalls an: So ist zu fragen, worin die Ursache für die Erkrankung liegt und wie der bisherige Heilungsprozess verlaufen ist.[52] Sofern der Umgang des Arbeitnehmers mit Alkohol (oder anderen Drogen) den medizinischen Krankheitswert einer Sucht erreicht, ist auch dieser Fall nach den Grundsätzen einer personenbedingten Kündigung zu behandeln, und zwar selbst dann, wenn der Arbeitgeber nicht wegen der Krankheit an sich, sondern einem auf der Alkoholsucht beruhenden sonstigen Fehlverhalten des Arbeitnehmers kündigt.[53]

2.1.3.3 Erhebliche Beeinträchtigung betrieblicher und wirtschaftlicher Interessen

An zweiter Stelle ist zu prüfen, ob die negative Prognose zu konkreten betrieblichen Beeinträchtigungen (betriebsorganisatorischer oder wirtschaftlicher Art) führt. Auf dieser Stufe genügt die einfache Feststellung, dass betriebliche Beeinträchtigungen gegeben sind; ob diese ein Ausmaß erreichen, welchem es dem Arbeitgeber in Zukunft unzumutbar machen, den Betroffenen weiterzubeschäftigen, ist erst im Rahmen der Interessenabwägung zu überprüfen.[54]

Betriebliche Beeinträchtigungen können sich zunächst in Form so genannter Betriebsablaufstörungen ergeben, d.h. der Arbeitgeber muss den Arbeitsplatz des erkrankten Mitarbeiters entweder vorübergehend neu besetzen oder die anfallende Arbeit auf die verbliebenen Arbeitnehmer verteilen. Der Arbeit-

50 BAG vom 29.7.1993, EzA § 1 KSchG Krankheit Nr. 40.
51 BAG vom 19.5.1993, Rn.K I 5 g Nr. 54.
52 Str., vgl. Nachweise bei Elsner, S. 76f.
53 Elsner, S. 101.
54 BAG vom 7.11.1985, NZA 1987, 555.

geber hat dabei vorzutragen, dass er über eine entsprechende Personalreserve nicht verfügt bzw. diese bereits ausgelastet ist und auch anderweitige Überbrückungsmaßnahmen (z.B. durch vorübergehende Um- oder Versetzungen) nicht möglich sind.[55]

Anstelle einer Betriebsablaufstörung können erhebliche betriebliche Beeinträchtigungen nach der Rechtsprechung allerdings auch durch die gesetzlich vorgeschriebene Entgeltfortzahlung entstehen: Wenn der Arbeitgeber für mehr als sechs Wochen im Jahr für einen Mitarbeiter Entgeltfortzahlung leisten muss, soll eine erhebliche Beeinträchtigung betrieblicher Belange vorliegen können.[56]

2.1.3.4 Interessenabwägung

Selbst wenn eine negative Prognose erstellt werden kann und die voraussichtlichen künftigen Ausfallzeiten des Beschäftigten zu konkreten betrieblichen Beeinträchtigungen führen werden, ist die Kündigung nur dann gerechtfertigt, wenn sie nach einer Interessenabwägung insgesamt als verhältnismäßig anzusehen ist. Dies ist dann zu verneinen, wenn das Bestandsschutzinteresse des Arbeitnehmers das Lösungsinteresse des Arbeitgebers trotz negativer Prognose und daraus resultierender Beeinträchtigungen überwiegt. Welche Kriterien hierbei berücksichtigt werden müssen, hängt vom jeweiligen Einzelfall ab. In jedem Fall für den Arbeitnehmer sprechen eine lange Betriebszugehörigkeit, eine alters- oder betriebsbedingte Ursache der Erkrankung, höheres Alter, familiäre Unterhaltspflichten sowie schlechte Aussichten auf einen anderen Arbeitsplatz. Zu Gunsten des Arbeitgebers werden hingegen sämtliche vom Betroffenen ausgehenden betrieblichen und wirtschaftlichen Beeinträchtigungen (Entgeltfortzahlungskosten, Kosten für Ersatzkräfte usw.) sowie eine eventuell angespannte Wirtschaftslage des Unternehmens berücksichtigt.

2.1.3.5 Notwendigkeit vorheriger Abmahnung?

Eine Abmahnung ist vor Ausspruch einer personenbedingten Kündigung grundsätzlich nicht erforderlich.[57] Da der Arbeitnehmer bei der personenbedingten Kündigung die geschuldete Arbeitsleistung zwar erbringen möchte,

55 BAG vom 16.2.1989, DB 1989, 2075.

56 Vgl. APS-Dörner, § 1 KSchG Rn. 161ff.

57 Ausnahmsweise kann eine Abmahnung dann erforderlich sein, wenn die mangelnde Eignung des Arbeitnehmers auf einem zerstörten Vertrauensverhältnis beruht; in diesem Fall wird jedoch genau zu prüfen sein, ob es sich nicht in Wahrheit um eine verhaltensbedingte Kündigung handelt.

aber nicht kann, kann er – theoretisch – sein Verhalten auch nach einer Abmahnung nicht ändern. Die Warnfunktion der Abmahnung läuft damit leer.[58]

2.1.4 Die verhaltensbedingte Kündigung

Eine verhaltensbedingte Kündigung kommt immer dann in Betracht, wenn der Arbeitnehmer schuldhaft (vorsätzlich oder fahrlässig) gegen die Pflichten aus dem Arbeitsvertrag verstößt. Im Gegensatz zu der personenbedingten Kündigung ist jedoch grundsätzlich eine Abmahnung erforderlich; auf der anderen Seite muss die Fortsetzung des Arbeitsverhältnisses für den Arbeitgeber nicht unzumutbar sein, sondern es reicht aus, wenn die Verhaltensweise des Arbeitnehmers bei objektiver Würdigung eine Kündigung als billigenswert und angemessen erscheinen lassen.[59]

2.1.4.1 Schuldhaftes Fehlverhalten des Arbeitnehmers im Zusammenhang mit dem Arbeitsverhältnis

Der plakativste Fall für eine verhaltensbedingte Kündigung ist ein strafbares Verhalten des Arbeitnehmers zu Lasten des Arbeitgebers. Nach überwiegender Rechtsprechung soll schon ein Bagatelldiebstahl eine Kündigung rechtfertigen können.[60] Bei anderen strafbaren Handlungen kommt eine Kündigung nur in Betracht, wenn sie unmittelbaren Bezug zum Arbeitsverhältnis aufweisen. So können außerdienstliche Vermögensdelikte bei einem Kassierer grundsätzlich relevant sein, bei einem Kraftfahrer dagegen in aller Regel nicht. Bei Verkehrs- und insbesondere Trunkenheitsdelikten verhält es sich dagegen umgekehrt.

Eine Kündigung kommt auch dann in Betracht, wenn lediglich der auf Tatsachen beruhende **Verdacht schwerer Verfehlungen**, insbesondere von Straftaten, besteht (so genannte Verdachtskündigung). Bei einer solchen muss sich der Arbeitgeber allerdings zuvor bemühen, den Sachverhalt mit der gebotenen Sorgfalt aufzuklären und zu diesem Zweck zumindest auch den Betroffenen anhören.[61]

58 Elsner, S. 16.
59 BAG vom 7.10.1954, AP Nr. 5 zu § 1 KSchG.
60 BAG vom 17.5.1984, NZA 1985, 91 (Verzehr eines Stücks Bienenstich); LAG Köln vom 30.9.1999, AiB 2000, 775 (bei Verwendung von drei Briefumschlägen keine Kündigung ohne vorherige Abmahnung gerechtfertigt).
61 BAG vom 13.9.1995, NZA 1996, 81.

Eine verhaltensbedingte Kündigung ist auch denkbar, wenn das Vertrauensverhältnis zum Arbeitgeber durch ein Verhalten des Arbeitnehmers gravierend gestört wurde, z.B. durch Beleidigung des Arbeitgebers oder leitender Angestellter. Eine vergleichbare Konstellation ist gegeben, wenn der Arbeitnehmer den Betriebsfrieden nachhaltig stört, z.B. durch sexuelle Belästigungen oder ausländerfeindliche Parolen. Politische Meinungsverschiedenheiten können dagegen nur dann eine Störung des Betriebsfriedens darstellen, wenn sie das von der grundrechtlich geschützten Meinungsfreiheit zugesicherte Ausmaß überschreiten, nicht dagegen, wenn sie z.B. in der Ausübung einer Betriebsratstätigkeit erfolgt.

Ein schuldhaftes Fehlverhalten des Arbeitnehmers im Zusammenhang mit dem Arbeitsverhältnis kann ferner in einer beharrlichen Arbeitsverweigerung bestehen, d.h. der Arbeitnehmer erbringt wissentlich nicht die geschuldete Arbeitsleistung. Keine Arbeitsverweigerung stellt es demnach dar, wenn der Arbeitnehmer eine Leistung, zu welcher er sich vertraglich nicht verpflichtet hat (z.B. unzulässige Überstunden), verweigert. Als Arbeitsverweigerung wird hingegen der eigenmächtige Urlaubsantritt bzw. die Überziehung des gewährten Urlaubs oder das unentschuldigte Fernbleiben von der Arbeit (»Blau machen«) gewertet. Problematisch sind die Fälle, in denen zwischen Arbeitgeber und Arbeitnehmer Meinungsverschiedenheiten darüber bestehen, ob eine bestimmte vom Arbeitgeber verlangte Handlung noch zu den vertraglich vereinbarten Pflichten gehört: Verweigert der Arbeitnehmer die Ausführung dieser Arbeiten und stellt sich später (gerichtlich) heraus, dass er zur Vornahme dieser Handlungen verpflichtet gewesen wäre, so liegt begrifflich eine Arbeitsverweigerung vor.[62] Es empfiehlt sich daher in solchen Fällen, zunächst die verlangte Arbeit zu übernehmen und anschließend gerichtlich klären zu lassen, ob die verlangte Tätigkeit noch vom Direktionsrecht des Arbeitgebers gedeckt ist. Auch eine dauerhafte Schlechtleistung – der Arbeitnehmer weist eine deutlich höhere Fehlerquote als der Durchschnitt auf oder arbeitet erheblich langsamer – kann theoretisch eine verhaltensbedingte Kündigung rechtfertigen. Zu beachten ist hierbei einerseits, dass auch der »durchschnittliche« Arbeitnehmer immer Fehler machen wird und dass die Erbringung der durchschnittlichen Leistung dem Betroffenen grundsätzlich möglich sein muss.[63]

62 Eine Kündigung kann auf ein solches Verhalten allerdings nur gestützt werden, wenn der Arbeitnehmer trotz vorheriger Abmahnung wiederholt eine Arbeit ablehnt.

63 Andernfalls käme allenfalls eine personenbedingte Kündigung in Betracht.

2.1.4.2 Negative Prognose

Wie bei sämtlichen anderen Kündigungsgründen auch stellt auch die verhaltensbedingte Kündigung im Grundsatz keine Sanktion für fehlerhaftes Verhalten des Arbeitnehmers in der Vergangenheit dar, sondern soll dem Arbeitgeber lediglich die Möglichkeit geben, sich von einem Beschäftigten zu trennen, bei welchem auch in Zukunft mit entsprechenden Verfehlungen gerechnet werden muss.[64] Daraus folgt, dass auch bei der verhaltensbedingten Kündigung prinzipiell eine negative Prognose für die Zukunft erstellt werden muss. Bei einem krassen Fehlverhalten des Arbeitnehmers in der Vergangenheit wird eine entsprechende Prognose jedoch regelmäßig unterstellt; bei geringeren Verfehlungen sind dagegen weitere Indizien, wie z.B. eine beharrliche oder wiederholte Verfehlung gleichen Charakters nötig.

2.1.4.3 Vorherige Abmahnung

Soweit es sich um eine Störung im **Leistungsbereich** handelt, ist vor Ausspruch einer verhaltensbedingten Kündigung grundsätzlich eine vorherige Abmahnung erforderlich.[65] Eine ohne vorherige Abmahnung ausgesprochene Kündigung ist danach sozialwidrig und unwirksam.[66] Da die Kündigung im Rahmen des Verhältnismäßigkeitsgrundsatzes nur die ultima ratio darstelle, muss der Arbeitgeber dem Beschäftigten vorher durch eine Abmahnung deutlich zum Ausdruck bringen, dass er das beanstandete Verhalten nicht toleriert und dass er ein vergleichbares Verhalten in Zukunft zum Anlass nehmen werde, das Arbeitsverhältnis zu kündigen. Der Abmahnung kommen demnach drei Funktionen zu: Sie soll das beanstandete Verhalten dokumentieren, den Arbeitnehmer darauf hinweisen, dass der Arbeitgeber dieses so dokumentierte Verhalten als vertragswidrig ansieht und ihn davor warnen, dass das Arbeitsverhältnis im Wiederholungsfall gefährdet ist.[67] Begeht der Arbeitnehmer nach der Abmahnung noch einen weiteren vergleichbaren (nicht unbedingt identischen!) Pflichtenverstoß, so kann darauf eine Kündigung gestützt werden. Eine vorherige Abmahnung kann allerdings auch durch eine vorherige (unwirksame) Kündigung wegen eines vergleichbaren Verhaltens ersetzt werden, da auch diese sowohl die Dokumentations- wie die Hinweis- und Warn-

64 BAG vom 21. 1. 1999, DB 1999, 1400; LAG Hamm vom 30. 5. 1996, NZA 1997, 1056.
65 St. Rspr. des BAG, vgl. z.B. BAG vom 9. 8. 1984, NZA 1985, 124.
66 Berkowsky, Die personen- und verhaltensbedingte Kündigung, § 24 Rn. 10.
67 BAG vom 15. 1. 1986, NZA 1996, 421.

funktion einer Abmahnung erfüllt.[68] Etwas anders verhält es sich mit dem Abmahnungserfordernis bei Störungen im **Vertrauensbereich**: Zwar ist auch hier grundsätzlich eine Abmahnung erforderlich; diese kann jedoch bei schwerwiegenden Verfehlungen des Arbeitnehmers im Einzelfall entbehrlich sein, insbesondere dann, wenn dem Arbeitnehmer von vornherein klar sein musste, dass sein Verhalten vom Arbeitgeber nicht gebilligt werde und dieser es als Anlass für den Ausspruch einer Kündigung nehmen werde.[69] Nach dem Verhältnismäßigkeitsgrundsatz darf ein Arbeitsverhältnis nämlich nur dann gekündigt werden, wenn kein milderes Mittel zur Verfügung steht. Sofern das Vertrauensverhältnis allerdings durch eine schwere Verfehlung des Arbeitnehmers (z.B. Straftat zu Lasten des Arbeitgebers) in nicht wiederherstellbarer Weise zerrüttet ist, kann ausnahmsweise auf das Erfordernis einer Abmahnung verzichtet werden. Nunmehr ist durch das Gesetz zur Schuldrechtsmodernisierung die Abmahnung auch gesetzlich fixiert worden. Selbst für die außerordentliche Kündigung verlangt § 314 Abs. 2 BGB, dass in der Regel eine Abmahnung vorhergehen muss, es sei denn, es liegen ganz besondere Umstände vor, die dies entbehrlich machen, insbesondere bei schweren Pflichtverletzungen (vgl. § 323 Abs. 2 Nr. 3, Abs. 3 BGB).

2.1.4.4 Interessenabwägung

Selbst wenn ein schuldhafter Pflichtenverstoß des Arbeitnehmers vorliegt, dieser wegen eines gleichartigen Verhaltens bereits früher abgemahnt wurde und sich auch eine negative Prognose erstellen lässt, so ist eine Kündigung dennoch nicht automatisch gerechtfertigt. Es bedarf vielmehr einer auf den Einzelfall bezogenen Abwägung der gegenseitigen Interessen, also des Interesses des Arbeitgebers an der Auflösung des Arbeitsverhältnisses auf der einen und das des Arbeitnehmers an der Erhaltung des Arbeitsplatzes auf der anderen Seite. Auf Seiten des Arbeitnehmers sind dabei u.a. Art, Häufigkeit und Schwere seines Fehlverhaltens, aber auch die Dauer seiner Betriebszugehörigkeit, sein früheres Verhalten und ein etwaiges Mitverschulden des Arbeitgebers zu berücksichtigen. Weiter sind sein Lebensalter, seine Unterhaltsverpflichtungen und Arbeitsmarktchancen[70] sowie weitere, eine besondere soziale Schutzbedürftigkeit begründende Merkmale zu berücksichtigen. Auf Seiten des Arbeitgebers können dagegen Betriebsablaufstörungen, ein etwai-

68 Berkowsky, Die personen- und verhaltensbedingte Kündigung, § 24 Rn. 13.
69 BAG vom 10.2.1999, DB 1999, 1121; a.A. LAG Hamburg vom 8.7.1998, NZA-RR 1999, 469ff. (nur bei schwerwiegenden Straftaten ist Abmahnung entbehrlich).
70 LAG Hamm vom 30.5.1996, NZA 1997, 1056.

ger Vermögensschaden, Wiederholungsgefahr, die Arbeits- und Betriebsdisziplin, ein Ansehensschaden und der Schutz der Belegschaft Berücksichtigung finden.[71] Je geringer die Verfehlung des Arbeitnehmers ist, je länger er ohne Beanstandung dem Betrieb angehört und je weiter eine vorherige Abmahnung zurückliegt, desto eher wird aus dem Grundsatz der Verhältnismäßigkeit zu folgern sein, dass der Arbeitgeber den Arbeitnehmer zunächst ein weiteres Mal abzumahnen hat, bevor eine Kündigung als ultima ratio gerechtfertigt ist. Sofern allerdings wegen der Schwere der Verfehlung schon eine vorherige Abmahnung ausnahmsweise entbehrlich ist, kann auch die Interessenabwägung nur in Ausnahmefällen zugunsten des Arbeitnehmers ausfallen.

2.1.5 Die außerordentliche (fristlose) Kündigung

Einen Sonderfall stellt die außerordentliche Kündigung nach § 626 BGB dar.

Eine außerordentliche Kündigung kann im Grundsatz zwar sowohl auf innerbetrieblichen Gründen als auch auf Gründen in der Person des Beschäftigten beruhen, knüpft aber in der Regel gleichwohl an ein **besonders vorwerfbares Verhalten** des Arbeitnehmers an. Erforderlich sind in jedem Fall Tatsachen, aufgrund derer die Fortsetzung des Arbeitsverhältnisses bis zum Ende der regulären Kündigungsfrist dem Kündigenden auch unter Berücksichtigung der Interessen des zu Kündigenden nicht zugemutet werden kann. Die Kündigung ist schließlich nach § 626 Abs. 2 BGB nur zulässig, sofern sie innerhalb von zwei Wochen ab Kenntniserlangung der entsprechenden Tatsachen erfolgt. Allerdings kann eine unwirksame fristlose Kündigung oftmals in eine (u.U. wirksame) ordentliche Kündigung umgedeutet werden, sofern sich aus der Kündigung ergibt, dass der Arbeitgeber für den Fall der Unwirksamkeit der außerordentlichen Kündigung jedenfalls eine ordentliche Kündigung gewollt und ausgesprochen hätte.[72]

Der wichtige Grund muss derart schwerwiegend sein, dass es dem Arbeitgeber auch unter Berücksichtigung der Interessen des Arbeitnehmers nicht zugemutet werden kann, das Arbeitsverhältnis bis zum Ablauf der Kündigungsfrist fortzusetzen. Es ist demnach eine umfassende Prüfung des konkreten Einzelfalles am Maßstab des Verhältnismäßigkeitsgrundsatzes vorzunehmen: Selbst wenn der wichtige Grund an sich eine Kündigung rechtfertigen könnte, so ist eine außerordentliche Kündigung dennoch nur zulässig, wenn sie

71 LAG Hamm vom 30.5.1996, NZA 1997, 1056.
72 BAG, NJW 1988, 581.

auch erforderlich ist. Das ist sie nur, wenn es kein milderes und gleichfalls angemessenes Mittel gibt. Es ist demnach zu prüfen, ob nicht auch eine ordentliche Kündigung oder sogar nur eine Abmahnung dem gerügten Verhalten unter Berücksichtigung der Interessen des Betroffenen ausgereicht hätten. Dabei ist zu unterscheiden: Kommt man zum Ergebnis, dass eine Abmahnung ausreichend wäre, so schließt dies i.d.R. bereits einen wichtigen Grund aus. Hauptsächlich wird es daher um eine Abwägung des Interesses des Arbeitgebers einerseits, das Arbeitsverhältnis **sofort** und nicht erst mit Ablauf der Kündigungsfrist zu beenden und das Interesse des Arbeitnehmers andererseits an der Fortsetzung des Arbeitsverhältnisses **bis zum Ablauf der Kündigungsfrist** gehen.

2.1.6 Sonderfall: Die Änderungskündigung

Einen Sonderfall der arbeitgeberseitigen Kündigung stellt die Änderungskündigung dar. Eine Änderungskündigung nach § 2 KSchG ist vom Grundsatz her eine unbedingte Kündigung des gesamten Arbeitsvertrages, verbunden mit dem Angebot, das Arbeitsverhältnis zu geänderten Bedingungen fortzusetzen.[73] Eine Änderungskündigung ist sowohl als betriebs- wie als personenbedingte Änderungskündigung denkbar[74]: Als betriebsbedingte Kündigung, wenn der bisherige Arbeitsplatz des Betroffenen weggefallen ist, er aber auf einem anderem Arbeitsplatz weiterbeschäftigt werden könnte. Eine personenbedingte Änderungskündigung kommt in Betracht, wenn der Arbeitnehmer z.B. aufgrund von Krankheit seinen bisherigen Arbeitsplatz nicht mehr ausfüllen kann, es aber einen anderen freien Arbeitsplatz gibt, an welchem er seine bisherige oder andere Tätigkeit trotz seiner Krankheit fortsetzen könnte. Eine Änderungskündigung setzt dabei voraus, dass der Arbeitgeber den Arbeitnehmer nicht auf den jeweiligen anderen Arbeitsplatz versetzen kann, weil insoweit das aus dem Arbeitsvertrag abgeleitete Direktionsrecht hierfür nicht ausreicht.

2.1.6.1 Unabweisbarkeit der Änderung

Voraussetzung einer Änderungskündigung ist zunächst, dass die Änderung der Arbeitsbedingungen unabweisbar ist. Bei einer betriebsbedingten Änderungskündigung setzt dies einerseits voraus, dass der bisherige Arbeitsplatz des

73 Berkowsky, Die betriebsbedingte Kündigung, § 20 Rn. 13.

74 In Ausnahmefällen kommt allerdings auch eine verhaltensbedingte Änderungskündigung in Betracht.

Betroffenen weggefallen ist bzw. dass sein konkreter Arbeitsplatz zwar noch erhalten ist, aber insgesamt Arbeitsplätze weggefallen sind und ihm nach erfolgter Sozialauswahl gekündigt wurde.[75] Bei der personenbedingten Änderungskündigung muss der Arbeitnehmer aufgrund von Gründen, die in seiner Person liegen, dauerhaft nicht mehr in der Lage sein, seinen bisherigen Arbeitsverpflichtungen nachzukommen.[76] Insoweit entspricht die Änderungskündigung vom Grundsatz zunächst den entsprechenden Beendigungskündigungen. Allerdings wird hier von der Rechtsprechung i.d.R. ein anderer – milderer – Prüfungsmaßstab verwendet, in welchem nicht geprüft wird, ob die (Beendigungs-) **Kündigung** sozial gerechtfertigt ist, sondern ob dies für die **Änderung** der Arbeitsbedingungen zutrifft.[77] So soll eine betriebsbedingte Änderungskündigung bereits dann hinzunehmen sein, wenn die geplanten Änderungen der Arbeitsbedingungen auf derart dringenden betrieblichen Erfordernissen beruhen, dass diese Gründe unter einer Abwägung der gegenseitigen Interessen (Änderungsinteresse des Arbeitgebers und Bestandsschutzinteresse des Arbeitnehmers) es als **billigenswert und angemessen** erscheinen lassen, wegen dieser Änderung das gesamte Arbeitsverhältnis zu gefährden und u.U. zu beenden.[78]

2.1.6.2 Zumutbarkeit der Änderung für den Arbeitnehmer

Auch wenn die Änderung an sich unabweisbar ist, wird eine ausgesprochene (betriebsbedingte) Änderungskündigung dann unwirksam, wenn der Arbeitnehmer die ihm angebotenen veränderten Arbeitsbedingungen nicht hinnehmen muss.[79] Auch hier wird anhand der konkreten Umstände des Einzelfalls zu entscheiden sein, wobei unter anderem Alter, Betriebszugehörigkeit und Unterhaltsverpflichtungen des Arbeitnehmers und die betrieblichen Erfordernisse gegeneinander abgewogen werden müssen.

2.1.6.3 Reaktion des Arbeitnehmers – Annahme unter Vorbehalt

Die Besonderheit der Änderungskündigung liegt darin, dass dem Arbeitnehmer mehrere Reaktionsmöglichkeiten zur Verfügung stehen: Zunächst kann er das Änderungsangebot vorbehaltlos annehmen mit der Folge, dass das

75 Zur Sozialauswahl bei der betriebsbedingten Kündigung, vgl. oben S. 39f.
76 S.o.
77 Vgl. Berkowsky, Die betriebsbedingte Kündigung, § 20 Rn. 20ff.
78 Vgl. BAG vom 12.1.1961, NJW 1961, 939.
79 BAG vom 12.11.1998, DB 1999, 536.

Arbeitsverhältnis nunmehr zu den geänderten und im Zweifel verschlechterten Bedingungen fortbesteht. Er kann das Änderungsangebot aber auch unter dem (**ausdrücklich zu erklärenden!**) Vorbehalt annehmen, dass die **Änderung** der Arbeitsbedingungen **sozial ungerechtfertigt** ist und anschließend Klage vor dem Arbeitsgericht gegen die Änderungskündigung erheben. Erweist sich die Änderungskündigung vor Gericht als sozial ungerechtfertigt, so ist der Arbeitnehmer zu den vorherigen Arbeitsbedingungen weiterzubeschäftigen. Verliert der Arbeitnehmer aber den Prozess, so bleibt ihm wenigstens der Arbeitsplatz mit den geänderten Arbeitsbedingungen erhalten. Schließlich kann der Arbeitnehmer das Änderungsangebot auch ausdrücklich oder konkludent ablehnen und sich nur gegen die ausgesprochene (Beendigungs-) Kündigung gerichtlich wehren. Im Falle eines Obsiegens ist er zu den alten Bedingungen weiterzubeschäftigen. Sofern er aber verliert, ist das Arbeitsverhältnis beendet.

2.2 Die Unwirksamkeit von Kündigungen außerhalb des Kündigungsschutzgesetzes; Kündigung im Kleinbetrieb

Sofern das Arbeitsverhältnis nicht dem KSchG unterfällt, ist der Arbeitgeber grundsätzlich frei in seiner Entscheidung, dem Beschäftigten zu kündigen. Insbesondere in Kleinbetrieben mit nicht mehr als fünf Beschäftigten[80] sollen die Kündigungsmöglichkeiten im Hinblick auf die (notwendigerweise) engen persönlichen Beziehungen zwischen Arbeitgeber und Arbeitnehmer einerseits und der geringeren verwaltungsmäßigen und wirtschaftlichen Belastbarkeit kleinerer Unternehmen[81] andererseits für den Arbeitgeber erleichtert werden. Gleichwohl gibt es auch hier Grenzen, in denen eine Kündigung trotzdem unwirksam sein kann.

80 Jetzige Gesetzeslage (eine gesetzliche Verschlechterung für Arbeitnehmer ist in der politischen Diskussion).

81 BAG vom 19.4.1990, NZA 1990, 724.

2.2.1 Fälle treuwidriger Kündigungen

Eine Kündigung kann – unter engen Voraussetzungen – auch wegen eines Verstoßes gegen Treu und Glauben nach § 242 BGB nichtig sein. Dabei ist allerdings zu beachten, dass eine Kündigung nicht bereits dann nach § 242 BGB unwirksam ist, wenn sie nach § 1 KSchG – dessen Geltung vorausgesetzt – sozial ungerechtfertigt wäre[82]: In diesem Fälle würde die gesetzgeberische Entscheidung, bestimmte Arbeitsverhältnisse nicht dem Schutz des KSchG zu unterstellen, unterlaufen. Als treuwidrig und damit nichtig kommt aber eine Kündigung in Betracht, wenn durch die Kündigung sonstige berechtigte Interessen des Arbeitnehmers in einer Weise verletzt werden, indem die Kündigung absichtlich oder aufgrund einer auf Missachtung der Persönlichkeit des Arbeitnehmers beruhenden Geschmacklosigkeit zu einem Zeitpunkt erfolgt, der den Arbeitnehmer besonders beeinträchtigt.[83] Eine treuwidrige Kündigung kann auch in Fällen widersprüchlichen Verhaltens vorliegen, wenn der Arbeitgeber also z.B. zunächst zu erkennen gibt, ein bestimmtes Verhalten nicht als Kündigungsgrund anzusehen, um dann aber später eben wegen dieses Verhaltens doch zu kündigen. Soziale Gesichtspunkte sind im Übrigen auch in Kleinbetrieben zu berücksichtigen. Der Arbeitgeber ist verpflichtet, soziale Rücksichtnahme insbesondere gegenüber älteren Arbeitnehmern zu wahren.[84]

2.2.2 Sittenwidrige Kündigung

In besonderen Fällen kann eine Kündigung schließlich auch wegen Verstoßes gegen die guten Sitten nach § 138 BGB nichtig sein. Dies ist dann der Fall, wenn sie den allgemeinen Wertvorstellungen derart krass widerspricht, dass sie nicht einmal ein »ethisches Minimum« enthält,[85] so z.B. wenn ein Arbeitgeber das Arbeitsverhältnis mit einer Arbeitnehmerin deswegen kündigt, weil diese sich weigert, mit ihm eine Beziehung einzugehen.[86] Eine solche Kündi-

82 BAG vom 24.4.1997, EzA § 611 BGB Kirchliche Arbeitnehmer.

83 Berkowsky, Die personen- und verhaltensbedingte Kündigung, § 3 Rn. 18.

84 BAG vom 21.2.2001 (2 AZR 15/00), NJW 2001, Heft 11, S.XLII (ein 52-jähriger Lackierer hat mit Erfolg darauf verwiesen, dass an seiner Stelle zwei andere, jüngere und zudem ledige Arbeitnehmer hätten entlassen werden können).

85 BAG vom 2.4.1987, NZA 1988, 18.

86 Beispiel nach Berkowsky, Die personen- und verhaltensbedingte Kündigung, § 3 Rn. 19.

gung ist allerdings ohne weiteres auch aus den o.g. Gründen unwirksam. So ist eine Kündigung wegen Homosexualität nach § 138 BGB sittenwidrig und damit nichtig.[87]

2.3 Sonderfälle des Kündigungsschutzes

Erwähnt werden soll schließlich noch, dass es für bestimmte Personengruppen einen weitergehenden Kündigungsschutz gibt, welcher noch über das KSchG hinausgeht bzw. diesen ergänzt. Gemeinsam ist den nachfolgenden Schutzbestimmungen, dass sie auch dann Anwendung finden, wenn das KSchG nicht gilt.

2.3.1 Schwerbehinderte

Nach § 85 SGB IX muss der Arbeitgeber vor der Kündigung eines schwerbehinderten Arbeitnehmers, dessen Arbeitsverhältnis nach § 90 SGB IX mindestens sechs Monate bestanden hat, die **Zustimmung des Integrationsamtes** einholen. Ohne vorherige Zustimmung ist die Kündigung nichtig. Diese Nichtigkeit kann vom Gekündigten gerichtlich geltend gemacht werden, ohne dass er an die Klagefrist des § 4 KSchG gebunden wäre. Eine Kündigung ohne vorherige Zustimmung des Integrationsamtes ist selbst dann unwirksam, wenn der Arbeitgeber von der Schwerbehinderung seines Beschäftigten nichts wusste, sofern dieser sie ihm binnen eines Monats nach Zugang der Kündigung mitteilt.[88] Voraussetzung der Anwendung des SGB IX ist allerdings nicht nur, dass der Arbeitnehmer tatsächlich schwerbehindert ist, sondern auch, dass zum Zeitpunkt der Kündigung entweder bereits ein anerkennender Feststellungsbescheid vorliegt oder zumindest bereits ein entsprechender Antrag gestellt wurde.[89] Zu beachten ist, dass gegen die Entscheidung des Integrationsamtes Klage vor dem Verwaltungsgericht erhoben werden kann. Die Klagerhebung vor dem Verwaltungsgericht durch den Arbeitnehmer gegen die Erteilung der Zustimmung zur Kündigung ist jedoch unabhängig von der

87 Vgl. BAG vom 23.6.1994, AP Nr.9 zu § 242 BGB Kündigung.
88 BAG vom 16.1.1985, NZA 1986, 31.
89 BAG vom 5.7.1990, NZA 1991, 667.

Erhebung der Kündigungsschutzklage vor dem Arbeitsgericht und unterbricht insbesondere nicht die Frist des § 3 KSchG, weswegen im Zweifelsfall vor beiden Gerichten geklagt werden muss.

2.3.2 Mandatsträger, insbesondere Betriebsratsmitglieder

Ein weiterer spezialgesetzlicher Schutz besteht nach § 15 KSchG i.V.m. § 103 BetrVG für die betrieblichen Interessenvertreter der Belegschaft, insbesondere die Mitglieder des Betriebsrates.[90] Nach § 15 KSchG ist die Kündigung eines Betriebsratsmitgliedes unzulässig, es sei denn, dass der Arbeitgeber auch zu einer außerordentlichen Kündigung berechtigt wäre und die nach § 103 BetrVG erforderliche Zustimmung des Betriebsrates vorliegt oder durch gerichtliche Entscheidung ersetzt wurde. Auch nach Beendigung der Betriebsratstätigkeit darf eine Kündigung noch für ein weiteres Jahr danach[91] nur ausgesprochen werden, wenn der Arbeitgeber auch zu einer außerordentlichen Kündigung berechtigt gewesen wäre; der Zustimmung des Betriebsrates nach § 103 BetrVG bedarf es in diesem Fall allerdings nicht mehr. Dann ist allerdings das normale Anhörungsverfahren nach § 102 BetrVG durchzuführen.

Eine verhaltensbedingte Kündigung von besonders geschützten Mandatsträgern setzt voraus, dass sie gegen ihre Pflichten aus dem Arbeitsvertrag verstoßen haben – eine Pflichtverletzung allein im Rahmen der Betriebsratstätigkeit reicht nicht aus.[92] Das Zustimmungserfordernis nach § 103 BetrVG verlangt darüber hinaus, dass der Arbeitgeber vor Ausspruch der Kündigung die Zustimmung des Betriebsrates eingeholt hat oder – sofern diese verweigert wurde – sie durch das Arbeitsgericht ersetzen lassen muss.

---

90 Ein vergleichbares Schutzniveau ist dort auch für die Mitglieder von Jugend- und Auszubildendenvertretungen, Bordvertretungen und – mit Abstrichen – Seebetriebsräten vorgesehen. Entsprechendes gilt unter gewissen Umständen für die Ersatzmitglieder des Betriebsrates und nach § 15 Abs. 2 KSchG auch für Personalräte. Über § 15 Abs. 3 KSchG genießen auch die Mitglieder eines Wahlvorstandes bzw. die Wahlbewerber Schutz. Für Vertrauenspersonen der Schwerbehinderten gilt der gleiche Kündigungsschutz wie bei Betriebsräten; vgl. § 96 Abs. 3 SGB IX.

91 Für Mitglieder einer Bordvertretung nur sechs Monate. Dies gilt allerdings nicht, wenn die Beendigung der Mitgliedschaft auf einer gerichtlichen Entscheidung beruht, vgl. § 15 Abs. 1 Satz 2 a.E. KSchG.

92 BAG vom 22.8.1974, NJW 1975, 181.

2.3.3 Mütter und Elternzeitberechtigte

Nach § 9 Abs. 1 Mutterschutzgesetz (MuSchG) ist eine Kündigung gegenüber einer Frau während der Schwangerschaft und bis zum Ablauf von vier Monaten nach der Entbindung unzulässig, sofern dem Arbeitgeber die Schwangerschaft bekannt war oder ihm binnen zwei Wochen nach der Kündigung mitgeteilt wurde. Nach § 9 Abs. 3 MuSchG kann die mit Gründen versehene Kündigung in besonderen Fällen von der für den Arbeitsschutz zuständigen obersten Arbeitsbehörde für ausnahmsweise zulässig erklärt werden, wenn sie nicht mit dem Zustand einer Frau während der Schwangerschaft oder ihrer Lage bis zum Ablauf von vier Monaten nach der Entbindung im Zusammenhang stehen. Der Arbeitgeber darf das Arbeitsverhältnis ferner nach § 18 Abs. 1 BErzGG ab dem Zeitpunkt, in welchem Elternzeit beantragt wurde, höchstens jedoch sechs Wochen vor Beginn der Elternzeit, und während der Elternzeit nicht kündigen, sofern sie nicht ausnahmsweise von der für den Arbeitsschutz zuständigen obersten Arbeitsbehörde für zulässig erklärt wurde.

2.3.4 Wehrpflichtige und Zivildienstleistende

Nach § 2 ArbPlSchG besteht für Wehrpflichtige ein grundsätzliches Kündigungsverbot, welches bereits mit der Zustellung des Einberufungsbefehls beginnt. Diese Bestimmung findet ferner gemäß § 78 Abs. 1 Nr. 1 ZDG auch auf Zivildienstleistende Anwendung.

2.3.5 Tariflich unkündbare Arbeitnehmer

Durch Tarifvertrag kann das Recht des Arbeitgebers zur ordentlichen Kündigung schließlich eingeschränkt oder ausgeschlossen werden, was insbesondere für ältere Arbeitnehmer auch praktiziert wird. Insofern empfiehlt sich jedenfalls ein Blick in den entsprechenden Tarifvertrag oder eine Anfrage an die zuständige Gewerkschaft.

2.4 Formelle Mängel der Kündigung

Die Kündigung kann aus verschiedenen Gründen bereits formell unwirksam sein:

2.4.1 Schriftform

Nach § 623 BGB bedarf die Kündigung eines Arbeitsverhältnisses der Schriftform, d.h. sie muss schriftlich erfolgen und vom Arbeitgeber bzw. einer hierzu berechtigten Person unterschrieben sein. Eine Kündigung, die diesen Anforderungen nicht genügt, ist unwirksam.

2.4.2 Betriebsratsanhörung

Der Betriebsrat ist vor Ausspruch einer Kündigung nach § 102 Abs. 1 BetrVG zwingend anzuhören. **Eine unterbliebene oder fehlerhafte Anhörung des Betriebsrates führt zur Unwirksamkeit der Kündigung.**[93] Der Arbeitgeber hat dem Betriebsrat dabei alle diejenigen Gründe, die für seinen Kündigungsentschluss maßgeblich sind, derart vollständig[94] und detailliert darzulegen, dass sich der Betriebsrat ein Bild über die Stichhaltigkeit machen kann. Auch wenn der Betriebsrat die Zustimmung ausdrücklich verweigert oder er sich nicht binnen der gesetzlichen Frist äußert (eine Woche bei einer ordentlichen, drei Tage bei einer außerordentlichen Kündigung) und die Zustimmung deshalb kraft Gesetz nach § 102 Abs. 2 BetrVG als erteilt gilt, so hindert das die Wirksamkeit der Kündigung grundsätzlich nicht.[95]

Die Anhörung des Betriebsrates ist dennoch von großer Bedeutung, da der Arbeitgeber die Kündigung im Kündigungsschutzprozess nur auf die Kündigungsart und die Gründe stützen darf, zu welcher er den Betriebsrat auch angehört hat. So ist z.B. eine fristlose Kündigung unwirksam, wenn der Betriebsrat zu einer ordentlichen Kündigung gehört wurde[96] oder wenn der Betriebsrat nur zu einer Verdachtskündigung gehört wurde, an ihrer Stelle aber eine Tatkündigung ausgesprochen wurde. Ferner hat ein Widerspruch des Betriebsrats Auswirkungen auf einen **Weiterbeschäftigungsanspruch** zumindest bis zum rechtskräftigen Ende des Kündigungsschutzverfahrens.[97] Aber auch

93 KSchR-Kittner, § 102 BetrVG, Rn. 226.

94 BAG vom 11.7.1991, BB 1991, 2371.

95 Anders bei der Kündigung eines Betriebsratsmitgliedes, wo der Arbeitgeber vor Ausspruch der Kündigung gegebenenfalls die Zustimmung des Betriebsrates durch das Arbeitsgericht nach § 103 BetrVG ersetzen lassen muss.

96 BAG vom 16.3.1978, BB 1979, 371. Dies gilt selbst dann, wenn die Kündigung »hilfsweise« in eine ordentliche Kündigung umgedeutet werden kann.

97 S.u. Kap. 2.5.1.

wenn der Betriebsrat der Kündigung zustimmt, heißt das nicht, dass eine Kündigungsschutzprozess deswegen aussichtslos oder gar unzulässig wäre, da das Arbeitsgericht an die Entscheidung des Betriebsrates nicht gebunden ist.

2.5 Der (Weiter-)Beschäftigungsanspruch

Für die Situation des Arbeitnehmers insbesondere im Kündigungsschutzprozess kann es von ausschlaggebender Bedeutung sein, ob er Anspruch hat, auch nach Ablauf der Kündigungsfrist weiterbeschäftigt zu werden.

2.5.1 Der betriebsverfassungsrechtliche Weiterbeschäftigungsanspruch aus § 102 Abs. 5 BetrVG

Besteht im Betrieb des Arbeitnehmers ein Betriebsrat, so ist dieser bei ordentlichen Kündigungen anzuhören. Der Betriebsrat kann dies auch nutzen, um innerhalb der Wochenfrist mit den Gründen, die sich aus § 102 Abs. 3 BetrVG ergeben, schriftlich der Kündigung zu widersprechen. Liegt ein dementsprechend qualifizierter Widerspruch vor, hat der Arbeitnehmer die Wahlmöglichkeit, ob er neben der Erhebung der Kündigungsschutzklage zusätzlich seine vorläufige Weiterbeschäftigung verlangt. Grundsätzlich soll der Weiterbeschäftigung die unterbrechungslose, d.h. durchgehende Beschäftigung des Arbeitnehmers im Betrieb ermöglichen, wofür allerdings Voraussetzung ist, dass der Arbeitnehmer sein Weiterbeschäftigungsverlangen jedenfalls noch innerhalb der laufenden Kündigungsfrist gegenüber dem Arbeitgeber anmeldet.[98] Verweigert der Arbeitgeber die Weiterbeschäftigung, kann der Arbeitnehmer beim Arbeitsgericht den Erlass einer einstweiligen Verfügung beantragen.[99] Dabei muss der Arbeitnehmer nur die allgemeinen anspruchsbegründenden Tatsachen für den Weiterbeschäftigungsanspruch glaubhaft machen, insbesondere die ordnungsgemäße Beschlussfassung des Betriebsrats über den von ihm eingelegten Widerspruch. Einer besonderen Darlegung von Gründen,

98 Vgl. APS-Koch, § 102 BetrVG, Rn. 206, 207.

99 Vgl. LAG Hamburg vom 25. 1. 1994, LAGE Nr. 21 zu § 102 BetrVG 1972 Beschäftigungspflicht; LAG München vom 16. 8. 1995, LAGE Nr. 22 zu § 102 BetrVG 1972 Beschäftigungspflicht.

warum auch im Eilverfahren über die Weiterbeschäftigung entscheiden werden muss (so genannter Verfügungsgrund) ist entbehrlich.[100]

Der Weiterbeschäftigungsanspruch, der durch einstweilige Verfügung gesichert ist, kann im Rahmen der Zwangsvollstreckung auch im laufenden Kündigungsschutzverfahren durchgesetzt werden durch Verhängung von Zwangsgeld bzw. Zwanghaft gegen den Arbeitgeber, der sich weigert, den entsprechenden Arbeitsplatz zuzuweisen.

In besonderen Fällen kann allerdings auch der Arbeitgeber dem Weiterbeschäftigungsbegehren dadurch begegnen, dass er seinerseits beantragt, von der Weiterbeschäftigung nach § 102 Abs. 5 Satz 1 BetrVG entbunden zu werden. Dies ist insbesondere der Fall, wenn es dem Arbeitgeber gelingt, darzulegen, dass die vom Arbeitnehmer erhobene Kündigungsschutzklage keine hinreichende Aussicht auf Erfolg bietet und mutwillig erscheint. Weitere Gründe für einen entsprechenden Entbindungsantrag sind eine unzumutbare wirtschaftliche Belastung gerade durch die Weiterbeschäftigung, was ausgeschlossen ist, wenn der Arbeitgeber durch die Beschäftigung des Arbeitnehmers jedenfalls eine wirtschaftliche Gegenleistung erhält. Ferner kann ein solcher Antrag auf Entbindung von der Weiterbeschäftigung dann erfolgreich sein, wenn es sich um einen offensichtlich unbegründeten, beispielsweise formell nicht ordnungsgemäß erhobenen Widerspruch des Betriebsrates handelt.

Auch die Entbindung von der Weiterbeschäftigung erfolgt in einem Verfahren der einstweiligen Verfügung, über den das Arbeitsgericht im Urteilsverfahren zu entscheiden hat und zwar in aller Regel aufgrund einer mündlichen Verhandlung, die entsprechend mit rechtskundiger Hilfe vorzubereiten ist.

2.5.2 Der allgemeine Weiterbeschäftigungsanspruch im laufenden Arbeitsverhältnis

Der Arbeitnehmer hat einen Anspruch auf Beschäftigung beruhend auf dem allgemeinen Persönlichkeitsrecht, welches auch im bestehenden Arbeitsverhältnis zu beachten ist.[101] Wann dieser Beschäftigungsanspruch nach Ausspruch einer arbeitgeberseitigen Kündigung wirksam durchgesetzt werden kann, war lange sehr umstritten. Hierzu hat das BAG entschieden, dass ein solcher Beschäftigungsanspruch während eines Kündigungsschutzverfahrens erst dann entsteht, wenn es sich entweder um eine offensichtlich unwirksame

100 LAG Hamburg, a.a.O.; LAG München, a.a.O.; APS-Koch, § 102 BetrVG Rn. 213 m.w.N.
101 BAG vom 10.11.1955, AP Nr. 2 zu § 611 BGB Beschäftigungspflicht.

Kündigung handelt oder wenn das Gericht in erster Instanz der Kündigungsschutzklage stattgegeben hat, es sei denn die Interessen des Arbeitgebers an der Nichtbeschäftigung des Arbeitnehmers überwiegen im Einzelfall.[102]

Da eine offensichtlich unwirksame Kündigung in der Regel nur dann vorliegt, wenn beispielsweise der Betriebsrat nicht angehört wurde oder bei einem anerkannt Schwerbehinderten das Verfahren vor dem Integrationsamt versäumt wurde, bleibt es in aller Regel dabei, dass der allgemeine Weiterbeschäftigungsanspruch davon abhängig ist, dass in erster Instanz ein für den Arbeitnehmer obsiegendes Urteil erstritten wird. Deshalb sollte im Rahmen der Kündigungsschutzklage auch stets der Weiterbeschäftigungsantrag gestellt werden, jedenfalls nach gescheitertem Gütetermin.

2.5.3 Der Wiedereinstellungsanspruch

Aus dem Arbeitsverhältnis resultiert die Pflicht des Arbeitgebers, auf die berechtigten Belange des Arbeitnehmers Rücksicht zu nehmen. Hieraus ist abzuleiten, dass der Arbeitgeber nach einer veränderten betrieblichen Situation von sich aus an den gekündigten Arbeitnehmer herantreten muss, wenn die Voraussetzungen der Kündigung nicht mehr vorliegen, um ihm die Wiedereinstellung anzubieten.[103] Dabei beschränkt die Rechtsprechung des BAG allerdings den Wiedereinstellungsanspruch auf die Fälle, wo sich noch innerhalb der Kündigungsfrist herausstellt, dass die Prognose des Arbeitgebers, dass er zukünftig den Arbeitnehmer nicht mehr weiterbeschäftigen kann, sich als falsch erweist.[104] Nach Ablauf der Kündigungsfrist soll eine Abweichung des tatsächlichen Verlaufs von der bei Ausspruch der Kündigung zugrunde gelegten Prognose unschädlich sein.

Wichtig ist, dass ein Wiedereinstellungsanspruch auch dann besteht, wenn der Betrieb entgegen der geäußerten Absicht nicht stillgelegt, sondern auf einen dritten Erwerber übertragen wird und hier die Voraussetzungen für einen Betriebsübergang nach § 613a BGB erfüllt sind.[105]

Dabei hat der Arbeitnehmer seinen Anspruch auf Fortsetzung des Arbeitsverhältnisses unverzüglich gegenüber dem Betriebserwerber zu erklären.[106]

102 BAG (Großer Senat) vom 27.2.1985, AP Nr. 14 zu § 611 BGB Beschäftigungspflicht.
103 Vgl. APS-Kiel, § 1 KSchG, Rn. 798.
104 Vgl. BAG vom 27.2.1997, AP Nr. 1 zu § 1 KSchG 1969 Wiedereinstellung.
105 EuGH vom 11.3.1997, NZA 1997, 433.
106 BAG vom 12.11.1998, AP Nr. 186 zu § 613a BGB.

Weigert sich der Arbeitgeber, den Arbeitnehmer wieder einzustellen, ist hier analog der Kündigungsschutzklage eine 3-Wochen-Frist zu beachten, die mit dem Zeitpunkt beginnt, mit welchem der Arbeitgeber bzw. ein Dritter, der den Betrieb übernommen hat, die Einstellung ablehnt.[107]

2.6 Die geltenden Kündigungsfristen

Schließlich ist noch zu beachten, welche Kündigungsfrist der Arbeitgeber im Falle einer Kündigung einzuhalten hat. Die Kündigungsfrist kann sich dabei sowohl aus dem Gesetz, aus einem Tarifvertrag als auch aus einer einzelvertraglichen Regelung ergeben.

2.6.1 Aus dem Gesetz

Nach § 622 Abs. 1 BGB kann ein Arbeitsverhältnis mit einer Frist von vier Wochen zum Fünfzehnten oder zum Ende eines Kalendermonats gekündigt werden. Nach Abs. 2 verlängert sich diese Frist bei Kündigungen durch den Arbeitgeber für den Fall, dass das Arbeitsverhältnis zwei Jahre bestanden hat, auf einen Monat zum Ende des Kalendermonats und anschließend in mehreren Schritten bis auf sieben Monate zum Ende eines Kalendermonats, sofern das Arbeitsverhältnis zwanzig Jahre bestanden hat.

2.6.2 Aus tariflichen Regelungen

Häufig finden sich in Tarifverträgen vom Gesetz abweichende längere Fristen bei Kündigungen durch den Arbeitgeber, an welcher dieser sich dann – bei gegenseitiger Tarifgebundenheit – zu halten hat. Sofern ein älterer Tarifvertrag jedoch nur die günstigere frühere Gesetzeslage wörtlich wiedergibt, ist zu überprüfen, ob es sich überhaupt um eine eigenständige Regelung und nicht nur auf einen Verweis auf (damals) geltendes Recht handelt.

107 Vgl. APS-Kiel, § 1 KSchG, Rn. 801.

2.6.3 Aus einzelvertraglichen Vereinbarungen

Schließlich können sich abweichende Regelungen noch aus einzelvertraglichen Vereinbarungen ergeben. Sofern längere und damit günstigere Fristen als in Gesetz und Tarifvertrag vereinbart wurden, gelten diese. Kürzere Fristen als in § 622 Abs. 1 BGB dürfen jedoch nach § 622 Abs. 5 BGB nur vereinbart werden, wenn es sich um ein Aushilfsarbeitsverhältnis handelt oder der Arbeitgeber nicht mehr als zwanzig Arbeitnehmer ausschließlich der Auszubildenden beschäftigt und die Kündigungsfrist vier Wochen nicht unterschreitet.

2.7 Der Ablauf eines Kündigungsschutzprozesses

Wenn nicht der von einer Kündigung betroffene Arbeitnehmer sich gegen die Erklärung der Kündigung durch den Arbeitgeber wehrt, wird diese unanfechtbar. Es hilft nichts, nur Recht zu haben, sondern dieses Recht muss auch durchgesetzt werden. Dazu ist es erforderlich, dass ein gekündigter Arbeitnehmer beim örtlich zuständigen Arbeitsgericht Kündigungsschutzklage einreicht. Diese muss innerhalb von drei Wochen nach Erhalt der Kündigungserklärung beim Arbeitsgericht eingegangen sein, vgl. § 4 KSchG.

2.7.1 Erste Instanz – Güte- und Kammertermin

Geht die Klage rechtzeitig beim Arbeitsgericht ein, wird das zuständige Gericht kurzfristig zu einer **Güteverhandlung** einladen. Gerade bei Kündigungsschutzklagen besteht eine besondere Prozessförderungspflicht des Arbeitsgerichts. Die Güteverhandlung soll nämlich innerhalb von zwei Wochen nach Klagerhebung stattfinden, vgl. § 61a Abs. 2 ArbGG.

In der Güteverhandlung, die der Arbeitsrichter allein – ohne ehrenamtliche Richter – leitet, soll nach Möglichkeit eine gütliche Einigung erzielt werden, so dass es einer gerichtlichen Entscheidung durch Urteil über die Kündigungsschutzklage nicht bedarf. Hat das Arbeitsgericht mit seinen Bemühungen, die beiden Streitparteien auf eine gemeinsame Linie zu bewegen, Erfolg, wird ein Vergleich geschlossen, der dann nach Protokollierung und Genehmigung der Beteiligten das Verfahren insgesamt beendet. Auch kann es Ergebnis eines

Gütetermins sein, dass die Parteien sich zunächst darauf verständigen, das Verfahren nicht streitig durchzuführen, sondern außergerichtlich sich die erforderliche Zeit zu nehmen, die Bedingungen eines Aufhebungsvertrages auszuhandeln. Dies ist insbesondere dann ein tragbares Zwischenergebnis, wenn die einzelnen zwischen den Beteiligten zu klärenden Punkte so vielschichtig sind, dass diese im Rahmen einer in der Regel fünfzehn Minuten dauernden Güteverhandlung nicht befriedigend zu klären sind.

Können sich Arbeitnehmer und Arbeitgeber nicht im Rahmen der Güteverhandlung verständigen, ist vom Arbeitsgericht eine streitige Verhandlung zu terminieren, die dann oft mehrere Monate nach gescheiterter Güteverhandlung stattfindet. Diese streitige Verhandlung ist dann als so genannter **Kammertermin** durchzuführen, d.h. die Arbeitsrichter ziehen zur Urteilsfindung jeweils einen Beisitzer aus dem Arbeitnehmerlager und einen Beisitzer aus dem Arbeitgeberlager hinzu. Nur in dieser Besetzung von drei Richtern (ein Berufsrichter, zwei ehrenamtliche Richter) kann dann auch ein Urteil gefällt werden.

Zur Vorbereitung der streitigen Verhandlung werden die Parteien aufgefordert, ihren gesamten Vortrag abschließend dem Gericht in schriftlicher Form zuzuleiten und für die streitigen Tatsachenbehauptungen Beweis, z.B. durch Zeugen und Dokumente anzubieten.

Dabei obliegt dem Arbeitgeber die Beweislast dafür, dass die Kündigung gerechtfertigt ist, während der Arbeitnehmer beweisen muss, dass die Voraussetzungen des Kündigungsschutzes (Betriebsgröße, Erfüllung der Wartezeit usw.) erfüllt sind. Auch muss er im Rahmen der Sozialauswahl darlegen, warum nicht er, sondern ggf. ein anderer Arbeitnehmer sozial weniger schutzbedürftig gewesen wäre.

2.7.2 Zweite Instanz – Landesarbeitsgericht

Nach einem Urteil 1. Instanz können beide Seiten, wenn sie das ergangene Urteil nicht akzeptieren, Berufung zum Landesarbeitsgericht einlegen. Dabei hat das Landesarbeitsgericht sämtliche vorgetragenen Tatsachen erneut zu prüfen und ggf. zu ermitteln. Es kann aufgrund anderer Würdigung der Tatsachen zu einer abweichenden Entscheidung kommen und beispielsweise feststellen, dass die Kündigung gerechtfertigt war oder nicht. Durch das Berufungsurteil wird das Arbeitsgerichtsurteil ersetzt.

In aller Regel endet durch das Berufungsurteil die juristische Überprüfungsmöglichkeit. So wird die Mehrzahl der Urteile der Landesarbeitsgerichte in Kündigungsschutzsachen rechtskräftig.

2.7.3 Dritte Instanz – Bundesarbeitsgericht

Eine Ausnahme gilt jedoch dann, wenn – z.B. in grundsätzlichen Angelegenheiten – das Landesarbeitsgericht die Revision ausdrücklich zugelassen hat. Dann kann die unterlegene Partei Revision zum Bundesarbeitsgericht in Erfurt einlegen.

Ein besonderes, allerdings nur in seltenen Ausnahmefällen erfolgreiches Rechtsmittel steht zur Verfügung, wenn das Landesarbeitsgericht die Revision nicht zugelassen hat. Es kann dann nämlich unter besonders engen Voraussetzungen eine so genannte Nichtzulassungsbeschwerde nach § 72a ArbGG eingelegt werden, über die das Bundesarbeitsgericht in einem schriftlichen Verfahren entscheidet. Eine solche Beschwerde hat nur dann Erfolg, wenn im Urteil 2. Instanz Grundsätze zugrunde gelegt wurden, wie sie der obergerichtlichen Rechtsprechung insbesondere des Bundesarbeitsgerichts widersprechen und die Entscheidung auch auf dieser Abweichung beruht.

Im Revisionsverfahren selbst kann das Bundesarbeitsgericht durch Urteil selbst entscheiden oder aber auch die Sache zur erneuten Verhandlung an das Landesarbeitsgericht zurückverweisen, etwa weil noch weitere Tatsachen aufgeklärt werden müssen.

Grundsätzlich prüft das Bundesarbeitsgericht im Revisionsverfahren aber nur, ob dem Landesarbeitsgericht bei seiner Entscheidung Rechtsfehler unterlaufen sind. Der Tatsachenvortrag aus den Vorinstanzen wird übernommen, ohne dass es möglich wäre, neue Tatsachen im Revisionsverfahren vorzutragen, die versäumt wurden, in die Schriftsätze in die Vorinstanzen aufzunehmen.

Trifft das Bundesarbeitsgericht eine Revisionsentscheidung, ist der Rechtsstreit endgültig beendet, sieht man von der außerordentlich seltenen Möglichkeit einer Verfassungsbeschwerde zum Bundesverfassungsgericht ab.

2.7.4 Dauer von Kündigungsschutzprozessen

Allgemein gültige Fristen für die **Dauer von Arbeitsgerichtsverfahren** können naturgemäß nicht benannt werden. Gelingt es nicht, die Sache im Gütetermin oder im zeitlichen Zusammenhang damit zu einem gemeinsamen Ergebnis zu bringen, muss für das Verfahren 1. Instanz von einem Zeitraum von sechs bis zwölf Monaten ausgegangen werden, in besonders komplexen Angelegenheiten mit umfangreicher Beweisaufnahme kann dieser Zeitraum auch überschritten werden. Für das Verfahren vor dem Landesarbeitsgericht ist ebenfalls ein Zeitraum von rund einem Jahr zu veranschlagen. Je nach Geschäftslage beim Bundesarbeitsgericht ist für die Revisionsinstanz auch ein Zeitraum von ca. einem Jahr zu veranschlagen, so dass bis zur Rechtskraft einer Entscheidung viele Monate bzw. Jahre ins Land gehen können.

Wird aber nach gewonnenem Kündigungsschutzprozess der Weiterbeschäftigungsanspruch rechtskräftig, hat der Arbeitgeber für den gesamten Zeitraum des Kündigungsschutzprozesses aufgelaufene Gehaltsansprüche zu bedienen und gegenüber dem Arbeitsamt das Arbeitslosengeld zu erstatten.

3. Die Bedeutung psychologischer Einflussgrößen beim Aufhebungsvertrag

3.1 Fallbeispiele

Fallbeispiel 1
Marion S. aus W., 38 Jahre alt, zwölf Jahre im Betrieb tätig. Ihr Arbeitgeber, ein bekanntes Kaufhausunternehmen, will mit Rücksicht auf fallende Aktienkurse zahlreiche Arbeitsplätze in der Verwaltung, darunter ihre Stelle als Sachbearbeiterin im Einkauf, wegrationalisieren. Es gibt einen allerdings – was die Abfindung anbetrifft – eher mäßig dotierten Sozialplan.

Fallbeispiel 2
Eckhard M. aus M., 59 Jahre alt, 36 Jahre Betriebszugehörigkeit. Der Zeitschriftenverbund, bei dem er Layoutchef ist, wird an einen anderen Verlag veräußert. Die dortige Verlegerin äußert, dass sie keine alten Männer um sich haben wolle und es eigentlich für Herrn M. keine Weiterbeschäftigungsperspektiven gäbe.

Fallbeispiel 3
Norbert K. aus L., 45 Jahre alt, $2\frac{1}{2}$ Jahre Betriebszugehörigkeit. Angestellter Berater in einer kleinen Unternehmensberatungsfirma, einziger Mitarbeiter an einem auswärtigen Standort. Der Hauptgesellschafter kürzt die Finanzmittel. Gegenüber Norbert K. wird eine betriebsbedingte Kündigung ausgesprochen.

Fallbeispiel 4
Gerald W. aus S., 49 Jahre alt, 27 Jahre Betriebszugehörigkeit. Sein Arbeitgeber, eine Laborfirma, wird von einem größeren Konkurrenten geschluckt. In der Folge wird der Status von Herrn W. als Laborleiter in Frage gestellt. Auch bisher selbstverständliche Sozialleistungen und Gratifikationen werden eingestellt bzw. gekürzt. Herr W. wird von Kunden auf die auch fachlich im Niveau gesunkenen Leistungen der Firma angesprochen. Er überlegt, sich selbständig zu machen.

Fallbeispiel 5
Monique A. aus H., 35 Jahre alt, acht Jahre Betriebszugehörigkeit, Buchhalterin mit einem 30-Stunden-Vertrag. Ihr Arbeitgeber verübelt ihr, dass sie wegen ihrer Kinder nicht bereit ist, 40 Stunden wöchentlich zu arbeiten. Eine schon in Aussicht genommene Beförderung scheitert nun, vielmehr wird sie überwiegend mit einfacheren Tätigkeiten befasst. Gespräche über eine Abfindungsvereinbarung scheitern, da Frau A. am Arbeitsplatz festhalten will. Konsequenz: Der Arbeitgeber verteilt Abmahnungen und kontrolliert die Beschäftigte hinsichtlich jedes Details ihrer Tätigkeit.

Fallbeispiel 6
Susanne G. aus D., 52 Jahre alt, neun Jahre Betriebszugehörigkeit, Sicherheitsbeauftragte. Ihr Arbeitgeber eröffnet ihr nach einer längeren Krankheitsphase, dass die ihr unterstellten Mitarbeiter wegen »Mobbings« nicht mehr mit ihr zusammenarbeiten wollten. Frau G. reagiert mit der spontanen Bemerkung, dann werde sie wohl gehen müssen. Gespräche über eine außergerichtliche Abfindungslösung scheitern.

Solche Fälle, die so oder ähnlich jeden Tag in Deutschland passieren, weisen einen gemeinsamen Nenner auf, dass sich nämlich das Arbeitsverhältnis in einer Krisensituation befindet. Jede Krisensituation fordert ein aktives Krisenmanagement. Dazu gehört, dass jeder Beteiligte für sich neben der selbstverständlichen Prüfung der Rechtslage möglichst genau die psychologisch maßgebenden Einflussfaktoren untersucht.

3.2 Wahrnehmungen aus Arbeitgebersicht

Arbeitgeber bzw. ihre verantwortlichen Vertreter im Unternehmen sind dem eigentlichen Krisengeschehen, das den Arbeitnehmer trifft, oft um einen oder mehrere Schritte voraus. Im Fallbeispiel 1 ist es der Arbeitgeber, der die Betriebsänderung geplant und in diesem Zusammenhang ausgewählt hat, wen die Rationalisierung treffen soll. Schon früh konnten Kündigungsszenarien auch mit Hilfe externer Berater durchgespielt werden. Fällt dann die Entscheidung, muss der hierfür zuständige Manager ganz oft auch persönlich die Verantwortung dafür übernehmen, dass die personelle Maßnahme erfolgreich – im Sinne des Unternehmens – durchgesetzt wird. Der Beschluss, sich von einem oder mehreren Mitarbeitern trennen zu wollen, wird mithin flankiert von einem entsprechenden Trennungswillen. So lag es auch im Fallbeispiel 3, wo es angesichts der geringen Größe der Firma für den Geschäftsführer zu einer echten »Überlebensfrage« für ihn selbst werden konnte, wenn es ihm nicht gelingt, seinen auch noch gut verdienenden »Mitarbeiter« loszuwerden.

Betriebswirtschaftliche Logik wird so zu einem persönlichen Bewusstseinsmoment, die erfolgreiche Kündigung des Mitarbeiters zu einer Frage der eigenen Durchsetzungsfähigkeit.

3.2.1 Trennungswille

Noch deutlicher wird der Trennungswille, wenn subjektiv gefärbte Momente hinzutreten. Die Verlegerin im Fallbeispiel 2 hat wirklich keine »Lust«, mit einem älteren »gestandenen« Mann zusammenzuarbeiten, sei es, weil sie niemanden dabei haben möchte, der ihr an Lebenserfahrung voraus ist, sei es, weil sie aus »optischen« Gründen nur von »jungen« Menschen, die in die Hochglanzmagazine ihres Verlages hineinpassen, umgeben sein möchte.

Der Trennungswille hier ist also vorrangig keine Frage einer vorgeblich objektiven, weil betriebswirtschaftlich begründeten Logik, sondern folgt subjektiven Vorgaben. Es ist dann oft eine Frage des Temperaments der handelnden Akteure, ob dieses Moment überhand nimmt und der Konflikt lautstark eskalierend im Betrieb ausgetragen wird.

Im Fallbeispiel 5 hat der Arbeitgeber bereits innerlich mit dem Gedanken an eine Fortführung des Arbeitsverhältnisses gebrochen. Sein Problem, dass er dies kündigungsrechtlich vermutlich nicht durchsetzen kann, löst heftige Aktivitäten aus. Abmahnungen und mobbing-ähnliche Verhaltensweisen[1] unterstreichen die Trennungsabsicht.

3.2.2 Zeigen von Stärke

Unabhängig davon, ob der Entschluss, sich von bestimmten Mitarbeitern zu trennen, nun die Konsequenz strategischer Planungen ist oder dies aus einer mehr emotionalen Augenblickssituation entspringt, die ganz große Mehrzahl der kündigungsberechtigten Führungskräfte ist auf Autorität bedacht. Ihre Beschlüsse sind umzusetzen und die betriebliche Erfahrung der Mitarbeiter soll so sein, dass es möglichst zwecklos ist, sich den unternehmerischen Vorgaben zu widersetzen. Es wird Stärke gezeigt.

Dieses »Platzhirsch«-Verhalten steht regelmäßig in einem direkten Widerspruch zu der Ausprägung sozialer Kompetenz, zu deren Wesensmerkmalen es gehört, den Ausgleich mit den betroffenen Mitarbeitern zu suchen und Rücksicht auf deren soziale Betroffenheit, ausgelöst durch den bevorstehenden Arbeitsplatzverlust, zu nehmen.

Auch wenn im Fallbeispiel 1 der Arbeitgeber letztlich die Erkenntnis gewinnen sollte, dass der abgeschlossene Sozialplan nur eine ungenügende Abmilderung des Arbeitsplatzverlustes für Frau S. beinhaltet, so gilt es schon des-

1 Vgl. hierzu ausführlich Esser/Wolmerath.

halb Stärke zu zeigen, da das Abweichen von der vorgezeichneten Linie aus der Sicht des Arbeitgebers die Gefahr heraufbeschwört, dass nicht nur Frau S., sondern auch andere Betroffene motiviert werden, sich gegen die drohende Kündigung zur Wehr zu setzen. Man fürchtet das Beispiel des erfolgreichen Widerstands.

3.2.3 Anderweitige Zusagen

Auch »einsichtige« Führungskräfte befinden sich oft in einem Korsett unternehmerischer Vorgaben. Wenngleich möglicherweise mit sozialer Kompetenz ausgestattet, sind sie dergestalt in die unternehmerischen Absichten eingebunden, dass sie nur sehr schwer hiervon abweichend agieren können. Besonders einengend wird dieses vorgezeichnete Handlungsmuster, wenn nicht nur die Gesellschafter aufgrund der Unternehmensbeschlüsse ihr Verhalten bestimmen, sondern parallel dazu anderen Beschäftigten bereits Zusagen gemacht wurden im Hinblick auf die Arbeitsstelle des Betroffenen. So ist im Fallbeispiel 2 bereits ein Nachfolger als Layoutchef »ausgeguckt« und angesprochen worden. Was soll wohl dieser und der Rest seiner Kolleginnen und Kollegen davon halten, wenn es nun mit dem Karrieresprung nichts wird, weil Herr M. erfolgreich an seinem Arbeitsplatz festhält?

Eine solche »Auflehnung« beschäftigt auch den Geschäftsführer im Fallbeispiel 5. Auch hier waren mit der entsprechenden Abteilung bereits Pläne für den Zeitpunkt nach dem Ausscheiden von Frau A. geschmiedet worden, die sich nun angesichts ihrer Weigerung, gegen Abfindung aus dem Unternehmen auszuscheiden, so nicht mehr einfach umsetzen lassen. Es dauerte denn nach dem Scheitern der Abfindungsverhandlungen auch nur knapp eine Woche, bis Frau A. die erste Abmahnung in den Händen hielt.

3.2.4 Fehlende Souveränität

Nicht alle Führungskräfte und Arbeitgebervertreter sind zudem so souverän, dass sie mit widerstrebenden Arbeitnehmern und deren Gegenargumenten sachlich umgehen können. Gerade in kleineren Unternehmen, wo der Chef gleichzeitig Inhaber ist oder auf mittleren Managementebenen findet sich häufig der Typus des Autokraten, der Widerspruch nicht duldet und auch den Ratschlägen seiner Berater hinsichtlich der Risiken einer denkbaren Kündigung nichts abgewinnen kann. Solche »Starrköpfigkeit« hat meist zur Folge, dass jedenfalls eine außergerichtliche Einigung scheitert oder nur unter unzulänglichen Bedingungen für den Beschäftigten zustande kommen könnte. Hier bedarf es oft ebenso einfühlsamer wie aber auch direkter Ansprache eines Gerichts im Kündigungsschutzprozess, damit vorgegebene Denkschemata überwunden werden können, die einer einvernehmlichen Beendigung gegenüberstehen.

3.3 Wahrnehmungen aus Arbeitnehmersicht

Für den betroffenen Arbeitnehmer ist die Krisensituation, in die das Arbeitsverhältnis gerät, ganz selten von langer Hand erkennbar. Oft fehlt es auch an der Möglichkeit, betriebswirtschaftliche Situationen einzuschätzen, zumal Unternehmen selten bereit sind, ihre ökonomische Kennziffern offen darzulegen. So hätte Herr W. im Fallbeispiel 4 wesentlich früher auf die sich abzeichnende wirtschaftliche Krisensituation seines Arbeitgebers reagieren müssen. Hätte er eher den Konflikt gesucht und sich auf ein Ausscheiden gegen Zahlung einer Abfindung orientiert, etwa indem er sich entschlossen gegen die Kürzung seiner Sozialleistungen zur Wehr gesetzt hätte, wäre voraussichtlich ein für ihn besseres Ergebnis zu erzielen gewesen, als nunmehr »wenige Minuten vor 12« von sich aus Aufhebungsverhandlungen einzuleiten, die aufgrund der erkennbaren Motivlage nur eine sehr dürftige Abfindung ermöglichte.

Rationalisierungsvorhaben finden oft aber auch in wirtschaftlich völlig gesunden Betrieben statt. Insbesondere Unternehmensübernahmen werden hinter völlig verschlossenen Türen verhandelt, so dass der Inhaberwechsel manchmal über Nacht passiert. Rechtzeitige Vorsorge ist da praktisch nicht möglich.

Aber auch wenn außerökonomische Gründe das Arbeitsverhältnis gefährden, kommt dies für den Arbeitnehmer meist überraschend. Woher sollte Monique A. (Fallbeispiel 5) denn ahnen, dass sie »völlig unten durch« ist, nachdem sie aus Gründen, die aus ihrer Sicht völlig plausibel sind (Kinderbetreuung), die Verlängerung ihrer individuellen Arbeitszeit abgelehnt hat und ihre Arbeit vorher immer positiv bewertet wurde?

Auch für Eckhard M. (Fallbeispiel 2), der sich fachlich mit 59 Jahren topfit fühlt und jede Menge Überstunden angehäuft hatte, um über viele Jahre das pünktliche und qualitativ hochwertige Erscheinen der Verlagsjournale zu gewährleisten, ist es kaum zu fassen, dass er nun zum »alten Eisen« gezählt wird. Dies betrifft aber auch die Arbeitnehmerin, die, wie im Fallbeispiel 1, aus möglicherweise völlig einleuchtenden wirtschaftlichen Gründen ihren Arbeitsplatz verlieren soll. Hatte auch sie nicht bis zuletzt alle Händen voll zu tun? Wer soll denn ihre Arbeit erledigen, wenn sie nicht mehr da ist? Warum trifft es ausgerechnet sie, obwohl sie doch immer einsatzbereit und fleißig war und sich manches Mal noch zur Arbeit bewegt hatte, obwohl sie sich krankheitsbedingt »hundeelend« fühlte? Die Frage der Betroffenen lautet denn auch oft, ob es denn keine »Gerechtigkeit« gäbe.

3.3.1 Kränkung

Das vorherrschende Gefühl in solchen Situation ist regelmäßig das des persönlich Gekränktseins. Jeder Bürger verbringt einen Großteil des aktiven Lebens am Arbeitsplatz. Dieser bringt ihm nicht nur den zum Lebensunterhalt erforderlichen Verdienst, sondern er definiert auch ganz oft neben seiner Familie und seinem Freundes- und Bekanntenkreis den persönlichen Lebensmittelpunkt. Dieser soll ihm nun entzogen werden. Zwar wird »die Arbeit« oft als belastend und anstrengend empfunden, gleichwohl sind die meisten Arbeitnehmer mit ihrem Job als solchem zufrieden und fühlen sich nicht unwohl. Der Arbeitsplatz spielt eine zentrale Rolle als Ort persönlicher Anerkennung. Diese Anerkennung, ob sie nun objektiv nachvollziehbar, also vom Arbeitgeber, von Vorgesetzten oder Kollegen ausgesprochen oder auch nur subjektiv im Rahmen des Arbeitsverhältnisses empfunden wurde, geht mit dem geäußerten Trennungswunsch ersatzlos verloren. Es ist eine Situation, die sich umschreiben lässt mit plötzlichem Liebesentzug: Eine ausgesprochen deprimierende Erfahrung.

Wer sich so gekränkt fühlt, reagiert nicht nur verärgert und »schnappt ein«. Ganz oft beginnt jetzt eine Fehlersuche: »Habe ich auch wirklich alles getan, um in der Vergangenheit meine Vorgesetzten von meinen Qualitäten zu überzeugen?« – »Hätte ich bei der letzten Grippe lieber in den Betrieb kommen sollen?« – »Bin ich zu alt und zu unattraktiv?« – »Habe ich die ›Zeichen der Zeit‹ verschlafen?«.

Die/der Betroffene fängt an zu grübeln. Zwischen Rechtfertigungsversuchen und harter Fehlerkritik gegenüber der eigenen Person geht oft verloren, was den eigentlichen Ausgangspunkt der Trennungsabsichten des Arbeitgebers bildet, nämlich dessen ökonomische oder betriebspolitische Interessen am Weggang dieses und ggf. weiterer Beschäftigter.

So kann während einer Phase des heftigen Gekränktseins ein fataler psychologischer Kreislauf eintreten. Der wegen der Kündigung »Zurückgesetzte«

sucht die Schuld bei sich selbst. Er wird so zum doppelten »Opfer«. Zum einen trifft ihn die Kündigung wegen des in der Regel unerwarteten und natürlich auch unerwünschten Arbeitsplatzverlustes. Zum anderen macht er hierfür nicht den Arbeitgeber, sondern sich selbst zum »Hauptschuldigen«.

Es ist ein Gebot der ersten Stunde(n) nach dem Erhalt der Kündigung, die oft sehr tiefgehende Kränkung nicht als persönlichen Angriff auf die eigene Person zu sehen, sondern in der Regel als schlichten Ausdruck scheinbar ökonomischer, jedenfalls aber hierarchisch bedingter Umstände zu begreifen. Nur so kann die in Kündigungsfällen notwendige Handlungssouveränität erlangt werden.

3.3.2 Mobbing

Elemente einer Kränkung enthält auch Mobbing. Hinter diesem sehr vielschichtigen Phänomen stehen eine Vielzahl unehrenhafter, »unsozialer« Verhaltensweisen, mit denen Einzelne im betrieblichen Gefüge isoliert und an den Rand gedrängt werden. Dies kann »von oben« veranlasst sein, z.B. durch heftige Schelte von Vorgesetzten, die insbesondere vor den Augen der Kollegen über möglicherweise fachlich berechtigte Kritik weit hinausreicht, durch das Hinausdrängen aus betrieblichen Kommunikationsprozessen, die Zuweisung unbeliebter Arbeitsaufgaben, oft ironisch sich äußernde Herabsetzungen usw. Leider kommt es immer wieder vor, dass Mitarbeiterinnen und Mitarbeiter in ein solches »Bossing« mit einstimmen und durch allerlei Verhaltensweisen dazu beitragen, dass die betreffende Kollegin/der betreffende Kollege noch stärker ausgegrenzt wird. Manches Mobbing-Opfer ist natürlich auch in dem Sinne »empfänglich«, dass es diese Missachtung seiner Person hinnimmt und nicht in der Lage ist zu kontern. Durch das »Hineinfressen« der so zum Ausdruck gekommenen Missachtung findet ein Prozess psychologischen Zurückweichens statt, der das Mobbing weiter fördert.[2]

Eine Kündigung kann dann sogar – trotz des Arbeitsplatzverlustes! – als Ausweg aus einer solchen emotional sehr belastenden Situation empfunden werden.

Auch Monique A. (Fallbeispiel 5) musste erst lernen, mit der neuen schwierigen Situation fertig zu werden. Viele Gespräche im Familienkreise sowie eine umfangreiche arbeitsrechtliche Beratung haben ihr geholfen. Sie sucht jetzt Bündnispartner im Betrieb, die verhindern, dass sie aus der betrieblichen Kom-

2 Vgl. Esser/Wolmerath, S. 199f.

munikation ausgeschlossen wird. Sie notiert die Anweisungen ihres Arbeitgebers und bestätigt sie in Zweifelsfällen schriftlich, damit es hinterher mit der Art und Weise der Ausführung keine »Missverständnisse« geben kann. Gegen jede Abmahnung reicht sie eine mit ihrem Anwalt abgestimmte Gegendarstellung zur Akte. So ist sie jetzt zwar nicht sicher vor den nächsten Angriffen, die bis zu einer Kündigung reichen können. Sie ist aber – vor allem auch psychologisch – gewappnet.

Bei Eckhard M. (Fallbeispiel 2) brach zunächst eine Welt zusammen, als ihm gedanklich gesehen »der Stuhl vor die Tür« gesetzt wurde. Auch hier halfen viele Gespräche weiter, nicht vor den Angriffen auf seine persönliche Integrität zurückzuweichen, sondern gegenzuhalten. Nicht in eine etwaige Krankheit zu flüchten, sondern ganz bewusst betriebliche Präsenz zu demonstrieren, war sein Einstieg in dann im Ergebnis sehr erfolgreiche Abfindungsverhandlungen.

Schwierig wird es nämlich, wenn wie im Falle der Susanne G. (Fallbeispiel 6) die heftige Kritik am Sozial- und Arbeitsverhalten dazu führt, betrieblich nicht mehr in Erscheinung zu treten. Ob der Arbeitgeber nun ein Konzept hat, wie er Frau G. loswerden will, oder nicht, durch ihre selbst erklärte »Freistellung« hat sie zumindest psychologisch schon den Anspruch auf »ihren« Arbeitsplatz vorläufig geräumt. Erst die dann gescheiterten Gespräche über eine Abfindungslösung ließen Frau G. erkennen, dass ihre als nobel zu bezeichnende Geste von der Arbeitgeberseite als Schwäche und von den kritisch eingestellten Kollegen als Eingeständnis empfunden wurde.

So verständlich es ist, vor Druck zurückzuweichen – und Kündigungen bzw. entsprechende Ankündigungen enthalten ein ganz massives Bedrohungspotenzial –, so wichtig ist es, jedenfalls den Versuch zu unternehmen, Gegendruck zu entwickeln.

3.3.3 Soziale Ängste – Prestigeverlust

Die im Falle einer Kündigung sich ausbreitende Sorge um das, was passiert, wenn die Kündigung durchgreift, umfasst nahezu alle Bereiche menschlichen Seins. Für den Fall der Arbeitslosigkeit wird gerade bei älteren Arbeitnehmern, die noch nicht zu den rentennahen Jahrgängen zählen, ein tiefer sozialer Einschnitt befürchtet mit weitgehenden Einbußen im Lebensstandard. Dies gilt aber auch für diejenigen, die bereits in wenigen Jahren nach der Kündigung sich verrenten lassen können, weil sie von Rentenkürzungen betroffen sind (geringere Anwartschaften aufgrund kürzerer Beitragszeiten, lineare Kürzung der Rentenbezüge um 0,3 % für jeden Monat früheren Rentenbeginns vor dem jeweiligen Regelalter). Auch bei jüngeren Arbeitnehmern, insbesondere solchen, die nur über eine eingeschränkte berufliche Qualifikation verfügen oder bereits gesundheitliche Probleme aufweisen, besteht die Befürchtung, keine angemessene Anschlussbeschäftigung finden zu können.

Solche sozialen Ängste mischen sich mit dem befürchteten Verlust an Prestige: Was werden Familie, Nachbarn und Bekannte darüber denken, wenn der Arbeitsplatz verloren gegangen ist?

Selbst bei einer Sockelarbeitslosigkeit von inzwischen deutlich über 4 Mio. Erwerbstätigen ist erstaunlicherweise in weiten Teilen der Gesellschaft immer noch der Glaube verbreitet, dass es meist nur an der Person des betroffenen Bürgers liege, arbeitslos zu werden. Schließlich könne jeder – wenn er denn nur wolle – Arbeit finden.

Natürlich gibt es solche Fälle verschuldeter Arbeitslosigkeit. In der Mehrzahl der Fälle, insbesondere bei betriebsbedingten Kündigungen, aber auch häufig bei scheinbar personen- und verhaltensbedingten Kündigungen ist es der Arbeitgeber, der die Beendigung des Arbeitsverhältnisses betreibt.

Unbeschadet dessen, in wessen Sphäre die Ursache für den Arbeitsplatzverlust liegt, wird mit dessen Eintreten manifestiert, dass der Betroffene jedenfalls an seinem bisherigen Arbeitsplatz nicht mehr gebraucht wird.

3.3.4 Versagensängste

Neben den oft nachvollziehbaren Zukunftsängsten kommt die Sorge, ob dem durch die Kündigung im Betrieb entstehende Druck, der sich insbesondere noch erhöht, wenn die/der Betroffene um ihren/seinen Arbeitsplatz kämpft, standgehalten werden kann.

Manche Arbeitgeber wissen um diese tief sitzende Sorge. So kommt es vor, dass schon früh in zweifelhaften Kündigungsfällen sehr niedrig dotierte Abfindungsangebote unterbreitet werden, die natürlich nur unter der Bedingung angenommen werden können, dass keine Kündigungsschutzklage erhoben wird. Meist wird dies mit der Erklärung verbunden, dass im Fall eines solchen Prozesses überhaupt keine Abfindung gezahlt werden würde.

Hier kann nur eine fundierte juristische Beratung weiterhelfen, die die rechtlichen Chancen auslotet für den Fall, dass das – schlecht dotierte – außergerichtliche Angebot ausgeschlagen wird.

Die rechtzeitige und sachkundige Beratung ist umso wichtiger, als es immer wieder passiert, dass Arbeitgeber Gespräche über eine Abfindungslösung anbieten, deren Stattfinden aber durch vorgeschobene Terminschwierigkeiten sich immer weiter verzögert, um dann später, wenn die für eine Kündigungsschutzklage erforderliche 3-Wochen-Frist nach Ausspruch der Kündigung abgelaufen ist, wegen eines angeblich veränderten Meinungsbildes jede Abfindungszahlung zu verweigern. Leider kommt es immer wieder vor, dass vereinzelt Beschäftigte auf so ein durchsichtiges Spiel hereinfallen.

Auch bei dem Gefühl, dem innerbetrieblichen Druck nicht standhalten zu können, hilft zunächst eine möglichst objektive Betrachtung der Situation. Die Familie und der Freundeskreis sollten dabei nicht »draußen« gehalten und die durch die Kündigungsdrohung eingetretene Krisensituation verheimlicht werden, sondern im Gegenteil, die Gespräche im persönlichen Umfeld sollten gesucht und dessen Unterstützung eingefordert werden. Auch im Betrieb ist nützlich, sich um Hilfe zu bemühen. Es sollte der Betriebsrat aufgesucht und um seine kollegiale Unterstützung gebeten werden. Oft sind auch die Informationen des Betriebsrates über die Hintergründe der Kündigung für das weitere Verfahren von nicht zu unterschätzender Bedeutung. Betriebsratsmitglieder sollten auch hinzugezogen werden, wenn es um Gespräche beim »Chef« geht, der dann sehr genau und meist recht ultimativ wissen will, wie es denn nun nach der Kündigung weitergehen solle und warum z.B. der neben der Kündigung vorgelegte Aufhebungs- oder Abwicklungsvertrag (mit geringer Abfindung) noch nicht unterschrieben sei. Ein hinzugezogenes Betriebsratsmitglied bei solchen oder ähnlichen den Bestand des Arbeitsverhältnisses berührenden Gesprächen ist auch als Zeuge ggf. wertvoll, wenn es z.B. im Kündigungsschutzprozess später um die Aufklärung entsprechender Gesprächsinhalte geht. Mit der Hinzuziehung eines Mitarbeiters, dem man Vertrauen schenken kann, erfolgt zudem eine psychologische Rückenstärkung, die genutzt werden sollte.

Natürlich gibt es kein für alle Fälle gültiges Rezept, wie mit solchen Ängsten in einer Krisensituation umzugehen ist. Es gilt aber die alte Weisheit, dass der, der gar nicht kämpft, bereits verloren hat, während der, der sich aufmacht, sich zu wehren, zwar auch verlieren, aber immerhin auch gewinnen kann.

4. Das Ringen um die Abfindung

4.1 Fehlender Rechtsanspruch auf Abfindung

Wer gekündigt wird, glaubt oft, dass man nur seinen Anspruch anmelden müsse, um eine Abfindung zu erhalten. Der hierzu aufgesuchte Rechtsanwalt oder Rechtssekretär muss dann in der Beratung dem gekündigten Arbeitnehmer erklären, dass es nicht etwa darum geht, im Kündigungsschutzprozess einen Antrag auf Zahlung einer Abfindung zu stellen. Das einzig mögliche Klageziel lautet, die Unwirksamkeit der Kündigung feststellen zu lassen mit dem Ergebnis, dass der gekündigte Arbeitnehmer weiterbeschäftigt wird, wenn der Prozess gewonnen ist. Die Abfindung kann daher nur das Ergebnis einer bestimmten Prozesssituation sein, wenn nämlich eine Einigung zwischen den Beteiligten herbeigeführt wird. Zulässiger Inhalt eines Kündigungsschutzprozesses kann jedoch nur sein, für eine Weiterbeschäftigung zu streiten.

4.1.1 Ausnahme Sozialplan

Einen Rechtsanspruch auf Abfindung hat der Beschäftigte allerdings, wenn in seinem Betrieb aufgrund eines Sozialplans Arbeitgeber und Betriebsrat vereinbart haben, dass bei betriebsbedingten Kündigungen im Falle einer Betriebsänderung Abfindungen zu zahlen sind. Solche Sozialpläne beruhen oft auf langwierigen Auseinandersetzungen über die Dotierung des Sozialplans. Die Abfindungshöhe ist meist abhängig von der wirtschaftlichen Stärke des Unternehmens aber auch von der Verhandlungsstärke und dem Geschick des Betriebsrats. In allerdings immer häufiger auftretenden Fällen vereinbaren die Betriebsparteien einen so genannten Rahmensozialplan,[1] unter dessen Schutz

1 Bezeichnung in der Praxis auch oft: Rationalisierungsschutzabkommen, Strukturwandelvereinbarung, manchmal auch fälschlicherweise Interessenausgleich genannt.

während seiner Laufzeit alle betriebsbedingten Kündigungen fallen. Beschäftigte erhalten also auch dann eine Abfindung, wenn sie unter eine zukünftige Betriebsänderung fallen, die für die Betriebsparteien bei Abschluss des Sozialplans noch gar nicht absehbar war. Auch gibt es solche vorsorglichen Sozialpläne, die generell Abfindungslösungen bei jeder betriebsbedingten Kündigung vorsehen. Das BAG hat solchen vorsorglichen Sozialplänen ausdrücklich die juristische Anerkennung zugesprochen.[2]

4.1.2 Rationalisierungsschutztarifverträge

Mit ähnlicher Wirkung gibt es in einzelnen Branchen auch Rationalisierungsschutztarifverträge, die Abfindungen bei betriebsbedingten Kündigungen oder entsprechenden Aufhebungsvereinbarungen vorsehen. Solche Tarifverträge kommen u.a. vor im Bereich des öffentlichen Dienstes,[3] im Versicherungsgewerbe[4] oder in der chemischen Industrie.[5] Auch bei der Post und anderen vormals staatlichen Unternehmen[6] gibt es solche Tarifverträge. Meist sind hier jedoch relativ niedrige Abfindungsbeträge vorgesehen.

4.1.3 Auflösungsantrag im Kündigungsschutzprozess

Eine weitere Ausnahme bilden die §§ 9, 10 KSchG. Die Anwendung dieser Vorschriften setzt voraus, dass der Arbeitnehmer den Kündigungsschutzprozess gewinnt, also über einen Rechtsanspruch auf Weiterbeschäftigung verfügt. Wenn es in einer solchen Situation aber für den Beschäftigten oder für den Arbeitgeber nicht mehr zumutbar ist, weiterhin zusammenzuarbeiten, so kann das Arbeitsgericht auf **Auflösung** des Arbeitsverhältnisses **gegen Zahlung einer Abfindung** erkennen.

Das geht aber nur, wenn im Kündigungsschutzprozess eine der Prozessparteien einen entsprechenden Antrag stellt und das Gericht aus der Begründung eines solchen Antrags entnehmen kann, dass das Arbeitsverhältnis tatsächlich

2 BAG vom 26. 8. 1997 DB 1998, 265 ff.

3 Tarifvertrag über den Rationalisierungsschutz für Angestellte vom 9.1.1987.

4 Rationalisierungsschutzabkommen für das private Versicherungsgewerbe vom 1. 5. 1983.

5 Manteltarifvertrag für die chemische Industrie vom 24. 6. 1992, § 13.

6 Tarifvertrag Nr. 444 vom 12. 3. 1994 für die Deutsche Post AG sowie Tarifvertrag Nr. 33 vom 6. 7. 1997 für die Deutsche Telekom AG.

so zerrüttet ist, etwa weil sich die Parteien persönlich beleidigt oder sonst sich gegeneinander auf rüde Weise verhalten haben, dass eine gedeihliche Zusammenarbeit in der Zukunft so gut wie ausgeschlossen ist.

4.1.4 Auflösungsantrag bei leitenden Angestellten

Eine besondere Bedeutung gewinnt die Möglichkeit des Auflösungsantrages bei leitenden Angestellten. Hier braucht der Arbeitgeber seinen Auflösungsantrag nicht zu begründen, sondern kann beantragen, dass trotz des durch den leitenden Angestellten gewonnenen Kündigungsschutzprozesses das Arbeitsverhältnis mit Abfindung aufgelöst wird, ohne dass zu einer etwaigen Unzumutbarkeit der Weiterbeschäftigung irgendetwas ausgeführt werden muss. § 14 Abs. 2 Satz 2 KSchG sagt aus, dass ein Antrag des Arbeitgebers auf Auflösung des Arbeitsverhältnisses bei diesem Personenkreis keiner Begründung bedarf.[7]

Aufgrund dieser rechtlichen Vorschrift gilt bei den leitenden Angestellten im Kündigungsfalle das Motto »Dulde und liquidiere«.

Von diesen sehr seltenen Ausnahmen abgesehen, gilt in der großen Mehrzahl aller Kündigungsfälle, dass es **keinen** Rechtsanspruch auf Abfindung gibt.

4.2 Abfindung als Preis für die Aufgabe des Kündigungsschutzes

Allerdings verwundert es nicht, wenn sich der Glaube an die bei jeder Kündigung zu beanspruchende Abfindung fest im Bewusstsein weiter Bevölkerungskreise festgesetzt hat.

Zwar gibt es für diese Auffassung keine Stütze in den rechtstheoretischen Grundlagen, sie findet jedoch ihre Erklärung in dem, was die Öffentlichkeit als **Rechtswirklichkeit** wahrnimmt.

Diese Rechtswirklichkeit sieht so aus, dass die große Mehrzahl der Kündigungsschutzprozesse mit der Zahlung einer Abfindung endet. Empirische Untersuchungen hierzu gibt es zwar wenige, aber die Einschätzung ist zulässig, dass weit mehr als die Hälfte aller Kündigungsschutzprozesse mit einem Abfindungsvergleich endet.[8]

7 Vgl. KSchR-Kittner, § 14 KSchG, Rn. 25; Hueck/v.Hoyningen-Huene, § 14 Rn. 28 m.w.N.
8 Vgl. die Nachweise bei APS-Preis, Grundlagen B, Rn. 22ff.

Wenn man es als die eigentliche Aufgabe des Kündigungsschutzes ansieht, den Arbeitsplatz zu erhalten und für Weiterbeschäftigung zu sorgen, kann diese Rechtswirklichkeit durchaus kritisch bewertet werden. Ihr Ergebnis ist nämlich der Verlust des Kündigungsschutzes im Sinne einer zu erstreitenden Weiterbeschäftigung bzw. der durch Abfindung abgemilderte Verlust auf den Arbeitsplatz. Das mag dort angehen, wo eine Anschlussbeschäftigung zu vernünftigen Bedingungen in Aussicht steht oder auch die/der Beschäftigte es nicht länger aushalten würde, weiter im Betrieb tätig zu sein. Aber sonst? Keine Abfindung – und sei sie noch so hoch – kann jahrelange Arbeitslosigkeit ausgleichen, ganz abgesehen von dem Verlust sozialer Beziehungen und angeschlagenem Selbstwertgefühl. Jedem Betroffenen sollte in der Konsequenz klar sein, dass die an ihn gezahlte Abfindung der Preis für den Verlust des Arbeitsplatzes ist. Die Annahme der Abfindung bedeutet den endgültigen Verzicht auf die weitere Geltendmachung des Kündigungsschutzes. Das soll in jedem Einzelfall wohl überlegt sein.

4.3 Bemessungsgrößen für die Abfindung in der Praxis

Für die Bewertung einer Abfindungslösung ist natürlich entscheidend, welche Geldbeträge als Abfindung fließen oder um mit dem früheren Bundeskanzler Kohl zu sprechen: Entscheidend ist, was hinten herauskommt.[9]

4.3.1 Die so genannte »Regelabfindung«

Gesetzliche Maßstäbe für die Festlegung einer Abfindung gibt es nicht.

4.3.1.1 Vorgaben durch §§ 9, 10 KSchG?

Auch die §§ 9, 10 KSchG, die für den Fall einer Auflösung des Arbeitsverhältnisses bei gewonnenem Kündigungsschutzprozess gelten, enthalten keine festen Maßstäbe, sondern nur Obergrenzen. Danach regelt § 10 Abs. 1 KSchG, dass eine Abfindung in Höhe bis zu zwölf Monatsverdiensten festzusetzen ist.

9 Wie die Erkenntnisse der Spendenaffäre zeigen, wusste der Altbundeskanzler den Wert des Geldes als Faktor in der Politik zu schätzen.

§ 10 Abs. 2 KSchG bestimmt, dass bei Arbeitnehmern, die das 50. Lebensjahr vollendet und die mindestens 15 Jahre in einem Arbeitsverhältnis standen, eine Obergrenze von bis zu 15 Monatsverdiensten gilt, während bei Arbeitnehmern, die das 55. Lebensjahr vollendet und deren Arbeitsverhältnis mindestens 20 Jahre bestanden hat, ein Betrag von bis zu 18 Monatsverdiensten festgesetzt werden darf.

§ 10 Abs. 3 KSchG definiert schließlich, was als Monatsverdienst gilt, nämlich das, was dem Arbeitnehmer bei der für ihn maßgebenden regelmäßigen Arbeitszeit in dem Monat, in dem das Arbeitsverhältnis endet, an Geld und Sachbezügen zusteht. Weder diese Obergrenzen noch die Definition des Monatsverdienstes binden die Parteien des Kündigungsschutzprozesses; ebenso nicht das Gericht, wenn es Vorschläge zur Abfindung unterbreitet.[10]

4.3.1.2 Die »Faustformel«

Weit verbreitet ist aber die Anwendung der Formel, dass bei Verlust des Arbeitsplatzes eine Abfindung in Höhe von einem halben Gehalt pro Beschäftigungsjahr gezahlt wird.

Nach einer Umfrage sollen ca. 75 % der befragten Arbeitsgerichte diese Formel verwenden.[11] Betrachtet man die Ergebnisse dieser Umfrage genauer, ergibt sich aber ein erheblich differenziertes Bild:

So werden laut Aussage vieler Gerichte durchaus Abschläge, aber auch Zuschläge gemacht, je nach Art der Kündigung. Bei verhaltensbedingten Kündigungen kommen eher Abschläge in Betracht, während bei personenbedingten Kündigungen – wo es ja in der Regel nicht auf zurechenbares Verhalten des betreffenden Arbeitnehmers ankommt,[12] oft Zuschläge vorgeschlagen werden, die eine höhere Abfindung als ein halbes Gehalt pro Beschäftigungsjahr zum Inhalt haben.[13]

Auch wird bei betriebsbedingten Kündigungen, also solchen, die ihre Ursache allein in der Sphäre des Arbeitgebers haben, offenbar bei einer Reihe von Gerichten eine höhere Abfindung als angemessen erachtet. Ferner gibt es Gerichte, die bei älteren Arbeitnehmern – offenbar wegen der schwereren Vermittelbarkeit auf dem Arbeitsmarkt – deutlich höhere Abfindungen zugrunde legen (bis zum 1,5-fachen eines Bruttomonatsgehalts pro Beschäfti-

10 Gesetzliche Einschränkungen bestehen nicht; vgl. nur Bauer, Rn. 749.
11 Vgl. Hümmerich, NZA 1999, 342ff.
12 Vgl. die obigen Ausführungen unter 2.1.3 (S. 47ff.).
13 Hümmerich, NZA 1999, 345.

gungsjahr). Auch bei relativ kurzen Beschäftigungsverhältnissen, deren Beendigung für den betroffenen Arbeitnehmer oft mit einem besonderen Imageverlust verbunden ist (wie soll bei einem Bewerbungsgespräch erläutert werden, warum die/der Betroffene schon nach so kurzer Zeit den Arbeitsplatz wechseln muss: Mangelnde Zufriedenheit? Eingliederungsprobleme? Fehlende Akzeptanz? ...), werden im Einzelfall höhere Abfindungen für angemessen erachtet.

Auch gibt es – verständlicherweise – Gerichte, die berücksichtigen, wenn es um besonders geschützte Personenkreise wie Schwerbehinderte oder Schwangere geht. Bei anderen Gerichten wird vor allem bei kleineren Unternehmen Rücksicht auf die konkrete wirtschaftliche Situation genommen.[14]

So ergibt sich doch ein sehr differenziertes Bild, was die Anwendung der so genannten Faustformel betrifft.[15]

Es kommt also in der Regel darauf an, wie die Erfolgsaussichten der Kündigungsschutzklage sind, welcher Lebenssachverhalt den Kündigungsgrund bildet, welche sozialen Probleme die Kündigung auslöst und ob und in welchem Umfang der Arbeitgeber zahlungsfähig ist. Umfragen, die dies zu stark generalisieren und damit die Tendenz haben, sich vom Einzelfall und dessen konkreter Betrachtung zu weit zu entfernen, bergen zugleich die Gefahr in sich, dass es sich Arbeitsrichter zu einfach machen und Vorschläge nur nach »Schema F« unterbreiten. Wenn der Gekündigte weiß, dass im Kündigungsschutzprozess mit solchen standardisierten, wenig einzelfallbezogenen Vorstellungen des Gerichts zu rechnen ist und die Prozesssituation nicht völlig hoffnungslos erscheint, sollte daher auf keinen Fall auf den Vorschlag des Gerichts gewartet, sondern vielmehr das eigene Verhandlungsgeschick eingesetzt werden.

Zu dessen Gelingen bedarf es aber nicht nur subjektiver Momente, sondern hierzu gehören auch eine Reihe objektiver Voraussetzungen.

4.3.2 Die Bedeutung des Rechtsschutzes

Zu den wichtigsten Aufgaben, wenn sich eine Kündigung abzeichnet oder ein Aufhebungsvertrag abgeschlossen werden soll, gehört die Organisierung von Rechtsschutz.

Es gilt die grundsätzliche Erkenntnis, dass in eigener Sache jeder ein schlechter Anwalt ist. Die im Vorfeld einer Kündigung oft zugespitzte Situa-

14 Hümmerich, NZA 1999, 345.
15 So auch die Ergebnisse der von Schubert 1998 durchgeführten Umfrage: vgl. ders., § 12 Rn. 42ff.

tion, die subjektive Bedrohung, die im Zusammenhang mit Kündigungen nur allzu gut nachvollziehbar ist und weitere emotionale Faktoren führen fast zwangsläufig dazu, dass bei eigener Betroffenheit der Mut und manchmal auch der Überblick fehlt, die eigenen Interessen nachhaltig und ggf. im offenen Widerspruch zur Vorgehensweise der anderen Seite zu artikulieren. Daneben und von mindestens gleicher Gewichtung ist die Tatsache, dass es fundierter Rechtskenntnisse bedarf, um die oft komplizierte arbeitsrechtliche Situation einschätzen zu können und dabei sowohl die sozialversicherungsrechtlichen Folgen als auch die steuerlichen Gestaltungsmöglichkeiten im Blick zu haben.

Gerade ein Arbeitnehmer, der nicht wie sein Arbeitgeber auf eine eigene Rechtsabteilung oder zumindest einen in Rechtsfragen vertrauten Personalleiter zurückgreifen kann, wird ohne die Hinzuziehung eines sachkundigen Vertreters ganz schnell an Boden verlieren.

4.3.2.1 Anwaltliche Unterstützung

Der Beschäftigte ist daher im eigenen Interesse gehalten, so früh wie möglich einen arbeitsrechtlich versierten Rechtsanwalt zu konsultieren.

Dies gilt auch im Vorfeld einer Kündigung, wenn sich die betriebliche Situation merklich zuspitzt. Zwar kann es in solchen Fällen durchaus opportun sein, den Anwalt noch nicht »offiziell« auftreten zu lassen, wenn befürchtet wird, dass sein Hinzutreten die möglicherweise als günstig eingeschätzte Gesprächsatmosphäre zerstören und bereits sich andeutende Vergleichsregelungen gefährden könnte.

Aber Vorsicht: Falsche Rücksichtnahme auf »klimatische Umstände« wäre es, auf einen eigenen Anwalt zu verzichten, obwohl die andere Seite fachlich sehr wohl von ihrer eigenen Rechts- oder Personalabteilung oder gar durch externe Juristen wie Anwälten oder Vertretern von Arbeitgeberverbänden unterstützt wird und in entsprechender Begleitung in den Gesprächen auftaucht bzw. diese vorbereiten lässt.

Geht es zudem um komplizierte Gesprächssituationen, wo auch Erklärungen zu vergangenem Verhalten (etwa bei drohenden verhaltensbedingten Kündigungen) abverlangt werden oder wenn es um die Zustimmung zur Auflösung des Arbeitsverhältnisses unter bestimmten Bedingungen geht, ist die Teilnahme einer weiteren Person auf der eigenen Seite ein dringendes Gebot. Der Beschäftigte kann später, wenn es um den Gang dieser Gespräche und deren Inhalte geht, hierzu nicht als Zeuge vor Gericht vernommen werden. Eine so genannte Parteivernehmung ist in aller Regel nur zulässig, wenn die andere Seite dem zustimmt.[16] Der Arbeitgeber wird in solchen Gesprächen aber oft nicht selbst präsent sein,[17] so dass seine Gesprächsteilnehmer später ohne Einschränkungen als Zeugen im Streitfalle vor Gericht auftreten können.

Deshalb sollte bei solchen innerbetrieblichen Gesprächen jedenfalls in einer Krisensituation an die spätere Beweissituation gedacht und daher wenigstens für einen Zeugen gesorgt werden.

Das kann neben dem eigenen Anwalt typischerweise auch ein Betriebsratsmitglied sein. Jeder Beschäftigte hat das Recht, in nahezu jeder Lage ein von ihm bestimmtes Betriebsratsmitglied zu solchen Gesprächen zu seiner Unterstützung hinzuzuziehen.[18]

Dabei unterliegt das Betriebsratsmitglied einer sehr weitgehenden Verschwiegenheitspflicht. Wenn nicht der Betroffene das Betriebsratsmitglied von der Schweigepflicht entbindet, hat dieses über Inhalte der Verhandlungen Stillschweigen zu bewahren.[19]

Die Teilnahme eines Betriebsratsmitglieds darf der Arbeitgeber nicht ablehnen. Dieses kann aktiv an dem Gespräch teilnehmen und Fragen sowie z.B. Lösungsvorschläge unterbreiten.[20] Die Funktion übt das Betriebsratsmitglied aber als Repräsentant der gesamten Belegschaft aus, es ist dabei auch in dieser konkreten Funktion als Teilnehmer (und Zeuge) solcher Gespräche nicht abhängig vom Willen des betroffenen Arbeitnehmers.[21]

Rechtsgeschäftlicher Vertreter und damit abhängig von den Weisungen des Beschäftigten ist aber ein hinzugezogener Anwalt, dessen Handeln als Parteivertreter ausschließlich auf die Interessenwahrnehmung seines Mandanten gerichtet ist.

Es besteht der Grundsatz freier Anwaltswahl. Da in der Arbeitsgerichtsbarkeit schon traditionell keine örtlichen Postulationsbeschränkungen bestanden, kann im Falle des Kündigungsschutzprozesses jeder Anwalt vor jedem deutschen Arbeitsgericht auftreten.

Es ist sinnvoll, sich vor der Beauftragung eines Anwalts möglichst umfangreich über diesen zu erkundigen.

Neben der Vertrautheit mit den örtlichen Verhältnissen sollte dabei ein ganz wichtiges Kriterium dessen fachliche Qualifikation darstellen, die am ehesten

16 Vgl. § 447 ZPO.

17 Dies ist nur gegeben, wenn bei juristischen Personen die gesetzlichen Vertreter, z.B. Geschäftsführer (bei der GmbH), Vorstandsmitglieder (bei der AG) die Verhandlungen unmittelbar führen.

18 FKHES § 82, Rn. 11.

19 FKHES § 79, Rn. 30.

20 FKHES § 82, Rn. 11.

21 FKHES § 1, Rn. 165.

ausgewiesen ist durch die von den Rechtsanwaltskammern erteilte Erlaubnis, sich als »Fachanwalt für Arbeitsrecht« zu bezeichnen. Diese Zusatzbezeichnung darf nach der Fachanwaltsordnung nur derjenige führen, der besondere Qualifikationen auf dem Gebiet des Arbeitsrecht (meist erworben in mehrwöchigen Seminaren mit entsprechenden Klausuren) vorweisen kann und auch über entsprechende Fallzahlen im Arbeitsrecht verfügt.

Kritischer sollte man sein, wenn ein Anwalt in seiner eigenen Außendarstellung »Arbeitsrecht« nur als Interessen- oder Tätigkeitsschwerpunkt anpreist. Hier bedarf es keinerlei überprüfter Zusatzqualifikation, sondern es wird zentral auf die eigene Selbsteinschätzung des Anwalts abgestellt. Dies gilt natürlich erst recht, wenn im Profil des in Betracht gezogenen Anwalts Arbeitsrecht als Fachgebiet völlig fehlt. Wie bei der Wahl des Arztes sollte daher auf die spezielle Qualifikation Wert gelegt werden.

Informationen einholen kann der Betroffene beispielsweise über den Betriebsrat seiner Firma, um sich dort zu erkundigen, ob bestimmte Anwälte empfohlen werden. Auch kann sich der Betroffene an aktive Kolleginnen und Kollegen im Bekannten- und Freundeskreis zu wenden, die möglicherweise über eigene Erfahrungen über ihnen bekannte Anwälte verfügen. Hilft auch das nicht weiter, ist es möglich, sich an örtliche Anwaltsvereine oder Anwaltskammern bzw. spezielle Auskunftsdienste zu wenden, die auch teilweise über das Internet angesprochen werden können.

Ein heikles Thema bei der Auswahl des »richtigen« Anwalts ist, ob der in Erwägung gezogene Rechtsanwalt einen besonderen Ruf als Vertreter der einen oder der anderen Seite aufweisen sollte. So gibt es in großen Wirtschaftskanzleien viele Arbeitsrechtler, die in der Regel als Interessenvertreter meist großer Unternehmen tätig sind. Andere Anwälte sind mal für die eine, mal für die andere Seite tätig, während es wiederum Arbeitsrechtskanzleien bzw. Anwälte gibt, die praktisch ausschließlich auf die Vertretung von Arbeitnehmern spezialisiert sind. Ob allein dies ausreicht, neben der fachlichen Kompetenz das erforderliche Engagement und Interesse an der Sache mitzubringen, lässt sich allgemein gültig wohl kaum beurteilen – immerhin dürfte eine klare Ausrichtung ein wichtiges Indiz für eine konsequente Interessenwahrnehmung darstellen.

4.3.2.2 Rechtsschutzsekretär

Insbesondere diejenigen, die keine Rechtsschutzversicherung abgeschlossen haben, entscheiden sich bei der Interessenwahrnehmung für einen Vertreter ihres Verbandes. Die Gewerkschaften des DGB haben mittlerweile die DGB-Rechtsschutz GmbH gegründet, die in der Regel für die gerichtliche Interessenvertretung zuständig ist. Ähnlich wie bei der Einschätzung von Anwälten gibt es auch im gewerkschaftlichen Rechtsschutz große regionale Unterschiede. Auch hier sollten Empfehlungen aktiver und erfahrener (Gewerkschafts-) Kolleginnen und Kollegen eingeholt und darauf geachtet werden, dass möglichst ein persönlicher Kontakt zum Prozessvertreter hergestellt und Strategie und Taktik des Vorgehens gemeinsam ausführlich besprochen werden können.

4.3.2.3 Kosten eines Kündigungsschutzprozesses unter Einschaltung eines eigenen Anwalts

Wer nicht Gewerkschaftsmitglied ist und daher nicht auf den gewerkschaftlichen Rechtsschutz zurückgreifen kann, muss sich über das gegebene Prozesskostenrisiko informieren.

4.3.2.3.1 Rechtsschutzversicherung

Das gilt vor allem, wenn kein Rechtsschutzversicherungsvertrag abgeschlossen wurde. Es nützt auch nichts, im Konfliktfalle noch eine solche Versicherung abzuschließen. § 14 Abs. 3 ARB[22] regelt, dass Rechtsschutz nur in solchen Fällen gewährt wird, die drei Monate **nach** Beitritt zur Versicherung **entstanden** sind.[23]

Für den risikobewussten und -bereiten Arbeitnehmer sollte daher rechtzeitige Vorsorge durch Abschluss einer Rechtsschutzversicherung getroffen werden. Ohne Rechtsschutz kann nämlich sowohl ein Kündigungsschutzprozess als auch die außergerichtliche Interessenvertretung teuer werden.

4.3.2.3.2 Berechnung nach Streitwert

Die Höhe der Anwaltskosten orientiert sich am so genannten Streitwert (auch Gegenstandswert genannt). Dieser richtet sich im Falle einer Kündigung nach den durchschnittlichen Bruttomonatsbezügen des gekündigten Arbeitnehmers, die dieser innerhalb von drei Monaten erzielt.[24] Nur bei sehr kurzen Beschäftigungszeiten von weniger als einem Jahr weichen einige Arbeitsgerichte von diesem Streitwert nach unten ab.

22 Vgl. Allgemeine Bedingungen für die Rechtsschutzversicherungen (ARB 75). In den ARB 94 findet sich die deckungsgleiche Vorschrift in § 4 Abs. 1 Satz 3.

23 Vgl. zu den Einzelheiten Harbauer, § 14 ARB 75 Rn. 66ff. m.w.N.

24 Vgl. § 12 Abs. 7 Satz 1 ArbGG: »Für die Wertberechnung bei Rechtsstreitigkeiten über das Bestehen, das Nichtbestehen oder die Kündigung eines Arbeitsverhältnisses ist höchstens der Betrag des für die Dauer eines Vierteljahres zu leistenden Arbeitsentgelts maßgebend«.

Bei einem Bruttomonatseinkommen von z.B. € 2500,00 (Beispiel 1) beträgt der Streitwert mithin € 7500,00 (Beispiel 2: Bruttomonatseinkommen € 3500,00, Streitwert:

€ 10 500,00).

Wird nun ein Kündigungsschutzprozess geführt, entstehen mindestens eine Prozess- und eine Verhandlungsgebühr, die in diesem Falle jeweils € 412,00 (Beispiel 1) bzw.

€ 526,00 (Beispiel 2) betragen. Endet der Prozess – z.B. bei Zahlung einer Abfindung durch Vergleich – entsteht eine weitere, die so genannte Vergleichsgebühr in derselben Höhe. Hinzu kommt eine Auslagenpauschale von 20 Euro (§ 26 BRAGO). Auf die Gebühren hat der Anwalt schließlich noch die Mehrwertsteuer in der jeweils gesetzlichen Höhe zu erheben.[25]

Das bedeutet, dass im hier gewählten Beispielsfall folgendes Anwaltshonorar auszugleichen wäre:

Beispiel 1
Gegenstandswert: € 7 500,00

Gebühr gem. §§ 11, 31 Abs. 1 Nr. 1 BRAGO	€ 412,00
Gebühr gem. §§ 11, 31 Abs. 1 Nr. 2 BRAGO	€ 412,00
Gebühr gem. §§ 11, 23 Abs. 1 BRAGO	€ 412,00
Auslagen gem. § 26 BRAGO	€ 20,00
16 % MWSt.	€ 200,96
	€ 1456,96

Beispiel 2
Gegenstandswert: € 10 500,00

Gebühr gem. §§ 11, 31 Abs. 1 Nr. 1 BRAGO	€ 526,00
Gebühr gem. §§ 11, 31 Abs. 1 Nr. 2 BRAGO	€ 526,00
Gebühr gem. §§ 11, 23 Abs. 1 BRAGO	€ 526,00
Auslagen gem. § 26 BRAGO	€ 20,00
16 % MWSt.	€ 255,68
	€ 1853,68

Die Vergleichsgebühr entsteht natürlich nur, wenn eine Prozessbeendigung im gemeinsamen Interesse zustande gekommen ist, also beide Seiten ausdrücklich ihre Zustimmung hierzu erteilt haben. Der Arbeitnehmer wird eine solche Lösung in aller Regel aber nur dann akzeptieren, wenn damit eine für ihn vernünftige Vergleichslösung verbunden ist. Wird der Prozess hingegen durch Urteil beendet, so entstehen in aller Regel nur zwei Gebühren, nämlich die erwähnte Prozess- sowie Verhandlungsgebühr. Hat das Gericht aber eine allerdings recht seltene **Beweisaufnahme** beschlossen, weil die streitigen Tat-

25 Bei Redaktionsschluss waren dies 16 %.

sachen im Kündigungsschutzprozess aufgeklärt werden müssen, entsteht eine weitere, nämlich die so genannte Beweisgebühr. Eine Beweisaufnahme kann allerdings auch den Weg zum Vergleich bereiten, womit in einem solchen Falle sogar vier Gebühren entstehen können, so dass sich die vorgenannte Kostennote noch erhöht um einen Betrag von € 412,00 in Beispiel 1, bzw. € 526,00 in Beispiel 2 zzgl. anteiliger Mehrwertsteuer. Der Gesamtbetrag des Honorars für den eigenen Anwalt beläuft sich dann bei vier Gebühren auf € 1934,88 bzw. € 2463,84 in Beispiel 2 jeweils einschließlich Mehrwertsteuer.

4.3.2.3.3 Gerichtskosten

Schließlich entstehen Gerichtskosten. Im Falle eines Vergleiches entfallen diese allerdings bzw. reduzieren sich auf bereits entstandene Auslagen für Zeugen usw. Bei Verfahrensbeendigung durch Urteil entstehen Gerichtsgebühren, die ebenfalls nach Streitwerten gestaffelt sind. Im Beispiel 1 (Gegenstandswert € 7500,00 beträgt die Gerichtsgebühr € 300,00 im Beispiel 2 (Gegenstandswert 10 500,00) € 420,00.[26]

Im Verfahren vor dem Landes- und Bundesarbeitsgericht gilt eine andere Tabelle, nämlich Anlage 2 zum Gerichtskostengesetz.[27] Im Unterschied zum Urteilsverfahren 1. Instanz gibt es aber keine einheitliche Verfahrenspauschgebühr, sondern eine Verfahrensgebühr in Höhe von 12/10 der Gebühr gem. Anlage 2 zum GKG sowie eine weitere Urteilsgebühr.[28]

Nach § 12 Abs. 4 ArbGG werden die Gerichtskosten aber erst fällig, wenn das Verfahren in dem jeweiligen Rechtszug beendet worden ist. Im Unterschied zum normalen Zivilprozess werden Kostenvorschüsse nicht erhoben.

4.3.2.3.4 Streitwerterhöhende Maßnahmen

Die oben erläuterten Kostenbeispiele beruhen auf einem Streitwert, der sich nach den in drei Monaten bezogenen Bruttogehältern bemisst. Dieser Streitwert kann sich allerdings erhöhen, wenn weitere Gegenstände in den Prozess einbezogen werden, seien es ausstehende Gehälter, Schadensersatzleistungen (z.B. wegen Entzug des Dienstfahrzeugs o.ä.), Ausstellung eines Zeugnisses, nicht beglichene Spesenabrechnungen usw. Solche streitwert- und damit kostenerhöhende Schritte sollten daher in der Regel zwischen Anwalt und Mandant vorab abgesprochen werden. So wird z.B. ein Streit, ob und mit welchem

---

26 Vgl. Anlage 2 zum ArbGG (die Gebührentabelle zu § 12 Abs. 2 findet sich im Anhang unter B 6), auf Gerichtsgebühren wird keine Mehrwertsteuer erhoben.

27 Die entsprechende Gebührentabelle zu § 11 Abs. 2 GKG ist im Anhang unter B 7 abgedruckt.

28 Zu den Einzelheiten vgl. § 12 Abs. 2 ArbGG.

Inhalt ein Zeugnis ausgefüllt werden soll, mit einem Bruttomonatsgehalt bewertet. In unserem Beispiel 1 würde sich der Streitwert nunmehr auf € 10 000,00 (€ 14 000,00 in Beispiel 2) belaufen. Eine Anwaltsgebühr betrüge dann € 486,00 bzw. € 566,00.

Wegen der sich erhöhenden Kostenrisiken ist also bei weiteren Klaganträgen eine vorherige Abstimmung mit dem eingeschalteten Anwalt geboten.

In 2. Instanz erhöhen sich die einzelnen Anwaltsgebühren um 30 %.[29]

4.3.2.3.5 Abfindung und Gebühren

In allen Instanzen gilt der Grundsatz, dass eine Abfindung, wie hoch sie auch ausfallen mag, keinen Einfluss auf den Streitwert hat, somit also die Gebührenhöhe **nicht** beeinflusst. In § 12 Abs. 7 Satz 1 ArbGG ist ausdrücklich bestimmt, dass bei der Wertberechnung »eine Abfindung ... nicht hinzugerechnet« wird.

Dies ist ein bedeutsamer gesetzlicher Schutz für solche Mandanten, deren Anwälte möglicherweise nur ihr Gebührenaufkommen im Blick haben.

4.3.2.3.6 Verbot von Erfolgshonorar

Ein nicht minder wichtiger Schutz für betroffene Arbeitnehmer im Kündigungsfalle ist das Verbot, ein Erfolgshonorar zu vereinbaren. Von der Höhe einer auszuhandelnden Abfindung darf also das Honorar auch nicht in einer schriftlichen Honorarvereinbarung abhängig gemacht werden, ebenso wenig wie es zulässig wäre, sich – wie im amerikanischen Rechtsraum – vorab einen Teil des zu erstreitenden Betrages als Honorar auszubedingen. Eine unter Umgehung dieses Verbots abgeschlossene Honorarvereinbarung ist unwirksam und begründet keinen Honoraranspruch des Anwalts.[30]

4.3.2.3.7 Ausschluss der Kostenerstattung

Neben diesen eher seltenen und glücklicherweise verbotenen Auswüchsen von Honorarwünschen besteht im Arbeitsgerichtsverfahren die Besonderheit, dass in 1. Instanz keine Seite den Anspruch hat (im Falle eines Prozessgewinns), die eigenen Anwaltskosten erstattet zu bekommen.

Das bedeutet, dass in 1. Instanz jede Seite ihre eigenen Anwaltskosten nicht nur dann tragen muss, wenn der Prozess verloren geht – was auch im Zivil-

29 Vgl. § 11 Abs. 1 Satz 4 BRAGO (bei einem Streitwert von € 7500,00 beträgt dann eine Anwaltsgebühr € 535,60 bzw. € 683,80 bei einem Streitwert von € 10 500,00).

30 Gerold/Schmidt/v.Eicken/Madert, § 3, Rn. 14; BGH, Urteil vom 13. 6. 1996, NJW 1996, 2499.

prozess selbstverständlich ist –, sondern auch dann, wenn der Prozess gewonnen oder durch Vergleich beendet wird. Auf diesen Ausschluss der Kostenerstattung hat der Anwalt gem. § 12a Abs. 1 Satz 2 ArbGG den Mandanten ausdrücklich hinzuweisen – am besten in Form einer schriftlichen Belehrung. Diese Sonderregelung hat aber zugleich den Vorteil, dass auch bei verlorenem Prozess in der I. Instanz der gegnerischen Partei keinerlei Kosten erstattet werden müssen.

Ein Abweichen hiervon ist nur möglich, wenn sich beide Prozessparteien darauf verständigen, dass eine Seite sämtliche Kosten übernimmt. Dies geschieht gelegentlich in der Weise, dass der Arbeitgeber die Anwaltskosten der Arbeitnehmerseite ausdrücklich »wirtschaftlich« als Teil einer Abfindungslösung übernimmt.

4.3.2.3.8 Prozesskostenhilfe

Ist eine Partei nach ihren persönlichen und wirtschaftlichen Verhältnissen nicht in der Lage, die Prozesskosten ganz oder teilweise zu übernehmen, so kann auf Antrag Prozesskostenhilfe gem. § 114 Abs. 1 ZPO bewilligt werden. Dazu müssen bestimmte Einkommensgrenzen beachtet werden, die je nach Familienstand, Unterhaltspflichten, Mietkosten und Berücksichtigung von Kreditverpflichtungen variieren. Prozesskostenhilfe wird nach § 11a ArbGG aber nur bewilligt, wenn dem Arbeitnehmer **kein** gewerkschaftlicher Rechtsschutz zur Seite steht.

Voraussetzung für die Bewilligung von Prozesskostenhilfe ist ferner, dass die beabsichtigte Rechtsverfolgung nach § 114 ZPO hinreichende Aussicht auf Erfolg bietet und nicht mutwillig erscheint. Gerade bei einem Arbeitnehmer, der sich gegen eine (typischerweise) betriebsbedingte Kündigung wendet, wird an den Voraussetzungen im Hinblick auf eine Erfolgsaussicht kaum je zu zweifeln sein, zumal das Gericht zu Beginn des Kündigungsschutzprozesses ohnehin nicht alle Einzelheiten des Falles überblicken und daher in aller Regel auch den Sachverhalt erst gründlich aufklären muss.

Ohne Prüfung der Erfolgsaussicht kann allerdings auch dann ein Anwalt dem Arbeitnehmer beigeordnet werden, wenn die Gegenseite anwaltlich vertreten ist. Auch in diesem Fall müssen allerdings die Einkommensgrenzen des § 115 ZPO berücksichtigt werden.

Üblicherweise wird ein für die Kündigungsschutzklage gestellter Antrag auf Prozesskostenhilfe auch auf die später noch in den Prozess eingeführten Ansprüche zu erweitern sein.

Dafür ist es jedoch erforderlich, im Prozess jeweils bei weiteren Anträgen zu beantragen, die Prozesskostenhilfe auch hierfür zu bewilligen. Es empfiehlt sich, vorsorglich auch bei Abschluss eines Vergleichs dafür Sorge zu tragen, dass das Gericht erklärt, dass die Prozesskostenhilfe auch den Abschluss des Vergleiches umfasst.[31]

4.3.2.4 Kosten der anwaltlichen Inanspruchnahme bei außergerichtlichem Tätigwerden

Anwaltsgebühren entstehen aber nicht nur im Falle eines Rechtsstreits. Oft wird der Anwalt auch außergerichtlich zur Beratung aufgesucht.

4.3.2.4.1 Begrenzung der Gebühr bei der Erstberatung

Zum Schutze des rechtssuchenden Publikums ist 1994 in die Bundesrechtsanwaltsgebührenordnung für die so genannte Erstberatung eine Begrenzung auf € 180,00 (zzgl. Mehrwertsteuer) eingeführt worden.[32] Eine Erstberatung liegt in aller Regel aber nur dann vor, wenn die Sache in einer einmaligen Besprechung beim Anwalt behandelt wird, dieser keine zusätzlichen Recherchen anstellt und in der Regel nur die Erfolgsaussichten einer eventuellen juristischen Gegenwehr besprochen werden. Die rechtssuchende Partei sollte in diesem Zusammenhang den aufgesuchten Anwalt ausdrücklich darum bitten, vorab zu erläutern, wann für diesen der Bereich der Erstberatung verlassen wird. Wesentlicher Inhalt einer Erstberatung dürfte im Übrigen sein, dass das Kostenrisiko für das Verfahren im Einzelnen vom Anwalt erläutert wird, damit der Arbeitnehmer weiß, was schlimmstenfalls auf ihn zukommen kann.

4.3.2.4.2 Außergerichtliche Tätigkeit

Entschließt sich der Arbeitnehmer nun, entweder zunächst umfassend weiter beraten zu werden oder aber auch den Anwalt zu bitten, für ihn außergerichtlich tätig zu werden, etwa durch Anzeige der anwaltlichen Vertretung gegenüber der Gegenseite, entstehen Gebühren, die ebenso wie im Falle eines Rechtsstreits sich nach dem Streitwert beziffern. Im Unterschied zu den Prozessgebühren, wo stets eine volle (so genannte 10/10) Gebühr anfällt, ist bei außergerichtlichem Tätigwerden eine Gebührenbestimmung durch den Anwalt möglich zwischen einer halben und einer vollen Gebühr (5/10 bis 10/10) nach § 118 Abs. 1 Nr. 1 BRAGO. Üblicherweise wird, wenn die Sache keine besonderen Schwierigkeiten in tatsächlicher oder rechtlicher Hinsicht auf-

31 Schubert, S. 123.

32 Vgl. § 20 Abs. 1 Satz 2 BRAGO.

weist, eine so genannte Mittelgebühr berechnet. Diese 7,5/10 Gebühr beläuft sich nach § 118 Abs. 1 Nr. 1 BRAGO in unserem Beispiel 1 (Streitwert € 7500,00) auf € 309,00 (zzgl. Auslagen und Mehrwertsteuer), in Beispiel 2 mit € 10 500,00 Streitwert auf € 394,50. Eine Gebühr in gleicher Höhe entsteht, wenn im Rahmen des außergerichtlichen Tätigwerdens des Anwalts Verhandlungen mit der Gegenseite aufgenommen werden. Für das Entstehen einer solchen Gebühr nach § 118 Abs. 1 Nr. 2 BRAGO reicht bereits ein Telefonat mit der Gegenseite. Handelt es sich um besonders umfangreiche Verhandlungen, kann auch hier ggf. eine volle Gebühr angesetzt werden. Bleibt es bei der so genannten Mittelgebühr, sieht die Honorarrechnung des Anwalts im Zweifelsfall wie folgt aus:

	Beispiel 1	Beispiel 2
Gegenstandswert:	€ 7500,00	€ 10 500,00
Gebühr gem. §§ 11, 118 Abs. 1 Nr. 1 BRAGO	€ 309,00	€ 394,50
Gebühr gem. §§ 11, 118 Abs. 1 Nr. 2 BRAGO	€ 309,00	€ 394,50
Auslagenpauschale gem. § 26 BRAGO	€ 20,00	€ 20,00
16 % MWSt.	€ 102,08	€ 129,44
Summe	€ 740,08	€ 938,44

4.3.2.4.3 Besonderheiten beim Vergleich

Zur Entlastung der Gerichte hat der Gesetzgeber dafür gesorgt, dass das außergerichtliche Zustandekommen eines Vergleichs belohnt wird. Im Unterschied zu einem gerichtlichen Vergleich belaufen sich die Kosten für einen außergerichtlichen Vergleich auf eine so genannte 15/10 Gebühr, also das $1\frac{1}{2}$-fache des im Gerichtsverfahren entstandenen Gebührenwerts. Kommt also ein außergerichtlicher Vergleich nach Verhandlungen mit der Gegenseite zustande, entstehen die gleichen Kosten wie im Falle eines durch Vergleich beendeten Gerichtsverfahrens, nämlich 30/10 (7,5/10 + 7,5/10 + 15/10 = 30/10).

4.3.2.4.4 Anrechnung der Gebühren im Falle eines Prozesses

Der Rat suchende Bürger, der zunächst seinen Anwalt bittet, außergerichtlich für ihn tätig zu werden, um etwa im Falle der Kündigung eine interessengerechte Abfindungsvereinbarung durchzusetzen, muss allerdings nicht befürchten, doppelt zu bezahlen, wenn diese außergerichtliche Tätigkeit vergeblich ist und nun doch z.B. Kündigungsschutzklage einzulegen ist. § 118 Abs. 2 BRAGO bestimmt, dass in diesem Fall die vorgerichtlichen Gebühren auf ein anschließendes gerichtliches Verfahren anzurechnen sind, was bedeutet, dass sie zu Gunsten der Prozess- und Verhandlungsgebühr wegfallen. Eine außergerichtliche Vergleichsgebühr dürfte ohnehin nicht entstanden sein, da es dann ja nicht des Prozesses bedarf. Die erwähnten Gebühren nach § 118 BRAGO entstehen also nur, wenn der Anwalt ausschließlich ohne späteren Prozess tätig werden sollte.

4.3.2.4.5 Begrenzung des Streitwerts auf den Dreimonatsbezug

Es war lange umstritten, ob die Wertbegrenzungsvorschrift des § 12 Abs. 7 ArbGG (drei Bruttomonatsgehälter als Streitwert) auch für das außergerichtliche Tätigwerden von Anwälten gilt. So gab es einige Anwälte, die die Abfindung zu den drei Bruttomonatsgehältern addierten und ggf. natürlich noch weitere Gegenstände, die zwischen den Parteien streitig sind. Dieser Hinzurechnung der Abfindung hat nun abschließend das Bundesarbeitsgericht ein Ende bereitet. Mit Urteil vom 16. 5. 2000 hat das BAG entschieden, dass auch bei einem außergerichtlich ausgehandelten Aufhebungsvertrag die Gebührenforderung sich ausschließlich an den gerichtlichen Wertvorschriften des § 12 Abs. 7 ArbGG ausrichtet.[33]

Das dürfte in vielen Fällen das Kostenrisiko erheblich überschaubarer gestalten, gerade wenn es um hohe Abfindungssummen geht.

4.3.2.4.6 Übernahme der Gebühren durch die Rechtsschutzversicherung

Besteht eine Rechtsschutzversicherung, ist diese im Falle einer Kündigung auch dann verpflichtet, die anwaltlichen Kosten zu übernehmen, wenn es nicht zu einem Prozess kommt. Sehr unterschiedlich ist allerdings die Praxis, wenn mit anwaltlicher Hilfe über eine Aufhebungsvereinbarung verhandelt und diese zum Abschluss gebracht wird, **ohne** dass eine Kündigung offiziell in schriftlicher Form (vgl. § 623 BGB) ausgesprochen wurde. Hier ziehen sich eine Reihe von Rechtsschutzversicherungen darauf zurück, dass es an einem Rechtsverstoß des Arbeitgebers fehle, was aber Voraussetzung für das Eintreten eines Versicherungsfalles und damit für die Erteilung der Deckungszusage wäre. Es liegt dann an dem Arbeitnehmer bzw. seinem Anwalt, darzulegen, dass die Gespräche über den Aufhebungsvertrag nicht »in luftleerem Raum« entstanden oder auf Initiative des Arbeitnehmers eingeleitet worden sind, sondern dass der Arbeitgeber das Arbeitsverhältnis auf jeden Fall beenden wolle, sei es mit oder ohne Aufhebungsvereinbarung. Die konkrete Drohung mit einer Kündigung, eine angedrohte oder bereits umgesetzte Herabgruppierung bzw. Versetzung auf einen anderen, u.U. nicht adäquaten Arbeitsplatz sind solche Schritte, die erkennen lassen, dass der Arbeitgeber nicht am Vertrag mit

33 Vgl. BAG vom 16. 5. 2000, NZA 2000, 1246ff.

dem Arbeitnehmer festhalten will. Dies indiziert den Rechtsverstoß. Kann der Rechtsverstoß mit konkreten Tatsachen untermauert werden, ist nach richtiger Auffassung die Rechtsschutzversicherung verpflichtet, Deckungszusage zu erteilen.

Wird keine Deckungszusage erteilt, muss sich der Arbeitnehmer überlegen, ob er es entweder auf einen Prozess gegen seine Rechtsschutzversicherung ankommen lässt oder mit dem Abschluss eines Aufhebungsvertrages wartet, bis beispielsweise der Arbeitgeber eine Kündigungserklärung abgegeben hat.

Ggf. kann im Rahmen der Abfindungsverhandlungen darauf hingewirkt werden, dass wegen der nicht von der Rechtsschutzversicherung übernommenen Kosten diese bei der Abfindungshöhe entsprechend kompensiert werden.

4.4 Überlegungen zur Verhandlungsstrategie

Ist die Frage des Rechtsschutzes geklärt oder nimmt die betreffende Partei es in Kauf, die Anwaltskosten selbst zu tragen, geht es darum, möglichst frühzeitig gemeinsam mit dem Anwalt oder Rechtssekretär eine Verhandlungsstrategie zu entwickeln.

4.4.1 Einschätzung der Rechtslage

Gerade zu Beginn eines Kündigungsschutzverfahrens, wenn der Arbeitgeber beispielsweise noch nicht auf die eingereichte Klage im Rahmen seiner Darlegungs- und Nachweispflicht zur Rechtfertigung der Kündigung vorgetragen hat, bestehen naturgemäß große Unwägbarkeiten, die eine abschließende Einschätzung der Prozessaussichten erschweren. Andererseits sind der Kündigung oft Gespräche vorausgegangen, aus denen etwa hervorgeht, auf welche Gründe z.B. eine betriebsbedingte Kündigung gestützt werden dürfte. Geht es um Vorwürfe im Verhaltensbereich, sind diese in aller Regel vorher Thema entsprechender Gespräche gewesen. Ist bei der Kündigung ein Betriebsrat im Rahmen von § 102 BetrVG angehört worden, so sind die zur Begründung der Kündigung dort vorgetragenen Argumente des Arbeitgebers zu überprüfen. Lässt die Einschätzung der Rechtslage erkennen, dass voraussichtlich eine Kündigungsschutzklage Erfolg haben wird, rechtfertigt dies naturgemäß eine offensivere Strategie bei den Abfindungsverhandlungen, als wenn das Verfahren eher als schwierig bis aussichtslos zu bewerten ist.

Je nach Prozesslage ist regelmäßig zwischen Partei und Rechtsvertretung zu überprüfen, ob die ursprünglich eingenommene Rechtsposition noch Bestand hat, um dann ggf. den eingeschlagenen Weg zu modifizieren.

4.4.2 Einschätzung der Interessenlage

Nicht minder wichtig wie die Beurteilung der rechtlichen Situation ist die Einschätzung der eigenen Interessenlage.

Gerade zu Beginn, wenn die Kündigung eben ausgesprochen oder noch unterwegs ist, wird vom Arbeitnehmer die zentrale Fragestellung zu beantworten sein, ob er – ggf. um jeden Preis – an seinem Arbeitsplatz festhalten will oder ob für ihn die Möglichkeit einer Beendigung des Arbeitsverhältnisses gegen Zahlung einer angemessenen Abfindung in Betracht kommt. Das Beharren auf dem Arbeitsplatz – das eigentliche Ziel des Kündigungsschutzes – ist vor allem dort nachvollziehbar, wo die Arbeitsmarktlage voraussichtlich keine Anschlussbeschäftigung, jedenfalls nicht zu annähernd vergleichbaren Bedingungen wie bisher, gewährleistet. Auch bei älteren Arbeitnehmern ist dieser Gedanke oft vorherrschend, da besonders sie Schwierigkeiten haben, wieder einen neuen Arbeitsplatz zu finden. Dieser muss zudem oft zu deutlich schlechteren Konditionen angenommen werden.

Demgegenüber macht es aber wenig Sinn, die Verteidigung des Arbeitsplatzes als einzige Alternative zu verfolgen, wenn die juristischen Chancen eines Kündigungsschutzprozesses als eher bedenklich einzustufen sind. Hier kann am Ende weder das eine noch das andere erreicht worden sein: Der Kündigungsschutzprozess geht verloren, das Arbeitsverhältnis wird beendet – ohne dass eine Abfindung gezahlt wird. Andere Beschäftigte hingegen favorisieren von vornherein die Abfindungslösung ohne ggf. zu bedenken, dass der Arbeitgeber, wenn er dies erkennt, in jedem Stadium des Kündigungsschutzprozesses seine Kündigung zurücknehmen kann und damit ärgerlicherweise dem Arbeitnehmer zumutet, beim gleichen Arbeitgeber weiterzuarbeiten, obwohl dies gar nicht gewollt ist.

Es bedarf also durchaus gründlicher Analyse der eigenen Interessenlage und gleichzeitiger Reflektion dessen, was voraussichtlich die Rechtsposition hergibt. Hat sich ein Arbeitnehmer in einer solchen Gemengelage mit seinem Rechtsvertreter zu einer gemeinsamen Strategie entschlossen, sollte diese dann aber auch konsequent durchgeführt werden.

4.4.3 Durchhaltevermögen

Bei allen strategischen und taktischen Überlegungen zum weiteren Vorgehen muss jeweils der Zeitfaktor in mehrfacher Hinsicht berücksichtigt werden.

4.4.3.1 In finanzieller Hinsicht

Zeit bedeutet Geld. Neben der Frage, ob der Rechtsschutz gewährleistet ist,[34] muss auch damit gerechnet werden, dass der Kündigungsschutzprozess keinesfalls innerhalb der normalen Kündigungsfrist beendet werden kann. Selbst Arbeitnehmer, die länger als 20 Jahre im Beschäftigungsverhältnis standen und demnach über eine gesetzliche Kündigungsfrist von sieben Monaten zum Ende eines Kalendermonats gem. § 622 Abs. 2 Nr. 7 BGB verfügen, können nicht damit rechnen, dass auch nur in 1. Instanz ein Urteil in diesem Zeitraum ergehen wird. Beschäftigte müssen sich also darauf einstellen, wenn es nicht gelingt, einen Weiterbeschäftigungsanspruch durchzusetzen, dass sie sich zunächst arbeitslos melden müssen mit der Konsequenz, dass vorläufig Arbeitslosengeld bezogen werden muss, wodurch der eigene Lebensstandard deutliche Einbußen erfahren kann. Das Arbeitslosengeld beträgt gem. § 129 Nr. 1 SGB III in der Regel 60 % des letzten Nettogehalts, bei denen, die Unterhaltsverpflichtungen haben, gem. § 129 Nr. 2 SGB III 67 %. Bestehen beispielsweise in einem solchen Fall hohe Abzahlungsverbindlichkeiten, sollte schon frühzeitig geprüft werden, ob sich solche Zahlungsverpflichtungen ggf. strecken oder stunden lassen, damit über den Beschäftigten nicht ein finanzielles Fiasko hereinbricht.

4.4.3.2 In psychologischer Hinsicht

Durchhaltevermögen hat neben der finanziellen Dimension auch einen psychologischen Hintergrund. Das Führen eines längeren Prozesses verlangt viel Geduld und die Fähigkeit, sich auch sachlich mit den möglicherweise unsinnigsten Behauptungen der Gegenseite auseinanderzusetzen, um den eigenen Vortrag im Kündigungsschutzprozess zu optimieren. Dabei kann es je nach Prozesssituation ein Auf und Ab des jeweiligen Gefühlslebens geben, womit nicht jeder so einfach umgehen kann. Es bedarf daher auch psychologisch eines »**langen Atems**«, um ggf. trotz Anfeindungen und Stimmungsmache sich durchzusetzen und um ein persönlich angemessenes Ergebnis zu erreichen.

34 Vgl. oben Kapitel 4.3.2, S. 87 ff.

Streiten will gelernt sein, wobei natürlich nicht vernachlässigt werden darf, dass der Streit vor Gericht im Wesentlichen durch die Rechtsvertreter ausgetragen wird, so dass jedenfalls insoweit eine Entlastung auch in psychologischer Hinsicht zu erwarten ist. Zudem ist es oft so, dass im Laufe eines Verfahrens die Fähigkeit wächst, sich zu wehren.

4.4.4 Gründe für eine schnelle Lösung

Neben der finanziellen und psychologischen Dimension kann es auch sehr handfeste Gründe geben, auf eine schnelle Lösung zur Auflösung des Arbeitsverhältnisses zu drängen. Dies ist beispielsweise dort sinnvoll, wo sich abzeichnet, dass der Arbeitnehmer bereits kurzfristig ein neues Arbeitsverhältnis zu vernünftigen Bedingungen eingehen kann, wobei ein neuer Arbeitsvertrag ggf. blockiert sein könnte, solange der Kündigungsschutzprozess noch über längere Strecken läuft. Zwar gibt es nach gewonnenem Kündigungsschutzprozess eine Wahlmöglichkeit, ob nämlich das alte Arbeitsverhältnis fortgesetzt oder aber wegen des Antritts einer neuen Stelle verweigert wird.[35]

Das Bekanntwerden des neuen Arbeitsverhältnisses wird in aller Regel aber die Vergleichsbereitschaft des Arbeitgebers deutlich reduzieren. Das Suchen nach einer Abfindungslösung schon im frühen Stadium kann auch dort sinnvoll sein, wobei beispielsweise nach länger andauernder Erkrankung der Eintritt einer Berufs- oder Erwerbsunfähigkeit droht. Kaum ein Arbeitgeber wird verständlicherweise bereit sein, einem Arbeitnehmer noch eine Abfindung zu zahlen, wenn eine Weiterbeschäftigung schon faktisch ausscheidet, weil der Arbeitnehmer hierzu gesundheitlich nicht mehr in der Lage ist.

Auch bei drohender Insolvenz des Arbeitgebers ist es natürlich sinnvoll, den Versuch zu unternehmen, noch vor dem Eintritt der Zahlungsunfähigkeit eine Abfindungslösung nicht nur zu vereinbaren, sondern nach Möglichkeit auch die rasche Auszahlung der Abfindung – ggf. gesichert durch eine Bankbürgschaft – durchzusetzen.

35 Vgl. dazu KSchR-Kittner, § 12 KSchG, Rn. 5 ff.

4.4.5 Nachhaltige Interessenvertretung

Besteht keine Bereitschaft insbesondere auf der Arbeitgeberseite, eine Abfindungslösung zu akzeptieren oder kommen Verhandlungen hierüber gar nicht erst in Gang, muss sich der Arbeitnehmer auf eine längere Verfahrensdauer einrichten. Oft ist es dem Arbeitnehmer unangenehm, bis zum Ablauf der Kündigungsfrist oder sogar noch danach bei erfolgreich durchgesetztem Weiterbeschäftigungsanspruch weiter tagtäglich den Betrieb aufzusuchen. Der offen oder verdeckt geführte Streit über den Bestand des Arbeitsverhältnisses kann sich dann sogar zu einer so gravierenden psychischen Beeinträchtigung auswirken, dass Arbeitsunfähigkeit eintritt.

4.4.5.1 Präsenz im Betrieb

Medizinische Indikationen lassen sich nicht vom konkreten Einzelfall lösen und es ist daher unangebracht, vorschnell eine Bewertung vorzunehmen, wonach dies die bequemste Lösung für den Arbeitnehmer ist, dem Konflikt im Betrieb aus dem Weg zu gehen. Dies gilt umso mehr, als Krankheit (oder bösartig formuliert: die Flucht in die Krankheit) auch für den Arbeitgeber oft eine durchaus wünschenswerte Alternative darstellt, da er nach Ablauf von sechs Wochen keine Entgeltfortzahlung mehr leisten muss und dann die Krankenversicherung den Arbeitnehmer finanziert. Je länger die Krankheit währt, desto schwieriger wird es auch, wieder in den Betrieb zurückzukehren, z.B. im Falle des gewonnenen Kündigungsschutzprozesses. In der Zwischenzeit können sich viele tatsächliche Veränderungen im Betrieb ergeben haben, die einer Arbeitsaufnahme entgegenstehen.

Sofern es vom Gesundheitszustand vertretbar ist, sollte sich der Arbeitnehmer daher nicht auf die vermeintlich bequemste Möglichkeit zurückziehen, sondern auch durch seine persönliche Präsenz im Arbeitsprozess allen Beteiligten deutlich machen, dass er sich nicht freiwillig aus dem Betrieb drängen lassen will.

Gerade gegenüber dem nicht verhandlungsbereiten Arbeitgeber wäre es in einer solchen Phase auch kontraproduktiv, den Wunsch auf Freistellung anzumelden. Ein solches Verlangen wird in der Praxis oft als Bekenntnis dafür gewürdigt, dass auch arbeitnehmerseitig eine Rückkehr in den Betrieb ausgeschlossen sein soll. Damit kann einem ansonsten engagiert geführten Kündigungsschutzprozess psychologisch gesehen der erforderliche Druck genommen werden, der u.U. nötig wäre, um eine angemessene Abfindungsvereinbarung durchzusetzen.

Mit dem Kündigungsschutzverfahren will der Arbeitnehmer gerade dokumentieren, dass er am Arbeitsverhältnis festhalten will. Durch den Arbeitsvertrag ist aber ein Austauschverhältnis geschaffen worden, in dem der Arbeitnehmer seine Arbeitsleistung, der Arbeitgeber hingegen die entsprechende Vergütung schuldet.

4.4.5.2 Das Annahmeverzugsrisiko

Diese Vergütung schuldet der Arbeitgeber aber nicht nur bis zum Ende der Kündigungsfrist, sondern auch für den Zeitraum danach, wenn später das Gericht die Kündigung für unwirksam hält und demzufolge feststellt, dass das Arbeitsverhältnis fortzusetzen ist. Regelmäßig befindet sich der Arbeitgeber nämlich während der Dauer des Kündigungsschutzprozesses im so genannten Annahmeverzug gem. § 615 Satz 1 BGB. Die gesamten bis zum Urteil auflaufenden Gehälter sind deshalb nachzuzahlen. Soweit der Arbeitnehmer Arbeitslosengeld in Anspruch genommen hat, ist ein gesetzlicher Forderungsübergang eingetreten. In Höhe des gezahlten Arbeitslosengeldes, das der Arbeitnehmer dann selbstverständlich behält, geht sein Anspruch gegen den Arbeitgeber gem. § 115 SGB X auf die Bundesanstalt für Arbeit über.

Gerade bei langer Verfahrensdauer können so erhebliche Beträge an geschuldeter Vergütung zusammenkommen. Bei ökonomischer Würdigung des Prozessrisikos könnte sich der Arbeitgeber, wenn er die ernsthaften gerichtlichen Schritte des Arbeitnehmers erkennt, eher geneigt zeigen, entgegen seinen möglicherweise ursprünglich anders ausgerichteten Intentionen doch eine Abfindung zu zahlen, um dem Annahmeverzugsrisiko zu entgegen.

4.4.5.3 Ausschöpfung prozessualer Möglichkeiten

Die Bemühungen des Arbeitnehmers, seien sie nun gerichtet auf den Erhalt des Arbeitsplatzes oder mit dem Ziel einer Abfindungsvereinbarung, sollten bei steigender Verfahrensdauer zudem durch die zur Verfügung stehenden prozessualen Möglichkeiten flankiert werden.

4.4.5.3.1 Antrag auf Weiterbeschäftigung; Zeugnis

Hierzu zählt **der Antrag auf Weiterbeschäftigung**. Dieser Anspruch ist insbesondere dann besonders effektiv, wenn auf der Grundlage eines qualifizierten Widerspruchs des Betriebsrats ein so genannter qualifizierter Weiterbeschäftigungsanspruch entsteht, der dann auch bereits vor Abschluss der 1. Instanz im laufenden Verfahren geltend gemacht und ggf. per einstweiliger Verfügung durchgesetzt werden kann. Demgegenüber ist der allgemeine Weiterbeschäftigungsanspruch in der Regel davon abhängig, dass die 1. Instanz des Arbeitsgerichts positiv zugunsten des Arbeitnehmers das Bestehen des Arbeitsverhältnisses festgestellt hat.[36] Auch ist jetzt der richtige Zeitpunkt, zunächst außergerichtlich die Erteilung eines Zeugnisses anzumahnen und – sofern dies nicht erteilt wird – gerichtlich den Anspruch auf Aushändigung eines qualifizierten und berufsfördernden Zeugnisses zu verlangen. Häufig entsteht dabei dann auch Streit über den Inhalt des Zeugnisses. Auch dieser Streit ist vor Gericht auszutragen.

4.4.5.3.2 Geltendmachung finanzieller Ansprüche

Gleiches gilt für die Durchsetzung ausstehender Gehalts- und Schadensersatzansprüche. Letztere kommen insbesondere in Betracht, wenn beispielsweise der auch zur privaten Nutzung zur Verfügung gestellte Firmen-Pkw ersatzlos entzogen wurde. Zumindest die Vorteile, die der Arbeitnehmer aus der Privatnutzung erfahren hat, sind dann Schadenspositionen, die mit gerichtlicher Hilfe durchgesetzt werden können.

4.4.5.3.3 Offene Urlaubsansprüche

Nicht zu vergessen sind auch offene Urlaubsansprüche. Diese haben besondere Bedeutung gewonnen, nachdem das Bundesarbeitsgericht entschieden hat, dass die Erhebung einer Kündigungsschutzklage regelmäßig nicht die Geltendmachung von Urlaubs- oder Urlaubsabgeltungsansprüchen zum Inhalt hat.[37] Mit der Beendigung des Arbeitsverhältnisses wandelt sich ein bis dahin noch nicht erfüllter Urlaubsanspruch automatisch in einen so genannten Abgeltungsanspruch um. Haben sich beide Parteien in einem Vergleich nach Einreichung einer Kündigungsschutzklage über eine rückwirkende Auflösung des Arbeitsverhältnisses verständigt, ist der Abgeltungsanspruch bereits mit dem vereinbarten Ende des Arbeitsverhältnisses entstanden. Befand sich der Arbeitgeber nicht mit der Gewährung des Urlaubs in Verzug, bestehen auch keine Schadensersatzansprüche des Arbeitnehmers von dem infolge Fristablaufs erloschenen Urlaubsabgeltungsanspruch. In jedem Fall muss also der Arbeitnehmer, ob es sich nun um ein ungekündigtes oder gekündigtes Arbeitsverhältnis handelt, den Arbeitgeber durch die Forderung der Urlaubsgewährung im Urlaubsjahr oder spätestens im Übertragungszeitraum (bis 31.3.

36 Vgl. oben die Erläuterungen unter 2.5.1 (S. 64ff.).
37 Vgl. BAG, Urteil vom 21.9.1999, DB 2000, 2611.

des Folgejahres) in Verzug setzen, wenn er den Arbeitgeber auf Schadensersatz für den eingetretenen Verfall seines Urlaubsanspruchs zu einem späteren Zeitpunkt haftbar machen will.

4.4.5.3.4 Fazit

Konsequentes außergerichtliches und prozessuales Vorgehen verhindert also nicht nur den ggf. eintretenden Verfall von Ansprüchen, sondern kann auch am ehesten eine Blockade durchbrechen, die bis dahin den Abschluss einer angemessenen vergleichsweisen Lösung, d.h. Ausscheiden aus dem Arbeitsverhältnis gegen Zahlung einer Abfindung, entgegenstanden.

Eine gewisse Hartnäckigkeit kann nicht schaden, insbesondere wenn sie gleichzeitig flankiert wird durch eine Gesprächsbereitschaft, an für beide Seiten angemessenen Lösungen mitzuwirken.

5. Kernpunkte eines Aufhebungsvertrages

Haben sich Arbeitnehmer und Arbeitgeber auf eine Aufhebung des Arbeitsverhältnisses zu bestimmten Bedingungen – sei es ohne oder vor bzw. nach einer Kündigung – geeinigt und dabei auch Einvernehmen über die materiellen Ausgleichsregelungen erzielt, muss zwischen den Parteien ein Aufhebungsvertrag geschlossen werden. Dies hat entsprechend der neuen gesetzlichen Regelung in § 623 BGB schriftlich zu geschehen. Unter den folgenden Anmerkungen sind die gebräuchlichsten Klauseln eines Aufhebungsvertrages dargestellt, ergänzt in Kapitel 6 mit weiteren, in der Regel nur gelegentlich vorkommenden Fallgestaltungen.[1]

5.1 Zeitpunkt und Grund der Beendigung

Grundsätzlich kann im Rahmen der Vertragsfreiheit in einem Aufhebungsvertrag der Zeitpunkt der rechtlichen Beendigung des Arbeitsverhältnisses frei gewählt werden.

Wird allerdings kein ausdrücklicher Beendigungszeitpunkt aufgenommen, so gilt im Zweifelsfalle, wenn es keine anderen Anhaltspunkte gibt, die sofortige Aufhebung des Arbeitsverhältnisses als vereinbart.[2]

Bei mithin sinnvoller Festlegung des Datums kann auch ein bereits zurückliegender Zeitpunkt[3] bestimmt werden, aber auch ein x-beliebiges Datum in der Zukunft. Ausgehend vom Tag des Abschlusses der Aufhebungsvereinbarung an wird regelmäßig ein späteres Beendigungsdatum gewählt.

1 Dabei ist der Katalog an angebotenen Klauseln in den Kapiteln 5 und 6 nicht abschließend, da in der Praxis immer wieder neue Fallgestaltungen auftreten, die besonderen Regelungsbedarf erfordern.

2 Bauer, Rn. 7; KSchR-Däubler, Einleitung, Rn. 229.

3 Dies ist in der Regel aber sinnlos, wenn ein zurückliegender Zeitpunkt bestimmt wird, in dem noch gearbeitet und demzufolge abgerechnet wurde; vgl. Bauer, Rn. 7 m.w.N.

Achtung: Jede nicht der konkreten Kündigungsfrist des Arbeitnehmers – sei es aus Vertrag, Gesetz oder Tarifvertrag – entsprechende Wahl des Beendigungszeitpunktes löst umfangreiche negative Folgen im Bereich der Arbeitsförderung aus (z.B. Sperrzeit).

Wie im Kapitel 8 im Einzelnen erläutert wird, verursacht eine Auflösung des Arbeitsverhältnisses vor Ablauf der jeweils gültigen Kündigungsfrist gem. § 144 SGB III eine Sperrzeit für den Bezug von Arbeitslosengeld mit einer Dauer von (im Regelfall) zwölf Wochen. Bei Zahlung einer Abfindung kann in einem solchen Fall ein weiterer Ruhenstatbestand eingreifen; vgl. § 143a SGB III. Hier kann es zu einer sehr unerfreulichen faktischen Anrechnung der Abfindung auf das Arbeitslosengeld kommen.

Vorsicht ist auch geboten bei einer rückdatierten Aufhebungsvereinbarung, die scheinbar die vorgesehene Kündigungsfrist berücksichtigt. Abgesehen davon, dass eine solche vertragliche Vereinbarung ohnehin nur dort in Betracht kommt, wo sich beide Vertragsparteien kennen und sich gegenseitig vertrauen und darüber hinaus um die Risiken einer solchen Regelung wissen, führt eine immerhin denkbare spätere Aufdeckung der Rückdatierung durch das Arbeitsamt nicht etwa automatisch zur Nichtigkeit einer entsprechenden Vereinbarung. Wenn nämlich nur eine der beiden Parteien nicht vordergründig das Arbeitsamt täuschen wollte, sondern primär das Ziel verfolgte, das Arbeitsverhältnis auch tatsächlich zu beenden, führt dies nicht zu einer Sittenwidrigkeit der rückdatierten Vereinbarung.[4] Wenn allerdings beide Parteien den Vertrag so abgefasst haben, dass dem Arbeitnehmer in auffälliger Weise beim Bezug von Arbeitslosengeld »geholfen« werden sollte, kann im Einzelfall der gesamte Aufhebungsvertrag nichtig sein.[5]

Achtung: Alle etwaigen Überlegungen zu einer Rückdatierung stoßen nunmehr auf ein weiteres Problem. Durch die Hartz-Gesetze ist jetzt eine Pflicht zur unverzüglichen Meldung bei Beendigung des Arbeitsverhältnisses eingeführt worden. Nach § 37b SGB III müssen sich Arbeitnehmer unmittelbar nach Zugang der Kündigung oder nach Abschluss eines Aufhebungsvertrages beim Arbeitsamt als arbeitssuchend melden. Bei befristeten Arbeitsverhältnissen hat dies frühestens drei Monate vor deren Beendigung zu erfolgen. Unver-

4 Vgl. LAG Baden-Württemberg vom 25.4.1991, LAGE NR. 5 zu § 611 BGB Aufhebungsvertrag, ebenso die Entscheidung des gleichen Gerichts vom 22.5.1991, LAGE Nr. 4 zu § 611 BGB Aufhebungsvertrag.

5 Vgl. LAG Hamm vom 27.11.1997, LAGE Nr. 22 zu § 611 BGB Aufhebungsvertrag: Allerdings hier besondere Fallkonstellation durch Vorspiegelung eines betriebsbedingten Beendigungstatbestands und Ausfertigung einer ausschließlich für das Arbeitsamt bestimmten Vertragsurkunde.

züglich bedeutet, dass sich der Arbeitnehmer auf keinen Fall länger als sieben Tage nach Kenntnis der Beendigung beim Arbeitsamt melden muss, wobei auch bei sehr kurzen Kündigungsfristen dieser Zeitraum zu lang sein kann.[6]

Hält sich der Arbeitnehmer nicht an diese Meldepflicht, die ab 1. 7. 2003 wirksam wird, was beispielsweise bei einer Rückdatierung konsequenterweise ausscheidet, muss der Arbeitnehmer mit empfindlichen Sanktionen rechnen. Verstößt der Arbeitnehmer gegen seine Meldepflicht, wird für jeden verspäteten Tag der Meldung sein Arbeitslosengeld um € 7,00 gemindert, bei einem Bemessungsentgelt bis € 400,00 um € 35,00, bei einem Bemessungsentgelt bis € 700,00 um € 50,00. Allerdings ist diese Kürzung des Arbeitslosengeldes auf maximal 30 Tage beschränkt. Es erfolgt eine Anrechnung bis zur Hälfte des gewährten Arbeitslosengeldes.

Die Minderung des Arbeitslosengeldes tritt selbst dann ein, wenn sich der Arbeitnehmer im Rahmen einer Kündigungsschutzklage gegen die Kündigung zur Wehr setzt. Hintergrund der Regelung ist die gesetzgeberisch verfolgte Absicht, schon die Kündigungsfrist für Vermittlungsbemühungen zu nutzen, damit es gar nicht erst zum Eintritt der Arbeitslosigkeit kommt.

Der Arbeitnehmer wird in aller Regel bei Verhängung einer Sperrfrist wegen Nichteinhaltung der Kündigungsfrist oder bei Minderung des Arbeitslosengeldes wegen nicht möglicher rechtzeitiger Meldung beim Arbeitsamt nicht verlangen können, dass die Abfindung den dadurch verschlechterten Rahmenbedingungen für das Ausscheiden anzupassen ist. Vielmehr wird das Arbeitsamt auf Kosten des Arbeitnehmers aufgrund der aufgedeckten Rückdatierung vom tatsächlichen Zeitpunkt des Abschlusses der Vereinbarung ausgehen und entsprechende Sanktionen wegen fehlender Berücksichtigung der Kündigungsfrist nach § 143a SGB III verhängen.[7] Hinzu kommt die Sanktion des § 140 SGB III wegen ggf. nicht rechtzeitiger Meldung.

Allenfalls kann sich eine Anpassungspflicht daraus ergeben, wenn der Arbeitgeber jeglichen Hinweis auf drohende sozialversicherungsrechtliche Folgen unterließ[8] und auch keine Freistellung des Arbeitgebers in der Vereinbarung mit dem Arbeitnehmer durch den Verzicht auf Aufklärungspflichten im Wege einer entsprechenden Vertragsklausel erfolgte.[9] Ferner kann nachträglich das Beendigungsdatum korrigiert werden, wenn beide Seiten versehentlich ein der richtigen arbeitsvertraglichen Kündigungsfrist nicht ent-

6 Vgl. Hümmerich/Holthausen/Welslau, NZA 2003, S. 7, 8
7 Vgl. LAG Baden-Württemberg vom 25. 5. 1991, a.a.O.
8 Vgl. LAG Hamburg vom 20. 8. 1992, LAGE Nr. 9 zu § 611 BGB Aufhebungsvertrag (sehr streitig).
9 Bauer, Rn. 87 m.w.N.

sprechendes Enddatum zugrunde gelegt haben.[10] Der Arbeitgeber, der aus betriebsbedingten Gründen eine Auflösung des Arbeitsverhältnisses initiierte, handelt treuwidrig, wenn er den Arbeitnehmer an einer irrtümlich zu kurz festgelegten Kündigungsfrist festhalten will.[11]

Grundsätzlich ist also darauf zu achten, dass auch im Falle einer Aufhebungsvereinbarung die gültigen Kündigungsfristen tatsächlich eingehalten werden.

Neben dem Zeitpunkt ist auch der Grund der Beendigung anzugeben.

Handelt es sich um einen Aufhebungsvertrag im Zusammenhang mit einer Kündigung ist zu empfehlen, dies in den Wortlaut aufzunehmen, etwa durch folgende Formulierung:

Das Arbeitsverhältnis der Parteien endet aufgrund fristgerechter, ordentlicher Kündigung mit Schreiben des Arbeitgebers vom 27.12.2003 zum 30.6.2004.

In dieser Formulierung wird eine sechsmonatige Kündigungsfrist unterstellt bzw. eingehalten, wie sie etwa gilt nach mindestens 15-jähriger Betriebszugehörigkeit gem. § 622 Abs. 2 Nr. 6 BGB.

Im Gegensatz zur Verkürzung der Kündigungsfrist z.B. im Falle der Rückdatierung ist aber jede Beendigung, die nach Ablauf der eigentlich maßgebenden Kündigungsfrist liegt, unschädlich. Wenn also in dem oben erwähnten Fall der 30.9.2004 als Beendigungsdatum gewählt würde, hätte das Arbeitsamt keine Beanstandungsmöglichkeiten.

Liegt allerdings keine Kündigung vor und soll auch keine im Vorfeld eines abzuschließenden Aufhebungsvertrages ausgesprochen werden, könnte die Formulierung sinngemäß wie folgt lauten:

Die Parteien sind sich einig, dass das Arbeitsverhältnis einvernehmlich unter Einhaltung der ordentlichen Kündigungsfrist[12] auf Veranlassung des Arbeitgebers zum 30.6.2004 enden wird.

Zur Erläuterung des Beendigungstatbestandes im Aufhebungsvertrag gehört nicht nur die Frage, ob dieser nach vorheriger Kündigung oder ausschließlich statt einer Kündigung aufgrund einvernehmlich zu Ende geführter Aufhebungsverhandlungen zustande gekommen ist. Hierher gehört möglichst auch die Angabe des Kündigungsgrundes im engeren Sinne. So lassen sich bei der betriebsbedingten Kündigung oder einer entsprechend gegebenen Sachlage auch ohne Kündigung die Klauseln noch wie folgt ergänzen:

---

10 Vgl. LAG Berlin, Urteil vom 28.4.2000, NZA-RR 2001, 85.

11 Ebenda.

12 Hier könnte auch stattdessen die Formulierung »fristgerecht« verwendet werden.

Das Arbeitsverhältnis der Parteien endet aufgrund fristgerechter, ordentlicher Kündigung aus betriebsbedingten Gründen mit Schreiben des Arbeitgebers vom 27.12.2003 zum 30.6.2004.

oder

Die Parteien sind sich einig, dass das Arbeitsverhältnis einvernehmlich unter Einhaltung der ordentlichen Kündigungsfrist[13] auf Veranlassung des Arbeitgebers aus betriebsbedingten Gründen zum 30.6.2004 enden wird.

Wenn die Parteien darüber hinaus besonders unterstreichen wollen, dass der Aufhebungsvertrag nur deshalb abgeschlossen wurde, um einer Kündigung zum gleichen Zeitpunkt zuvorzukommen, sollte auch dies unbedingt in der zuletzt erwähnten Klausel aufgenommen werden. Solche Konstellationen treten z.B. ein, wenn es etwa für den Arbeitnehmer sinnvoller ist, das Arbeitsverhältnis durch Aufhebungsvertrag zu beenden, weil dies bei weiteren Bewerbungen generell als die für den Arbeitnehmer günstigere Variante wahrgenommen wird und auch eine entsprechende Beendigungsklausel im Arbeitszeugnis ermöglicht. Die Klausel würde sodann lauten:

Die Parteien sind sich einig, dass das Arbeitsverhältnis zur Vermeidung einer ansonsten unumgänglichen betriebsbedingten Kündigung einvernehmlich unter Einhaltung der ordentlichen Kündigungsfrist auf Veranlassung des Arbeitgebers zum 30.6.2004 enden wird.

Bei Abschluss eines Aufhebungsvertrages ohne Kündigung kann es ferner sinnvoll sein, die betriebsbedingten Gründe näher festzulegen. Zwar ist eine solche **Konkretisierung der betriebsbedingten Gründe** nicht zwingend erforderlich. Dies kann indes bei späteren Nachfragen z.B. des Arbeitsamtes über den Grund des Ausscheidens insoweit nützlich sein und der Klarheit dienen, wenn aus der Sicht beider Seiten der Lebenssachverhalt, der zur Vertragsauflösung geführt hat, schriftlich im Aufhebungsvertrag festgehalten und damit späterem Streit entzogen wird.

Ein solches Festhalten des zur Aufhebung führenden Lebenssachverhalts durch entsprechende schriftliche Dokumentation dürfte umso bedeutsamer werden, als sich nunmehr auch die Anforderungen an den Beschäftigten verschärfen, ob ein wichtiger Grund für die Aufhebung des Arbeitsverhältnisses gegeben war. § 144 Abs. 1 Satz 2 SGB III ist im Zuge der Umsetzung des Hartz-Pakets dadurch verschärft worden, dass nunmehr der Arbeitslose die für die Beurteilung eines wichtigen Grundes maßgebenden Tatsachen darzulegen und nachzuweisen hat »wenn diese in seiner Sphäre oder in seinem Verantwortungsbereich liegen.« Gleiches soll gelten, wenn sich der Arbeitslose

13 Hier könnte auch stattdessen die Formulierung »fristgerecht« verwendet werden.

später auf Gründe beruft, die zu überprüfen das Arbeitsamt zunächst keine Veranlassung hat.[14]

Eine entsprechende ergänzende Formulierung könnte lauten:

Der Arbeitsplatz fällt aufgrund notwendiger Umstrukturierungsmaßnahmen ersatzlos weg. Andere vergleichbare und freie Arbeitsplätze kann der Arbeitgeber nicht zur Verfügung stellen. Auch eine Sozialauswahl war nicht durchzuführen, da keine vergleichbaren Arbeitsplätze vorhanden waren.

Oder:

Auch bei Durchführung einer Sozialauswahl musste das Arbeitsverhältnis beendet werden, da alle anderen vergleichbaren Arbeitnehmer deutlich schutzwürdiger sind.

Sind verhaltens- oder personenbedingte Gründe der Anlass für die Beendigung des Arbeitsverhältnisses, ist es aus Arbeitnehmersicht, wenn gleichzeitig eine Aufhebung gegen Zahlung einer Abfindung stattfindet, möglicherweise schädlich, diesen Tatbestand in der Vereinbarung oder in sonstigen Papieren aufzunehmen. Insbesondere bei verhaltensbedingten Gründen kann dies vom Arbeitsamt als Anlass für eine vom Arbeitnehmer verschuldete Beendigung des Arbeitsverhältnisses gewertet werden mit der möglichen Folge der Verhängung einer Sperrfrist. Zumindest die ohne Ausspruch einer z.B. betriebsbedingten Kündigung einvernehmlich zustande gekommene Aufhebungsvereinbarung dürfte dann auch nicht durch einen wichtigen Grund i.S.v. § 144 Abs. 1 SGB III gerechtfertigt sein.[15]

In solchen Fällen muss also stets mit negativen arbeitsförderungsrechtlichen Konsequenzen von Seiten des Arbeitsamts gerechnet werden.

5.2 Festlegungen zur Abfindung

Haben sich die Parteien auf eine Abfindung geeinigt, ist der entsprechende Betrag in der Aufhebungsvereinbarung festzuhalten. Wollen die Parteien dem Arbeitnehmer dabei die steuerlichen Vorteile zufließen lassen, ist anzuraten bei einer Aufhebungsvereinbarung die bereits oben erwähnte Formulierung »auf Veranlassung des Arbeitgebers« aufzunehmen.[16] Damit kann sich der Arbeitnehmer die steuerlichen Vorteile der Freibeträge aus § 3 Nr. 9 EStG

14 Vgl. Bauer/Krets, NJW 2003, S. 537, 542.

15 S. Kap. 8 S. 176ff.

16 Bei einer vorliegenden schriftlichen Kündigung des Arbeitgebers ist dies naturgemäß entbehrlich.

sichern, die darin bestehen, dass von der Abfindung jedenfalls € 8181,00 grundsätzlich steuerfrei sind. Hat das Arbeitsverhältnis bereits 15 Jahre angedauert und ist der Arbeitnehmer älter als 50, beträgt der Steuerfreibetrag € 10226,00 bei mehr als 20-jähriger Beschäftigung und Vollendung des 55. Lebensjahres € 12271,00. Ausgangspunkt der Berechnung ist jeweils der Zeitpunkt der rechtlichen Beendigung des Arbeitsverhältnisses.

5.2.1 Netto und Brutto

Ist die Abfindung höher als der jeweils einschlägige Steuerfreibetrag, wird der überschießende Teil zu versteuern sein.[17] Wird keine eindeutige anders lautende Regelung getroffen, handelt es sich bei der Abfindung in jedem Fall um einen Bruttobetrag.[18] Hintergrund dessen ist der Umstand, dass der Arbeitnehmer Steuerschuldner auch der Abfindung ist; vgl. § 38 Abs. 2 EStG. Auch eine im Aufhebungsvertrag aufgenommene Klausel »brutto = netto« oder »brutto für netto«, die sich in vielen Aufhebungsverträgen findet, hilft da nicht weiter. Nach Auffassung des BAG kann selbst einer solchen Formulierung nicht zweifelsfrei entnommen werden, ob der Arbeitgeber oder der Arbeitnehmer die fälligen Steuern zu tragen hat, so dass es bei dem gesetzlichen Prinzip bleibt, dass der Arbeitnehmer die entsprechende Einkommensteuer zu tragen hat.[19] Eine typische Formulierung hierzu lautet:

Für den Verlust des Arbeitsplatzes zahlt der Arbeitgeber an den Arbeitnehmer in entsprechender Anwendung der § 3 Nr. 9 EStG, §§ 9, 10 KSchG eine Abfindung in Höhe von € 20000,00 (i.W.: EURO zwanzigtausend)

Nur wenn völlig unzweifelhaft eine Nettoabrede getroffen wurde, kann die Steuerschuld auf den Arbeitgeber übergewälzt werden. Wenn dies gewünscht wird, wäre es daher ratsam, neben dem Zusatz »netto« diese Rechtsfolge ausdrücklich in die Vereinbarung aufzunehmen, etwa durch folgende Formulierung:

Für den Verlust des Arbeitsplatzes zahlt der Arbeitgeber an den Arbeitnehmer in entsprechender Anwendung der § 3 Nr. 9 EStG, §§ 9, 10 KSchG eine Abfindung in Höhe von € ... ohne Abzüge, wobei der Arbeitgeber die darauf entfallenden Steuerlasten übernimmt und an das Finanzamt abführt.

---

17 Einzelheiten hierzu in Kap. 7 S. 160ff.

18 So LAG Berlin vom 21. 2. 1994, LAGE Nr. 14 zu § 611 BGB Aufhebungsvertrag m.w.N.

19 Vgl. BAG vom 21. 11. 1985 (2 AZR 6/85, zitiert nach) APS-Selder, SteuerR Rn. 97; KSchR-Däubler, Einl. Rn. 245.

In der Praxis kommen solche Nettovereinbarungen erfahrungsgemäß selten vor. Der Grund dafür ist, dass die Unternehmen Abfindungen nach dem Umfang ihrer wirtschaftlichen Belastung einkalkulieren und sich bei Übernahme der Steuerlast, die jedenfalls zu einem Teil abhängig ist von den persönlichen Kennziffern des Arbeitnehmers (Steuersatz, Steuerklasse) die zu übernehmende Zahlungsverpflichtung nicht genau taxieren lässt. Auch Abfindungen in Sozialplänen sind durchweg als Bruttobeträge ausgewiesen. Die steuerlichen Folgen einer Brutto-Abfindung, soweit die Steuerfreibeträge überschritten sind, sind im Übrigen in Kapitel 7 erläutert.

5.2.2 Vererblichkeit

Für viele insbesondere ältere Arbeitnehmer stellt sich die Frage, ob die Abfindung an die Erben weitergeht, wenn der begünstigte Arbeitnehmer aufgrund seines Todes den Zeitpunkt des in der Aufhebungsvereinbarung festgelegten Auszahlungszeitpunkts nicht mehr erlebt. Das BAG hat dies verneint, wenn der Arbeitnehmer zum Zeitpunkt des vertraglich vereinbarten Endes des Arbeitsverhältnisses bereits gestorben ist.[20] Zur Begründung hat es darauf verwiesen, dass sich die mit einem Aufhebungsvertrag verbundenen Risiken allein nach den vereinbarten Vertragsbedingungen beurteilen.[21] Es sollte daher eine Regelung für die Absicherung dieses Risikos getroffen werden, die lauten könnte:

Der Anspruch auf die vereinbarte Abfindung entsteht mit Abschluss dieser Vereinbarung und ist vererblich.

5.2.3 Fälligkeit

Üblicherweise wird angenommen, dass der Abfindungsanspruch des Arbeitnehmers zum Beendigungsdatum fällig wird.[22] Dies ist allerdings keineswegs zwingend. Das Gesetz bestimmt in § 271 BGB, dass eine Leistung sofort fällig ist, wenn kein besonderer Fälligkeitszeitpunkt vereinbart ist. Einigkeit besteht allerdings darüber, dass die Parteien des Aufhebungsvertrages frei entscheiden

20 Vgl. BAG vom 16.5.2000, AuR 2000, 475; ebenso BAG vom 26.8.1997, DB 1998, 1620, 1621; a.A. LAG Niedersachsen vom 22.3.2002, 16 Sa 1799/01, Revision zum BAG ist eingelegt.

21 Vgl. BAG vom 26.8.1997, a.a.O.

22 Vgl. Bauer, Rn. 1167.

können, ob die Abfindung sofort oder erst zum Zeitpunkt des Ausscheidens – so die übliche Praxis – fällig wird.[23] Auch hier besteht also Regelungsbedarf, der durch folgenden Satz erfüllt wird:

Die Abfindung ist fällig zum 30. 6. 2004 und wird zu diesem Zeitpunkt an den Arbeitnehmer[24] ausgezahlt (es folgt ggf. die Angabe der Kontoverbindung).

5.2.4 Euro

Bis zum 31. 12. 2001 fand noch die Deutsche Mark Verwendung als Zahlungsmittel. Nach diesem Zeitpunkt ist die DM als Zahlungsmittel aus dem Zahlungsverkehr verschwunden. Als Währungseinheit dient seitdem ausschließlich der Euro.[25] Verträge, die bis zum 1. 1. 2002 nicht umgestellt sind, werden allerdings nicht als Ganzes unwirksam. Vielmehr ist dann eine Umrechnung in Euro vorzunehmen auf der Grundlage des festgesetzten Wechselkurses.[26] Das bedeutet auch, dass Aufhebungsverträge seit 1. 1. 2002 auf Euro auszustellen sind.

5.3 Die Fortzahlung der Vergütung

Auch wenn es eine Selbstverständlichkeit ist, dass bis zum vorgesehenen Beendigungszeitpunkt alle Vergütungsbestandteile weiterzuzahlen sind, empfiehlt sich doch eine entsprechende Festlegung im Aufhebungsvertrag. Dabei gilt der Grundsatz, dass im Aufhebungsvertrag alle Vergütungsfragen geregelt werden können.[27]

5.3.1 Laufende Leistungen

Hinsichtlich der laufenden Leistungen können folgende Klauseln verwendet werden

---

23 Vgl. BAG vom 26. 8. 1997, DB 1998, 1620, 1621.

24 Statt des Arbeitnehmers kann auch dessen Bevollmächtigter angegeben werden, was beispielsweise sinnvoll ist, wenn dieser die pünktliche Auszahlung und Abrechnung kontrollieren soll.

25 Der amtliche Umrechnungskurs beträgt 1 Euro = DM 1,95583.

26 Vgl. Däubler, AiB 1998, 541 ff.

27 KSchR-Däubler, Einl., Rn. 246.

Das Arbeitsverhältnis wird bis zum Beendigungszeitpunkt ordnungsgemäß abgerechnet und die sich daraus ergebenden Nettobeträge an den Arbeitnehmer ausgezahlt.

Oder

Bis zum Beendigungszeitpunkt werden dem Arbeitnehmer die vertragsgemäßen Bezüge ausgezahlt.

5.3.2 Einmal- und Sonderzahlungen

Ein größeres Regelungsbedürfnis besteht oft bei Einmalzahlungen. Hierunter versteht man Zuwendungen, die zusätzlich zum laufenden Gehalt zu bestimmten Anlässen gezahlt werden.

5.3.2.1 Gratifikationen

Hierzu zählen vor allem Gratifikationen wie Urlaubs- und Weihnachtsgeld, Jubiläumszahlungen, Gewinnbeteiligungen, 13. und 14. Gehälter usw.

Bei solchen Zahlungen, deren Rechtsgrund sich nicht aus dem Gesetz ergibt, sondern aus Tarifvertrag, Betriebsvereinbarung, aber auch aus dem Arbeitsvertrag, einer betrieblichen Übung oder einer Gesamtzusage ist genau zu prüfen, ob sie im Falle der Beendigung des Arbeitsverhältnisses gleichwohl ganz oder anteilig geschuldet sind. So sind beispielsweise Urlaubsgeldzahlungen regelmäßig zum 31.5. eines Jahres, Weihnachtsgelder zum 30.11. eines Jahres fällig. Was, wenn der Arbeitnehmer aufgrund einer Kündigung und/oder eines Aufhebungsvertrages vor diesem Termin ausscheidet?

Hier muss durch Auslegung ermittelt werden, was mit der Einmalzahlung gewollt ist. Hängt der Anspruch davon ab, dass das Arbeitsverhältnis während des gesamten Bezugszeitraums besteht, kann der Anspruch bei vorherigem Ausscheiden des Arbeitnehmers wegfallen. Dies ist auch kein Verstoß gegen den Gleichbehandlungsgrundsatz.[28] Auch kann die Gratifikation sogar zurückzahlbar sein, wenn der Arbeitnehmer in einer bestimmten Zeit nach ihrer Auszahlung aus dem Arbeitsverhältnis ausscheidet. Nach der Rechtsprechung ist es zulässig, bei Gratifikationen über 200,00 DM[29] durch spezielle vertragliche oder tarifvertragliche Regelungen eine Bindung derart vorzunehmen, dass bei vorzeitiger Beendigung des Arbeitsverhältnisses sogar bis

---

28 Vgl. BAG vom 8.3.1995, NZA 1996, 418, 419.

29 Vgl. die komplizierten Regelungen, die u.a. dargestellt sind in der Entscheidung des BAG vom 17.3.1982, NJW 1983, 67.

zum 31.3. des Folgejahres eine Rückzahlung erfolgt,[30] bei Gratifikationen, die die Höhe eines Monatsgehalts übersteigen sogar bis zum 30.6. des Folgejahres.[31] In solchen Fällen ist es dann Verhandlungssache, ob gleichwohl die Zahlung der entsprechenden Gratifikation im Aufhebungsvertrag vereinbart wird oder nicht. Auch kann – gedanklich-rechnerisch – der Verlust der Gratifikation aufgrund eines Ausscheidens vor dem Fälligkeitszeitpunkt als Argument für eine entsprechende Anhebung der Abfindungssumme genutzt werden.

Bei der ersten Alternative könnte der Passus im Aufhebungsvertrag beispielsweise lauten:

Das Weihnachtsgeld[32] für das Jahr 20.. wird trotz des Ausscheidens ungekürzt ausgezahlt zusammen mit der letzten fälligen Gehaltszahlung.[33]

Typischerweise wird in solchen Fällen aber auch eine so genannte ratierliche Kürzung der Gratifikation entsprechend dem Beendigungszeitpunkt vorgenommen. Scheidet beispielsweise der Arbeitnehmer zum 30.9. eines Jahres aus, kann ihm dann entsprechend die Jahresleistung in Höhe von 9/12 der Gesamtleistung zugesagt werden. Die Klausel würde dann lauten:

Das Weihnachtsgeld[34] für das Jahr 20.. wird trotz des Ausscheidens zu 9/12 mit der letzten fälligen Gehaltszahlung ausgezahlt.

Eine Klausel gleichen Wortlauts empfiehlt sich zur Klarstellung auch dort, wo dem Arbeitnehmer das Weihnachtsgeld, das 13. Gehalt oder eine andere Gratifikation ausschließlich als zusätzliche Vergütung für die bislang erbrachte Arbeit, also als Rechtsanspruch zusteht.[35] Ergibt die Auslegung einen solchen Charakter der Gratifikationsleistung, ohne dass diese zugleich die vorhandene »Betriebstreue« belohnen und als Anreiz für weiteres Andauern des Beschäftigungsverhältnisses dienen soll,[36] so bleibt in jedem Fall diese zusätzliche Vergütung trotz Beendigung für das Jahr des Ausscheidens weiter geschuldet und zwar entsprechend dem Verhältnis der tatsächlichen Arbeitsleistung zur Ge-

30 BAG vom 9.6.1993, NZA 1993, 935.

31 BAG vom 27.10.1978, AP Nr. 99 zu § 611 BGB Gratifikation.

32 Weihnachtsgeld ist hier nur als Beispiel angeführt – es kann sich auch um jede andere Art der Gratifikation handeln.

33 Als Fälligkeitszeitpunkt kann natürlich auch der Zeitpunkt der regulären Fälligkeit des Weihnachtsgeldes gewählt werden, in der Regel der 30.11. eines Jahres.

34 S. Fußnote 32.

35 Vgl. BAG vom 8.11.1978, AP Nr. 100 zu § 611 BGB Gratifikation.

36 Vgl. BAG vom 7.11.1991, BB 1992, 142.

samtdauer des Bezugszeitraums (in der Regel ein volles Kalenderjahr) in Form einer Zwölftelung.[37]

Dann ist die obige Regelung dazu geeignet, diesen Rechtsanspruch klarzustellen und damit einem etwaig sich später anschließenden Streit zu entziehen – dies ist immerhin auch eine wichtige Aufgabe vertraglicher Regelungen, eindeutige Rechtsfolgen herbeizuführen.

Im umgekehrten Fall eines fehlenden Rechtsanspruches auf die Gratifikation schadet es daher auch nicht Folgendes klarzustellen:

Die Gratifikation[38] ist in diesem Jahr wegen des Ausscheidens aus dem Arbeitsverhältnis nicht geschuldet.

Vorsicht ist geboten, wenn – ggf. anteilig – zu beanspruchende Gratifikationen oder andere Gehaltsansprüche in die eigentliche Abfindungszahlung mit eingebunden werden. Es handelt sich dann steuerrechtlich um die Abgeltung »erdienter« Ansprüche, so dass jedenfalls die darauf entfallenden Beträge voll der üblichen Lohnsteuer unterliegen und Sozialversicherungsbeiträge geschuldet sind.

Ebenfalls sozialversicherungsrechtlich nicht beitragsfrei sind solche Abfindungen, die lediglich zustehendes Arbeitsentgelt umfassen. Sie unterliegen ganz normal der Beitragspflicht zur Renten-, Kranken- und Arbeitslosenversicherung.[39] Es ist insoweit u.U. eine Abtrennung des eigentlichen Abfindungsbetrages von dem verdeckten, der Beitragspflicht unterliegenden Arbeitsentgelt vorzunehmen.[40]

Dass eine solche »Umwandlung« von eigentlichen (echten) Gehaltsansprüchen in Abfindungsbeträge gewählt wurde, wird insbesondere für die Steuerbehörden, aber auch für die Sozialversicherungsträger offenkundig, wenn im Zusammenhang mit der Abfindung über eine übliche allgemeine Erledigungsklausel[41] hinaus gesondert ein Verzicht erklärt wird, etwa durch Formulierungen wie:

Der Arbeitnehmer verzichtet für das laufende Jahr auf das anteilige/volle 13. Gehalt/Jubiläumsgeld/andere Gratifikation o.Ä.

Auch wenn solche »Umwandlungen« scheinbar der Optimierung der Abfindung dienen, ist von solchen »Deals« dringend abzuraten.

37 Vgl. BAG vom 8.11.1978, AP Nr. 100 zu § 611 BGB Gratifikation.
38 Um welche Gratifikation es sich hier konkret handelt, ist dabei anzugeben.
39 Vgl. BSG vom 21.2.1990, BB 1990, 1704.
40 S. Küttner-Huber, Stichwort: Abfindung, Rn. 72.
41 S. dazu im Einzelnen unter Kap. 5.7. (S. 131 f.).

Das Arbeitsgericht Frankfurt hat sogar entschieden, dass die »Einarbeitung« von Gehaltsbestandteilen in eine Abfindung rechtswidrig ist und daher dem betroffenen Arbeitnehmer trotz der erhöhten Abfindung vorenthaltene Sonderzahlungen zu leisten sind.[42]

5.3.2.2 Jahresabschlussvergütungen

Ähnlich wie bei den Gratifikationen ist die Rechtslage bei den so genannten Jahresabschlussvergütungen. Handelt es sich um eine echte Gewinnbeteiligung (Tantieme), so bleibt der Anspruch hierauf bestehen, auch wenn der Arbeitnehmer vor dem Zeitpunkt der Fälligkeit – das ist in der Regel die Feststellung der Jahresbilanz – ausscheidet, es sei denn, die Parteien des Arbeitsvertrages haben wirksam, z.B. bereits im Arbeitsvertrag vereinbart, dass bei vorzeitigem Ausscheiden der Anspruch entfällt.[43] Um die Gewinnbeteiligung zu sichern, könnte folgende Klausel verwendet werden:

Der für das laufende Jahr in Höhe von ... % des Jahresgewinns bestehende Anspruch auf Gewinnbeteiligung wird trotz vorzeitigen Ausscheidens des Arbeitnehmers in voller Höhe ausbezahlt. Die Auszahlung ist vorzunehmen nach Ende des laufenden Geschäftsjahres und Erstellung der Bilanz.

Fehlt es an einer solchen wirksamen Vereinbarung, ist die Gewinnbeteiligung ratierlich nach dem auf den Zeitraum der Beschäftigung entfallenden Gewinnanteil zu kürzen.[44]

Die Klausel würde dann lauten:

Der für das laufende Jahr in Höhe von ... % des Jahresgewinns bestehende Anspruch auf Gewinnbeteiligung wird wegen vorzeitigen Ausscheidens zum ... zu .../12 ausbezahlt. Die Auszahlung ist vorzunehmen nach Ende des laufenden Geschäftsjahres und Erstellung der Bilanz.

Da der Arbeitgeber verpflichtet ist, Auskunft zu erteilen über den Umfang des Anspruchs,[45] ist es sinnvoll diese Verpflichtung im Aufhebungsvertrag im Anschluss an eine der beiden zuletzt genannten Klauseln wie folgt festzuhalten:

Die Bilanz ist dem Arbeitnehmer unverzüglich nach Erstellung unaufgefordert zur Verfügung zu stellen.

So wird von vornherein abgesichert, dass die Höhe der auszuzahlenden Gewinnbeteiligung auch überprüft werden kann.

---

42 So ArbG Frankfurt vom 27.10.1999, FA 2000, 95.

43 Streitig; vgl. BAG vom 27.4.1982, DB 1982, 2406, 2407; BAG vom 4.9.1985, DB 1986, 382, 383; BAG vom 25.4.1991, NZA 1991, 763,764; Bengelsdorf, S. 129; Bauer, Rn. 691.

44 Vgl. Schaub, § 77, Rn. 6.

45 Vgl. Küttner-Bauer, Stichwort: Mitarbeiterbeteiligung, Rn. 31.

Handelt es sich um eine Jahresabschlussvergütung, die lediglich als Pauschalbetrag gewährt wird, und die unabhängig von der jeweiligen Arbeitsleistung mehr oder weniger in das Ermessen der Geschäftsleitung gestellt ist, können Arbeitnehmer, die vor dem regulären Auszahlungszeitpunkt ausscheiden, wirksam vom Bezug dieser Sondervergütung ausgeschlossen oder sogar zur Rückzahlung bei späterem Ausscheiden bis zu einem bestimmten Stichtag verpflichtet werden. Bei solchen Konstellationen ist dieser Gesichtspunkt in die Verhandlungen um die Höhe der Abfindung einzubeziehen.

5.3.2.3 Umsatzbeteiligungen und Provisionen

Diese Grundsätze gelten allerdings nicht bei reinen Umsatzbeteiligungen, die nach der Rechtsprechung des BAG wie Provisionen zu beurteilen sind.[46] Hier handelt es sich um Arbeitsentgelt im engeren Sinne, welches nicht nachträglich einseitig entzogen werden kann. Bei Provisionen ist zusätzlich zu berücksichtigen, dass auch bei Beendigung des Arbeitsverhältnisses noch Provisionsansprüche entstehen können, die auf Geschäften beruhen, die der Arbeitnehmer vor seinem Ausscheiden abgeschlossen, vermittelt oder eingeleitet und so vorbereitet hat, dass sie noch auf seine Tätigkeit zurückzuführen sind. Kommen solche Geschäfte innerhalb einer angemessenen Frist[47] nach Beendigung des Vertragsverhältnisses zustande, so steht dem Arbeitnehmer die Provision nach der Vorschrift des § 87 Abs. 3 HGB gleichwohl zu.

Aufgrund der Tatsache, dass es hier möglich ist, abweichende Regelungen vertraglich zu vereinbaren, deren Inhalt oft erst durch Auslegung ermittelt werden kann, ist es im Interesse beider Seiten geboten, für Klarstellung im Aufhebungsvertrag zu sorgen, bis zu welchem Zeitpunkt Provisionserlöse abgerechnet und dem Arbeitnehmer zufließen werden. Eine entsprechende Klausel könnte lauten:

Die bis zum Zeitpunkt der Beendigung des Arbeitsverhältnisses aufgrund zustande gekommener Geschäfte mit Kunden entstandenen Provisionsansprüche stehen dem Arbeitnehmer auch dann zu, wenn der Provisionsanspruch erst nach dem Beendigungszeitpunkt fällig geworden ist. Bei nach dem Beendigungszeitpunkt bis zum ... 2004[48] mit bisher vom Arbeit-

46 Vgl. BAG vom 12. 1. 1973, BB 1973, 1072.

47 Eine Frist kann in Einzelfällen bis zur Dauer von zwei Jahren noch »angemessen« sein: vgl. v. Gamm, S. 2492 unter Hinweis auf BGH vom 30. 1. 1964 – VII ZR 83/62; BGH vom 25. 2. 1977 – I ZR 84/76.

48 Zeitpunkt nach Beendigung des Arbeitsverhältnisses verhandelbar, z.B. für einen Zeitraum von zwölf Monaten danach.

nehmer betreuten Kunden zustande gekommenen Geschäften wird aufgrund der vermuteten Mitwirkung des Arbeitnehmers an deren Zustandekommen ein Provisionsanteil in Höhe von 50 %[49] ausgezahlt.

Alternativ wäre es denkbar, einen kürzeren Zeitraum für nachlaufende Provisionsansprüche zu wählen, dann aber diese zu 100 % in Anwendung des Grundgedankens des § 87 Abs. 3 HGB dem ausgeschiedenen Arbeitnehmer zugute kommen zu lassen, weil dieser maßgeblich durch seine Akquisitionstätigkeit für das Zustandekommen des Geschäfts gesorgt hat.

In beiden Fällen sollte der Abrechnungsanspruch gegenüber dem Arbeitgeber wie folgt im Aufhebungsvertrag durch einen ergänzenden Passus abgesichert werden.

Der Arbeitgeber rechnet über die entstehende Provision auch nach Beendigung des Arbeitsverhältnisses monatlich ab und erteilt gem. § 87c Abs. 2 HGB für alle provisionspflichtigen Geschäfte gleichzeitig einen Buchauszug.

5.4 Freistellung

Das Wesen des Arbeitsverhältnisses besteht darin, dass der Arbeitnehmer seine Arbeitskraft zur Verfügung stellen muss, wofür der Arbeitgeber verpflichtet ist, die vereinbarte Vergütung zu entrichten. Oft wird aber von den Arbeitsvertragsparteien gewünscht, dass etwa im Falle der Kündigung und/oder des Abschlusses eines Aufhebungsvertrages der Arbeitnehmer von seiner Arbeitspflicht suspendiert wird. Es handelt sich dann um eine so genannte Freistellung.

5.4.1 Freizeit zur Stellungssuche

Von der vertraglich geregelten oder einseitig durch den Arbeitgeber verkündeten Freistellung zu unterscheiden ist der Anspruch des Arbeitnehmers auf Gewährung von Freizeit zur Stellungssuche. Dieser Anspruch entsteht nach § 629 BGB bei Kündigung des Arbeitsverhältnisses, wobei es auf die Art der Kündigung und des Vorliegens eines Kündigungsgrundes nicht ankommt.

49 Die andere Hälfte würde dann an den Nachfolger des Arbeitnehmers fließen; vgl. § 87 Abs. 32 HGB.

Gleichfalls unter § 629 BGB fallen entsprechende Freizeitansprüche beim Abschluss von Aufhebungsverträgen.[50]

Der Anspruch beinhaltet, dass der Arbeitgeber die vereinbarte Vergütung fortzuzahlen hat. Voraussetzung hierfür ist, dass der Arbeitnehmer rechtzeitig um Gewährung entsprechender Freizeit gebeten hat. Der Arbeitgeber darf dies nicht verweigern, es sei denn, gerade durch die Abwesenheit zum Zeitpunkt des gewünschten Termines würden relevante Störungen im Betriebsablauf eintreten. Auch darf der Arbeitgeber den Arbeitnehmer insoweit nicht auf ggf. noch offene Urlaubsansprüche verweisen.[51] Der Anspruch umfasst die im zeitlichen Umfang angemessene Wahrnehmung von Vorstellungsterminen. Hinzu kommen aber auch Besuche beim Arbeitsamt, die Wahrnehmung von Eignungstests und medizinischen Untersuchungen. Einer Regelung dieses Freizeitanspruchs im Aufhebungsvertrags bedarf es nicht, da er unabdingbar ist. Dies hätte hier allenfalls Klarstellungsfunktion.

Achtung: Unter § 629 BGB fällt auch die verschärfte Pflicht, sich unmittelbar nach Kenntnis der Beendigung eines laufenden Arbeitsverhältnisses um eine Vermittlung durch das Arbeitsamt zu bemühen. Deshalb muss der Arbeitgeber den Arbeitnehmer auch für die erforderlichen Besuche zum Arbeitsamt freistellen.[52] Schon vor dessen Beendigung kann das Arbeitsamt jetzt berufliche Eingliederungsmaßnahmen z.B. zur zusätzlichen Qualifizierung anordnen bzw. mit dem zukünftig Arbeitslosen vereinbaren, für die dann entsprechend auch der Freistellungsanspruch des § 629 BGB i.V.m. § 2 Abs. 2 Nr. 3 SGB III gilt.

5.4.2 Bezahlte Freistellung

Grundsätzlich hat der Arbeitnehmer bis zur Beendigung des Arbeitsverhältnisses keinen Rechtsanspruch auf bezahlte Freistellung nach einer Kündigung oder dem Abschluss eines Aufhebungsvertrages. In aller Regel hat auch der Arbeitgeber daher seiner Beschäftigungspflicht nachzukommen.[53] Meist be-

50 Vgl. BAG vom 11.6.1957, AP Nr. 1 zu § 629 BGB; BAG vom 13.11.1969, AP Nr. 41 zu § 616 BGB.

51 Vgl. BAG vom 26.10.1956, DB 1957, 192.

52 Vgl. Bauer/Krets, NJW 2003, S. 537, 542.

53 Nur in Ausnahmefällen entfällt der Beschäftigungsanspruch des Arbeitnehmers, so etwa bei Vorliegen eines besonderen berechtigten Interesses auf Arbeitgeberseite, etwa bei Ausspruch einer außerordentlichen Kündigung wegen des Verdachts strafbarer Handlungen; vgl. BAG vom 15.6.1972, DB 1972, 1878.

steht aber auf beiden Seiten der Wunsch, insbesondere wenn dem Aufhebungsvertrag streitige Auseinandersetzungen vorausgegangen sind, die Begegnungen im Betrieb auf Null zu reduzieren.

5.4.2.1 Einseitige Erklärung der Freistellung durch den Arbeitgeber

Wird in einer solchen Situation dem Arbeitnehmer seitens des Arbeitgebers erklärt, dass er ihn ab sofort von der Arbeit freistellt, ist der Arbeitnehmer frei von der Pflicht zur weiteren Erbringung der Arbeitsleistung und behält seinen Vergütungsanspruch.[54] Er hat ferner Anspruch auf Entgeltfortzahlung im Krankheitsfall und ist bei Gehaltsanhebungen, die – etwa auf der Grundlage eines neu abgeschlossenen Tarifvertrages – in der Freistellungsperiode eintreten, zu berücksichtigen.

5.4.2.2 Unwiderrufliche bzw. widerrufliche Freistellung

Dabei kann der Arbeitgeber widerruflich oder unwiderruflich von der Arbeitsleistung suspendieren. Wird eine Freistellungserklärung ohne Einschränkungen ausgesprochen, wird angenommen, dass es sich grundsätzlich um eine unwiderrufliche handelt.[55] Dann hat der Arbeitnehmer zwar gegenüber dem Arbeitgeber keine Verpflichtung zur Arbeitsleistung mehr, muss sich aber nach § 615 Satz 2 BGB anrechnen lassen, was er im Rahmen einer anderweitigen Verwendung seiner Arbeitskraft an Einkommen erwirbt oder böswillig unterlässt zu erwerben. Hiervon werden allerdings nur die Ausnahmefälle erfasst, bei denen der Arbeitnehmer trotz Kenntnis einer zumutbaren Arbeitsmöglichkeit diese grundlos ablehnt oder vorsätzlich verhindert, dass ihm überhaupt zumutbare Arbeit angeboten wird.[56] Dabei soll es dem Arbeitnehmer nach bisherigem Verständnis nicht zum Nachteil gereichen, wenn er es unterlassen hat, sich beim Arbeitsamt als Arbeitssuchender zur Verfügung zu stellen.[57] Offen ist, ob zukünftig hier eine andere Betrachtungsweise greift angesichts der nun gesetzlich eingeführten Pflicht einer möglichst frühzeitigen Meldung beim Arbeitsamt, um schon in der Kündigungsfrist für Vermittlungsbemühungen zur Verfügung zu stehen.

---

54 Ein Widerspruch gegen die Freistellung macht im Falle einer Kündigung nur Sinn, wenn die Durchsetzung des Beschäftigungsanspruchs Anhaltspunkte verspricht, die Sach- und Rechtslage im Kündigungsschutzprozess zu Gunsten des Arbeitnehmers zu verbessern.

55 So Bauer, Rn. 476.

56 Vgl. die aktuelle Entscheidung des BAG vom 16. 5. 2000, NZA 2001, 26, 27.

57 BAG, ebenda.

Der Arbeitnehmer ist grundsätzlich auch nicht verpflichtet, eine anders geartete oder geringer bewertete Tätigkeit aufzunehmen.[58] Jede Böswilligkeit entfällt ferner, wenn der Arbeitnehmer sich während dieser Periode um Weiterbildungsmaßnahmen, ein Studium oder um andere berufsvorbereitende Tätigkeiten kümmert.[59] Neben der möglichen Anrechnung anderweitig erzielten Einkommens ist bei der Freistellung weiterhin das während der Dauer des Arbeitsverhältnisses alle Arbeitnehmer treffende Wettbewerbsverbot aus § 60 HGB zu beachten. Es besteht nämlich auch im Falle einer Freistellung bis zum Beendigungszeitpunkt mit der Konsequenz fort,[60] dass auch bei einer Streitigkeit um die Wirksamkeit eines Aufhebungsvertrages und erst recht im Zusammenhang mit einer Kündigungsschutzklage der Arbeitnehmer, der sich auf den Fortbestand des Arbeitsverhältnisses beruft, keine Wettbewerbstätigkeit ausüben darf.[61]

Möglich und üblich ist die Freistellung des Arbeitnehmers unter Anrechnung auf noch bestehende Urlaubsansprüche. Wird vom Arbeitgeber im Zusammenhang mit der Freistellung hierzu aber nichts erklärt, so hat dies zur Folge, dass sich die Freistellung nicht auf den gesetzlichen Mindesturlaubsanspruch gem. §§ 1, 3 BUrlG auswirkt, also insoweit keine Anrechnung erfolgt.[62]

In diesem Fall soll es auch keine Verpflichtung des Arbeitnehmers geben, sich bei einer ihm gegenüber erfolgten Freistellung um Urlaubserteilung zu bemühen. Allerdings wird hierzu auch vertreten, dass bei unwiderruflicher Freistellung und einer Klausel im Beendigungsvergleich, »der Urlaub in natura gewährt wurde«, auch sonstige Ansprüche z.B. solche aus Überstunden-Freizeitausgleich erfasst sind.[63] Das BAG hat entschieden, dass die im Zuge der Freistellung verordnete Abnahme des Urlaubs in der Kündigungsfrist unwirksam wird, wenn der Arbeitnehmer daraufhin einen anderweitigen Wunsch zur zeitlichen Festlegung des Urlaubs äußert. Dies sei die Folge daraus, dass der Arbeitgeber gem. § 7 Abs. 1 Satz 1 BUrlG die Urlaubswünsche des Arbeitnehmers zu berücksichtigen hat.[64]Ob dies allerdings auch gilt, wenn der Arbeitnehmer einen Urlaubswunsch äußert, der nach Ablauf der Kündigungsfrist liegt, hat das BAG nicht mitentschieden.

---

58 Vgl. BAG vom 3. 12. 1980, BB 1981, 1399; BAG vom 27. 1. 1994, BB 1994, 1714.
59 Küttner-Griese, Stichwort: Annahmeverzug Rn. 16.
60 Vgl. BAG vom 30. 5. 1978, BB 1979, 325f.
61 Vgl. BAG vom 25. 4. 1991 NZA 1992, 212, 214.
62 Vgl. BAG vom 31. 5. 1990, DB 1991, 329; BAG, Urteil vom 9. 6. 1998, NZA 1999, 80.
63 Vgl. LAG Köln vom 9. 3. 2001, 4 Sa 2/01.
64 Vgl. BAG vom 23. 1. 2001, NZA 2001, S. 597.

5.4.2.3 Regelungsbedarf

Insbesondere im Falle einer beiderseitig gewünschten Freistellung ist es angesichts der dargelegten Zweifelsfragen anzuraten, die gewünschten Rechtsfolgen im Aufhebungsvertrag festzulegen. Für die Variante einer nur widerruflichen Freistellung könnte eine entsprechende Klausel lauten:

Der Arbeitnehmer wird ab sofort bis zum Beendigungszeitpunkt widerruflich unter Fortzahlung der Vergütung von der Verpflichtung zur Arbeitsleistung freigestellt. Der Arbeitgeber behält sich vor, den Arbeitnehmer während der Restlaufzeit teilweise oder ganz an seinem Arbeitsplatz zu beschäftigen.

Wollen beide Parteien eine unwiderrufliche Freistellung, könnte bei dieser Variante die Klausel wie folgt aussehen:

Der Arbeitnehmer wird ab sofort/nach Fertigstellung der (ggf. näher zu beschreibenden) Restarbeiten ab ... von der Verpflichtung zur Arbeitsleistung unter Fortzahlung der Vergütung unter Anrechnung etwaiger ihm noch zustehenden (Rest-)Urlaubsansprüche bzw. Freizeitausgleichsansprüche[65] unwiderruflich freigestellt.

Sollen ferner die möglichen Probleme um die Anrechnung anderweitiger Einkünfte und wegen des weiter bestehenden Wettbewerbsverbots mitgelöst werden, kann ergänzend folgende Klausel Verwendung finden:

Während der Freistellung finden § 615 Satz 2 BGB (Anrechnung anderweitigen Verdienstes) und § 60 HGB (Wettbewerbsverbot) Anwendung/keine Anwendung.

5.5 Urlaubsansprüche

Erfolgt keine Freistellung des Arbeitnehmers oder wird in einem solchen Fall keine Anrechnung auf den restlichen noch bestehenden Urlaub geregelt, bleibt zu klären, was aus dem verbleibenden Urlaubsanspruch wird. Ein solcher Klärungsbedarf besteht auch, wenn die Kündigungsfrist bzw. die dem möglichst entsprechende Restlaufzeit des Vertrages kürzer ist als der Umfang des verbliebenen Urlaubsanspruchs.

Urlaub soll tatsächlich genommen werden. Deshalb hat der Gesetzgeber in § 13 Abs. 1 Satz 1 BUrlG ausdrücklich geregelt, dass der Mindesturlaubsanspruch, der gem. § 3 BUrlG 24 Werktage[66] beträgt, unabdingbar ist.

65 Freizeitausgleichsansprüche können etwa bestehen aufgrund eines Arbeitszeitguthabens wegen geleisteter Mehrarbeit.

66 Da § 3 Abs. 2 BUrlG als Werktage alle Kalendertage außer Sonn- und gesetzlichen Feiertagen zählt, bedeutet dies einen gesetzlich garantierten Mindesturlaub von vier Wochen pro Jahr.

Weder durch einen Aufhebungsvertrag noch durch einen gerichtlichen Vergleich oder ein anderes Rechtsgeschäft kann daher auf den gesetzlichen Mindesturlaubsanspruch wirksam verzichtet oder eine Abgeltung in finanzieller Form vereinbart werden.[67]

Auch zwischen beiderseits tarifgebundenen Vertragsparteien gilt, dass auf den tariflichen Jahresurlaub, der stets mehr Urlaubstage einräumt als der gesetzliche Mindestanspruch, gem. § 4 Abs. 4 TVG nur mit Zustimmung der Tarifvertragsparteien selbst verzichtet werden kann. Naturgemäß kann diese Möglichkeit praktisch ausgeschlossen werden, so dass der tarifliche Urlaubsanspruch (Regelfall: 30 Arbeitstage) ebenfalls gesichert ist.

Besteht daher noch ein Urlaubsanspruch, der bis zum Beendigungszeitpunkt nicht oder nicht vollständig genommen werden konnte, wandelt sich dieser Urlaubsanspruch gem. § 7 Abs. 4 BUrlG in einen Abgeltungsanspruch um.

Aber **Achtung**: Auch der Abgeltungsanspruch unterliegt den gleichen Voraussetzungen wie der eigentliche Urlaubsanspruch, an dessen Stelle er tritt. Er ist ebenfalls unabdingbar und kann daher nicht wirksam in die Abfindung eingerechnet werden. Für ihn gelten die gleichen Fristen wie für den Urlaubsanspruch. Das heißt, auch die Abgeltung muss im laufenden Kalenderjahr gefordert werden. Nur unter ganz bestimmten Voraussetzungen ist eine Übertragung des Urlaubs in das Folgejahr und dann auch nur bis zum 31. 3. des Folgejahres gem. § 7 Abs. 3 Satz 3 BUrlG möglich, so dass bis zu diesem Zeitpunkt nicht genommener Urlaub verfällt. Da sich der Arbeitnehmer bis zu diesem Zeitpunkt konkret um Urlaub bemüht haben muss,[68] bedeutet dies für den Abgeltungsanspruch: Der Arbeitnehmer muss sich bis zum Jahresende bzw. bis zum Auslaufen seines Vertrages tatsächlich um Gewährung seines Urlaubs bemüht haben, den Arbeitgeber also bei mangelnder Reaktion durch Mahnung in Verzug gesetzt haben. Dies geschieht **nicht** mit Erhebung der Kündigungsschutzklage, sondern muss gesondert und fristgerecht erfolgen.[69] War z.B. wegen Arbeitsunfähigkeit eine tatsächliche Urlaubsabnahme bis 31. 12. nicht möglich, ist der Urlaub dann bis spätestens 31. 3. des Folgejahres zu nehmen bzw. der unter diesen Voraussetzungen entstandene Urlaubsabgeltungsanspruch aufgrund der Beendigung des Arbeitsverhältnisses geltend zu machen.[70]

67 Vgl. BAG vom 31. 5. 1990, DB 1991, 392; BAG, Urteil vom 20. 1. 1998, DB 1998, 1236.

68 Vgl. BAG vom 27. 8. 1986, NJW 1987, 798.

69 Vgl. BAG vom 17. 1. 1995, NZA 1995, 531; BAG vom 21. 9. 1999, DB 2000, 2611, 2612.

70 Vgl. BAG vom 21. 9. 1999, a.a.O.: Das BAG führt aus, dass auch ein entsprechender Schadensersatzanspruch für den erloschenen Anspruch auf Urlaubsabgeltung voraussetzt, dass der Arbeit-

Dabei gelten auch zusätzlich die in vielen Tarifverträgen vereinbarten Ausschlussfristen.[71]

Um die geschilderten Probleme mit Urlaub und Urlaubsabgeltung zu vermeiden, ist es nützlich, auch hierzu klarstellende Regelungen im Aufhebungsvertrag etwa wie folgt zu treffen:

Der Arbeitnehmer wird den ihm im Umfang von ... Arbeitstagen noch zustehenden Urlaub in der Zeit vom ... bis ... nehmen.

Falls demgegenüber der Urlaub schon zur Gänze gewährt wurde, ist es sinnvoll folgendes aufzunehmen:

Wegen der bereits erfolgten Gewährung von Urlaub bestehen keine restlichen Urlaubsansprüche mehr.[72]

Konnte der Urlaub ganz oder teilweise nicht während der Restlaufzeit des Arbeitsverhältnisses genommen werden, bietet sich folgende Regelung an:

Der Arbeitnehmer hat noch einen Urlaubsanspruch von ... Arbeitstagen, der bis zur Beendigung des Arbeitsverhältnisses nicht erfüllt werden konnte. Hierfür zahlt der Arbeitgeber eine Urlaubsabgeltung in Höhe von € ..., fällig am ...[73]

Erhält der Arbeitnehmer eine Urlaubsabgeltung, die sich nach dem Entgelt, das der Arbeitnehmer während der Dauer des abzugeltenden Urlaubs zu beanspruchen hätte, bemisst, führt dies bei nachfolgender Arbeitslosigkeit dazu, dass für den abzugeltenden Zeitraum der Anspruch auf Arbeitslosengeld gem. § 143 Abs. 2 SGB III ruht. Das gilt auch, wenn die Urlaubsabgeltung tatsächlich nicht ausgezahlt wird, sondern hierauf nur ein Anspruch besteht. Das Ruhen des Arbeitslosengeldes tritt selbst dann ein, wenn der Arbeitnehmer seinen Abgeltungsanspruch nicht gegenüber dem Arbeitgeber – z.B. aus Unkenntnis – erhoben hat.

---

nehmer den Arbeitgeber rechtzeitig dadurch in Verzug setzt, dass er ihm gegenüber seine konkreten Urlaubswünsche anmeldet – dies gilt auch im gekündigten Arbeitsverhältnis!

71 Vgl. BAG vom 25. 8. 1992, NZA 1993, 759.

72 Dies ist auch als so genannter Tatsachenvergleich (wenn z.B. die Zahl der bereits genommenen Urlaubstage strittig ist) möglich: vgl. BAG vom 31. 7. 1967, DB 1967, 1859.

73 Fälligkeitszeitpunkt ist hier sinnvollerweise gleichzeitig der Beendigungszeitpunkt bzw. der Zeitpunkt der letzten Gehaltszahlung.

5.6 Zeugnis und Zwischenzeugnis

Nach § 630 BGB kann ein Arbeitnehmer bei der Beendigung des Arbeitsverhältnisses ein Zeugnis verlangen, das sich auch auf Führung und Leistung erstreckt (so genanntes qualifiziertes Zeugnis). Dieser Anspruch besteht auch dann, wenn der Arbeitnehmer die aus seiner Sicht unwirksame Kündigung mit der Kündigungsschutzklage angreift, also seine Weiterbeschäftigung mit gerichtlicher Hilfe durchsetzen will. Dies beruht darauf, dass das Zeugnis schon »bei« und nicht erst »nach« Beendigung des Arbeitsverhältnisses verlangt werden kann und zwar nicht nur als Zwischen- sondern auch als Endzeugnis.[74]

Dabei kommt es nicht auf die Art der Beendigung an, sondern darauf, dass selbstverständlich auch bei Abschluss eines einvernehmlichen Aufhebungsvertrages der Anspruch auf Zeugniserteilung besteht.

Grundsätzlich ist der Zeugnisanspruch aber geltend zu machen, da es sich regelmäßig um eine so genannte Holschuld handelt.[75]

Liegt zwischen Kündigung und/oder Abschluss des Aufhebungsvertrages und dem eigentlichen Beendigungszeitpunkt ein längerer Zeitraum, in welchem noch Arbeitsleistungen zu erbringen sind, kann es sinnvoll sein, auch schon vorab ein Zwischenzeugnis zu verlangen.[76]

Zu unterscheiden ist das so genannte einfache Zeugnis, das sich auf Dauer und Art des Beschäftigungsverhältnisses bezieht und das die vom Arbeitnehmer abgeleisteten Tätigkeiten vollständig und genau zu beschreiben hat und das so genannte qualifizierte Zeugnis, das sich darüber hinaus auch auf Führung und Leistung erstreckt.[77] Das qualifizierte Zeugnis ist zur Regel geworden und bildet den Ausgangspunkt mannigfaltiger – bei den Arbeitsgerichten sehr unbeliebter – Streitigkeiten. Während die Beschreibung der abgeleisteten Tätigkeiten meist noch einvernehmlich ermittelt werden kann, unterliegt die Führung und Leistung eines Arbeitnehmers einer subjektiven Bewertung, wofür dem Arbeitgeber ein Beurteilungsspielraum zur Verfügung steht.[78]

Der Arbeitgeber ist dabei einerseits an die Wahrheitspflicht gebunden, muss sich aber andererseits um eine objektivierende Darstellung bemühen, die zugleich wohlwollend und damit berufsfördernd zu sein hat.[79]

74 Vgl. BAG vom 27.2.1987, NZA 1987, 628, 629.

75 Vgl. BAG vom 8.3.1995, NZA 1995, 671.

76 Ähnlich wie dies anerkannt ist beim Ausscheiden eines langjährigen Vorgesetzten: vgl. BAG vom 1.10.1998, BB 1999, 903.

77 Vgl. ErfK-Müller-Glöge, § 630 BGB, Rn. 69.

78 Küttner-Reinecke, Stichwort: Zeugnis, Rn. 28.

79 Vgl. ErfK-Müller-Glöge, § 630 BGB, Rn. 61 ff. m.w.N.

Auch besteht Einigkeit darüber, dass die Angaben im Zeugnis über die Art der Beendigung des Arbeitsverhältnisses, z.B. einvernehmliches Ausscheiden durch Aufhebungsvertrag, nur auf Wunsch des Arbeitnehmers in das Zeugnis aufzunehmen sind.

Streit entsteht in der Regel vor allem um die so genannte »Benotung«, wobei ein »befriedigend« eine nur unterdurchschnittliche Leistung zum Ausdruck bringt.[80] Die bestmögliche Bewertung enthält das Sprachungetüm »stets zur vollsten Zufriedenheit«, welches als Benotung »sehr gut« meint.[81] Dabei haben sich alle Beteiligten darauf einzustellen, dass die Zeugnissprache mittlerweile so »diplomatisch« angelegt ist, dass schon Auslassungen sonst üblicher Benotungen, z.B. über das betriebliche Zusammenwirken mit Vorgesetzten und Kollegen als so genanntes »beredtes Schweigen« gewertet wird[82] und damit Rückschlüsse auf Fehlverhalten oder diesbezüglich kritisch zu beurteilenden Eigenschaften zulassen soll. Auch gibt es so genannte »verdeckte Codes« in Zeugnissen, die einem kundigen Leser eine negative Einschätzung über den zu beurteilenden Arbeitnehmer insgeheim vermitteln können. Am bekanntesten ist noch die Wendung »hat sich bemüht«, die im Klartext zum Ausdruck bringt, dass erhebliche bis gravierende Mängel im Leistungsverhalten vorliegen.[83] Bestimmte Formulierungen sollen verdeckt Einschätzungen über persönliche Charaktereigenschaften bis hin zur sexuellen Orientierung zulassen.[84]

Solche Codes sind unzulässig.[85] Es gilt aber, ihnen überhaupt auf die Spur zu kommen, was einem ungeübten Zeugnisbetrachter oft nicht leicht fällt.

Es sollte daher vermieden werden, den Inhalt des Zeugnisses allein von der mehr oder weniger zufälligen Bewertung einer Seite abhängig zu machen. Nach Möglichkeit sollte daher das Zeugnis selbst zum Gegenstand der Vereinbarungen über einen Aufhebungsvertrag gemacht werden. Besteht dabei gegenüber den für die Abfassung des Zeugnisses zuständigen Vorgesetzten ein solches Vertrauen, dass das Zeugnis angemessen formuliert wird, kann es reichen im Aufhebungsvertrag folgende Klausel zu vereinbaren:

Der Arbeitnehmer erhält ein wohlwollendes, berufsförderndes Zeugnis, das sich auf Führung und Leistung erstreckt.

80 Vgl. LAG Frankfurt vom 10.9.1987, LAGE Nr. 3 zu § 630 BGB.
81 Vgl. LAG Hamm vom 27.2.1997, NZA-RR 1998, 151, 157.
82 Vgl. LAG Hamm, a.a.O., m.w.N.
83 Siewert, S. 119.
84 Siewert, S. 123f.
85 ErfK-Müller-Glöge, § 630 BGB, Rn. 81.

Wenn es bei der Bewertung der Arbeitsleistung unterschiedliche Einschätzungen geben kann, ist es ggf. sinnvoll, die Benotung vorab festzulegen. Dies kann dann durch folgende Klausel geschehen:

Der Arbeitnehmer erhält ein wohlwollendes, berufsförderndes Zeugnis, das sich auf Führung und Leistung erstreckt und das Prädikat »stets zu unserer vollen[86] Zufriedenheit« ausweist.

Optimal ist es, wenn es gelingt, den gesamten Zeugnistext gemeinsam abzustimmen. Dies verhindert jeden späteren unerquicklichen Streit. Ist erst der Aufhebungsvertrag unterschrieben, ohne dass der Zeugnisinhalt konkret festgelegt wurde, ist »die Luft raus«. Eine Handhabe für eine möglichst wohlwollende Formulierung hat der Arbeitnehmer dann nicht mehr, vielmehr ist er dann in vielen Fällen auf ein langwieriges Zeugnisberichtigungsverfahren vor dem Arbeitsgericht angewiesen. Da kein Anspruch auf bestimmte »positive« Formulierungen besteht[87]und der Beurteilungsspielraum des Arbeitgebers nicht durch das Arbeitsgericht ersetzt werden kann, ist der Ausgang entsprechender Verfahren eher ungewiss.

Deshalb ist es zur Sicherung eines wohlwollend abgefassten Zeugnisses sinnvoll, im Aufhebungsvertrag Folgendes festzuhalten:

Der Arbeitnehmer erhält das als Anlage beigefügte qualifizierte und berufsfördernde Zeugnis.

Das Zeugnis wäre in einem solchen Falle dem Aufhebungsvertrag als Anlage beizufügen und möglichst – sofern es sich noch um einen Entwurf handelt – von beiden Seiten zu unterschreiben.

Reicht die Zeit allerdings für eine gelegentlich langwierige Abstimmung über den Inhalt des Zeugnisses nicht, weil der Vergleich über die Aufhebung des Arbeitsverhältnisses unter zeitlich knapp bemessenen Umständen zustande kommen muss, kann das Problem aber auch so gelöst werden, dass vereinbart wird, dass das spätere Zeugnis auf einem vom Arbeitnehmer noch zu liefernden Entwurf beruhen soll. Dann hat es der Arbeitnehmer in der Hand, eine wahrheitsgemäße, aber dennoch positive Zeugnisfassung zu entwerfen, die der Arbeitgeber dann entsprechend der vertraglichen Verpflichtung im Aufhebungsvertrag übernimmt und unter dem Briefkopf seines Unternehmens ausstellt. Ein solcher Passus lautet:

Der Arbeitnehmer erhält ein wohlwollendes, qualifiziertes Zeugnis gemäß seinem Entwurf.

86 Dies entspricht in der Zeugnissprache einem »gut«.
87 ErfK-Müller-Glöge, § 630 BGB, Rn. 71.

Will sich der Arbeitgeber insoweit nicht unwiderruflich jeglicher Zeugnisentwurfsfassung unterwerfen, etwa weil er befürchtet, dass er dann auch nicht wahrheitsgemäße Aussagen in das Zeugnis zu übernehmen hätte, kann der Passus noch durch folgenden Halbsatz ergänzt werden:

Der Arbeitnehmer erhält ein wohlwollendes, qualifiziertes Zeugnis gemäß seinem Entwurf, von dem der Arbeitgeber nur aus wichtigem Grund abweichen wird.

Soll neben dem (End-)Zeugnis außerdem vorab ein Zwischenzeugnis erstellt werden, wäre dies wie folgt festzuhalten:

Dieses Zeugnis wird auf Wunsch des Mitarbeiters vorab als Zwischenzeugnis und unter dem Datum der Beendigung des Anstellungsverhältnisses als Schlusszeugnis erteilt.

5.7 Erledigungsklausel

Mit Aufhebungsverträgen verfolgen üblicherweise beide Seiten das Ziel, eine abschließende Regelung zu treffen. Die Praxis bedient sich dabei so genannter Erledigungsklauseln (auch als Ausgleichs- oder Generalklauseln bezeichnet).

Eine typische Formulierung einer solchen am Schluss eines Aufhebungsvertrages aufzuführenden Erledigungsklausel lautet wie folgt:

Mit der Erfüllung dieser Vereinbarung sind alle Ansprüche aus dem Anstellungsverhältnis und seiner Beendigung, gleich aus welchem Rechtsgrund erledigt.

Bevor eine solche Klausel unbesehen in einen Aufhebungsvertrag übernommen wird, sollte genau geprüft werden, ob dies den beiderseitigen Interessenlagen entspricht.

5.7.1 Unverzichtbare Ansprüche

Zunächst muss bedacht werden, dass eine Reihe von Ansprüchen durch eine solche Klausel gar nicht berührt, also nicht »erledigt« werden können.

Wie bereits dargelegt, ist ein Verzicht auf bis zum Abschluss des Beschäftigungsverhältnisses entstehende Urlaubsansprüche ebenso unmöglich wie auf den darauf beruhenden Urlaubsabgeltungsanspruch.[88]

88 S.o. Kap. 5.5 FN. 67.

Grundsätzlich gilt, dass darüber hinaus ein Verzicht auf bereits entstandene Rechte aus einem Tarifvertrag nur zulässig ist, wenn die Tarifvertragsparteien dem zustimmen.

Dort wo Betriebsvereinbarungen Arbeitnehmern unmittelbar, d.h. normativ Rechte einräumen, ist ein Verzicht nur mit Zustimmung des Betriebsrats gem. § 77 Abs. 4 Satz 2 BetrVG zulässig.

Etwas anderes gilt bei Rechten aus Tarifvertrag oder Betriebsvereinbarung, wenn die Parteien sich über die tatsächlichen Voraussetzungen eines solchen Anspruchs gestritten haben, z.B. über den Umfang von Mehrarbeit, die Zahl der so genannten Freizeittage zum Ausgleich von Arbeitszeitverkürzungen usw. Hierüber kann ein so genannter Tatsachenvergleich geschlossen werden, der den Streit oder die Ungewissheit über die tatsächlichen Voraussetzungen eines unabdingbaren gesetzlichen bzw. auf Tarifvertrag oder Betriebsvereinbarung beruhenden Anspruchs beendet.[89]

Es kann also beispielsweise mit der Erledigungsklausel nicht vorab auf den gesetzlichen Urlaubsanspruch verzichtet werden. Möglich wäre aber ein Vergleich über die Tatsache, in welchem Umfang Urlaub bereits gewährt worden sein soll.

Im Aufhebungsvertrag müsste sodann zum Ausdruck kommen, um welchen Anspruch es geht, etwa dergestalt:

Die Parteien sind sich einig, dass der Arbeitnehmer im laufenden Jahr bereits 30 Urlaubstage erhalten hat, so dass der Urlaubsanspruch vollständig erfüllt ist.

Mit der allgemeinen Erledigungsklausel könnte diese Rechtswirkung nicht herbeigeführt werden.

Weiterhin ist es durch eine allgemeine Erledigungsklausel auch nicht möglich, auf die Geltendmachung des Kündigungsschutzes zu verzichten. Allerdings ist es zulässig, etwa bei Abschluss eines Aufhebungsvertrages nach erfolgter Kündigung und Erhebung der Kündigungsschutzklage, dass sich der Arbeitnehmer verpflichtet, die nunmehr entbehrlich gewordene Klage zurückzunehmen.

Ferner erfasst die allgemeine Erledigungsklausel keine Ansprüche aus der betrieblichen Altersversorgung. Es gilt die Auslegungsregel, wonach Ausgleichs- bzw. Erledigungsklauseln nicht die Ansprüche auf betriebliche Alters-

89 BAG vom 5. 11. 1997, NZA 1998, 434, 435 m.w.N.; BAG vom 21. 12. 1972, BB 1973, 427; BAG vom 23. 8. 1994, DB 1995, 52.

versorgung umfassen.[90] Grundsätzlich erfasst eine allgemeine Ausgleichsklausel keine Versorgungsansprüche eines vorzeitig ausscheidenden Arbeitnehmers, die erst in Zukunft fällig werden.[91] Unverfallbare Versorgungsanwartschaften sind im Übrigen nach der Regelung des § 3 BetrAVG besonders geschützt. Nur unter ganz präzise im Gesetz bestimmten Bedingungen kann überhaupt eine dann gesondert zu ermittelnde Abfindung solcher unverfallbaren Anwartschaften bei Beendigung des Arbeitsverhältnisses in Betracht kommen.[92]

Auch der Zeugnisanspruch, die Rechte aus einer Wettbewerbsvereinbarung sowie der Anspruch auf Entgeltfortzahlung im Krankheitsfall zählen zu den Rechten, auf die mit einer allgemeinen Erledigungsklausel nicht wirksam verzichtet werden kann.

5.7.2 Verzichtbare Ansprüche

Auf alle anderen Ansprüche aus dem Arbeitsverhältnis kann aber wirksam verzichtet werden.

Hat der Arbeitnehmer also ein Darlehen des Arbeitgebers erhalten und sind zum Zeitpunkt des Abschlusses des Aufhebungsvertrages noch nicht alle Rückzahlungsraten entrichtet worden, kann ein Rückzahlungsanspruch im Übrigen entfallen.[93] Auch erfasst die allgemeine Erledigungsklausel in aller Regel bis dahin entstandene Schadensersatzansprüche.[94]

Darüber hinaus kann die Erledigungsklausel auch bereits entstandene Ansprüche z.B. auf Spesenersatz oder zurückliegende Ansprüche, z.B. auf zusätzliches Urlaubsgeld oder eine Tantieme o.Ä. erfassen, es sei denn, es handelt

---

90 Vgl. BAG vom 27.2.1990, DB 1990, 1870; BAG vom 17.10.2000, DB 2001, 391: Danach gilt dieser Grundsatz auch dann, wenn im Wege des Schadensersatzes Versorgungsansprüche eingeklagt werden.

91 Vgl. LAG Köln vom 28.4.2000, NZA-RR 2000, S. 655.

92 Vgl. BGH vom 15.7.2002, NJW 202, S. 3632: Jede Abfindung, die nicht dem Barwert der späteren Versorgungsleistung entspricht, ist unwirksam, auch wenn sie in einem Prozessvergleich getroffen wurde.

93 Str.; vgl. OLG Düsseldorf vom 9.7.1997, BB 1997, 2237; a.A. Bauer, Rn. 789 unter Hinweis auf LAG Hamm vom 28.4.1995, LAGE Nr. 1 zu § 794 ZPO Ausgleichsklausel.

94 Anders LAG Düsseldorf vom 28.8.2001, 16 Sa 610/01, wenn sich nach Abschluss der Aufhebungsvereinbarung herausstellt, dass der Arbeitnehmer in größerem Stil Betrugsdelikte auch zu Lasten des Arbeitgebers (Schaden ca. DM 180000,00) begonnen hat. Hier soll es eine Treu und Glauben widersprechende unzulässige Rechtsausübung darstellen, wenn sich der Arbeitnehmer auf die Erledigungsklausel beruft.

sich hierbei um durch Tarifvertrag oder Betriebsvereinbarung abgesicherte Ansprüche.

Das BAG hat jüngst entschieden, dass eine solche Erledigungs- bzw. Ausgleichsklausel grundsätzlich auch Ansprüche aus einem Wettbewerbsverbot umfasst und zwar sowohl hinsichtlich der Frage, ob das Wettbewerbsverbot fortbesteht als auch hinsichtlich der Frage, ob noch Ansprüche auf so genannte Karenzentschädigung geltend gemacht werden können.[95]

Auf eine Ausgleichsklausel sollte auch dort verzichtet werden, wo die nachträgliche Erstattung von Arbeitslosengeld aufgrund eines Forderungsübergangs auf die Bundesanstalt für Arbeit in Rede steht, es sei denn man hat hierzu eine spezifische Vereinbarung mit dem Arbeitgeber im Rahmen der Aufhebungsvereinbarung getroffen.[96]

Vor Abschluss eines Aufhebungsvertrages ist daher genau zu prüfen, ob noch beiderseitige Ansprüche unerfüllt sind. Entweder sind dann diese noch offenen Punkte im Aufhebungsvertrag gesondert anzusprechen oder beide Seiten sollten auf die nach alledem nicht ungefährliche Erledigungsklausel verzichten.

5.7.3 Widerrufsbelehrung

Viel Wirbel löst gegenwärtig die Frage aus, ob mit der Schuldrechtsmodernisierung mit Gesetz vom 26. 11. 2001[97] auch bei Aufhebungsverträgen ein Widerrufsrecht gilt. Da sich mit der Schuldrechtsmodernisierung der Verbraucherbegriff auch auf Arbeitnehmer und das Arbeitsrecht erstreckt, ist dies nur konsequent.[98] Bejaht man wie der Verfasser ein solches Widerrufsrecht, muss in jedem Fall eine entsprechende Belehrung in den Aufhebungsvertrag aufgenommen werden. Anderenfalls ist es so, dass bei unterlassener Belehrung keine Widerrufsfrist zu laufen beginnt; vgl. § 355 Abs. 2 Satz 1 BGB. Am Ende eines entsprechenden Aufhebungsvertrages ist daher sinnvollerweise eine Belehrung über das Widerrufsrecht aufzunehmen. Diese könnte wie folgt lauten:

Der Arbeitnehmer wurde darauf hingewiesen, dass er diesen Aufhebungsvertrag widerrufen kann. Der Widerruf muß keine Begründung enthalten und ist in Textform innerhalb einer Frist von zwei Wochen, beginnend mit dem Zeitpunkt der Unterschriftsleistung gegenüber dem

95 Vgl. BAG vom 31. 7. 2002, 10 AZR 558/01

96 s. dazu im Einzelnen Kap.6.11, S. 153.

97 Bundesgesetzblatt I., S. 3138.

98 Vgl. im einzelnen zum Sach- und Streitstand Kap. 9, S. 195 ff.

Arbeitgeber, der Firma ... (es folgt genaue Anschrift) zu erklären; zur Fristwahrung genügt die rechtzeitige Absendung. Wird vom Widerrufsrecht durch den Arbeitnehmer Gebrauch gemacht, so gilt der vorstehende Aufhebungsvertrag als nicht geschlossen.

Ort, den ....

....
Vertreter des Arbeitgebers

....

Hiermit bestätige ich (Arbeitnehmer), dass ich von meinem Widerrufsrecht Kenntnis genommen und ein Exemplar dieser Erklärung erhalten habe.

Ort, den ....

....
(Arbeitnehmer)

Die Widerrufsfrist beträgt bei ordnungsgemäßer Belehrung zwei Wochen. Sie kann nicht abgekürzt werden. Sie beginnt jedoch nicht bevor dem Arbeitnehmer Original oder Kopie des entsprechenden Vertrages ausgehändigt worden ist. Die Belehrung kann nachgeholt werden für einen Zeitpunkt nach Vertragsschluß. Die Widerrufsfrist beträgt dann einen Monat; vgl § 355 Abs. 2 Satz 2 BGB. Da der Arbeitgeber die positive Kenntnisnahme der Belehrung im Zweifel für den Fristbeginn nachweisen muß, ist auch die dargestellte Empfangsbestätigung erforderlich. Da diese im Zweifelsfall mit einer gesonderten Unterschrift zu bestätigen ist, wird sich einbürgern, Widerrufsbelehrung und Bestätigung hierüber in einem gesonderten Dokument neben dem Aufhebungsvertrag festzuhalten.

6. Weitere Regelungspunkte in Aufhebungsverträgen

In vielen Aufhebungsverträgen sind neben den Kernpunkten weitere spezifische Fragen klärungsbedürftig, die entsprechender vertraglicher Regelung bedürfen.

6.1 Insolvenzrisiko

Durch die neue Insolvenzordnung vom 5. 10. 1994, die am 1. 1. 1999 in Kraft getreten ist, haben sich die Risiken für Arbeitnehmer bei Abschluss von Aufhebungsverträgen und anschließend eintretender Insolvenz erheblich verschärft.

Beruht die Abfindungsforderung auf einem vor Eröffnung des Insolvenzverfahrens abgeschlossenen Aufhebungsvertrag, Prozessvergleich oder einem Auflösungsurteil nach §§ 9, 10 KSchG, handelt es sich nach neuem Recht um so genannte einfache Insolvenzforderungen gem. § 38 InsO. Auf einfache Insolvenzforderungen entfällt in aller Regel nur eine ganz geringe Quote. Oft bleibt nach dem Ausgleich der Masseschulden gar nichts für die »einfachen« Insolvenzgläubiger übrig.

Ausgenommen hiervon sind lediglich Abfindungsansprüche aus einem Sozialplan, der mit dem Insolvenzverwalter selbst oder in einem Zeitraum von drei Monaten vor Stellung des Insolvenzantrages aufgestellt worden ist, wenn der Insolvenzverwalter (oder der Betriebsrat) diesen Sozialplan nicht widerrufen hat. Hier gilt aber eine summenmäßige Beschränkung der Abfindungshöhe auf durchschnittlich 2,5 Monatsverdienste pro betroffenem Arbeitnehmer.

Ein Sozialplan, der in einem Zeitraum aufgestellt wurde, der mehr als drei Monate vor dem Zeitpunkt des Insolvenzantrages liegt, führt bezüglich daraus resultierender Abfindungen ebenfalls dazu, dass es sich um einfache Insolvenzforderungen handelt.

Es ist also ein durchaus großes Interesse an Absicherung vorhanden, wenn der Arbeitnehmer den Eindruck hat, sein Arbeitgeber könne schon in Kürze den Gang zum Konkurs- (bzw. Insolvenz-)Richter antreten. Die Insolvenz hätte dann zur Konsequenz, dass aufgrund des Aufhebungsvertrages das Arbeitsverhältnis unwiderruflich beendet wurde, die dafür als Ausgleich zu zahlende Abfindung aber als einfache Insolvenzforderung untergeht. Um dies zu vermeiden, kann im Aufhebungsvertrag zwischen den Parteien eine so genannte auflösende Bedingung vereinbart werden. Eine solche Klausel ist in den Anfangstext des Aufhebungsvergleiches nach den Ziff. 1 und 2 aufzunehmen.[1]

Sollte die vereinbarte Abfindung nicht bis zum … sowohl abgerechnet als auch der sich nach Abzug der anfallenden Steuern ergebende Betrag dem Arbeitnehmer unwiderruflich zugeflossen sein, gilt der Aufhebungsvertrag als nicht geschlossen. Das Arbeitsverhältnis wird sodann ungekündigt zu den zum jetzigen Zeitpunkt bestehenden vertraglichen Bedingungen fortgesetzt.

Diese Variante hat allerdings den Nachteil, dass der Arbeitnehmer im Falle der Nichtzahlung das Arbeitsverhältnis fortsetzen muss, was für ihn wenig interessant ist, wenn inzwischen eine Tätigkeit bei einem anderen, möglichst nicht krisengeschüttelten Arbeitgeber aufgenommen werden konnte. Dann ist es vielmehr sinnvoller, die Abfindungsforderung z.B. durch eine Bankbürgschaft abzusichern. Zwar kann hier nicht völlig ausgeschlossen werden, dass ein späterer Insolvenzverwalter das Bürgschaftsgeschäft einer Anfechtung unterzieht. Dies ist jedoch nur möglich, wenn gerade durch den Abschluss dieses Geschäfts andere Gläubiger des in Insolvenz gegangenen Unternehmens benachteiligt werden, was nur in Ausnahmefällen zutreffen kann.

Eine Bankbürgschaft oder auch eine Bürgschaftserklärung eines persönlich haftenden Gesellschafters o.Ä. wäre in einer gesonderten Erklärung außerhalb des Aufhebungsertrages festzuhalten. Die Bürgschaft bedarf zu ihrer Wirksamkeit der Schriftform und muss außer der Absicht, für eine fremde Schuld einzustehen, den Gläubiger (hier: der Arbeitnehmer), den Hauptschuldner (hier: der Arbeitgeber) und die verbürgte Hauptschuld (Abfindung) bezeichnen. Die Bürgschaft sollte als so genannte selbstschuldnerische Verpflichtung abgegeben werden, um dem Gläubiger im Falle der Nichtzahlung zu ersparen, zunächst gegen den Hauptschuldner gerichtlich vorzugehen.

Oft wird es zum Zeitpunkt des Abschlusses der Aufhebungsvereinbarung noch nicht möglich sein, eine solche Bürgschaftserklärung z.B. einer Bank oder Sparkasse einzuholen. Dann ist es sinnvoll, in die Vereinbarung ein ge-

1 S.o. S. 107ff. und S. 112ff.

sondertes Rücktrittsrecht einzubauen, falls nicht innerhalb einer bestimmten Frist die Vorlage einer Bürgschaft nachgewiesen wird. Eine entsprechende Klausel würde lauten:

Der Arbeitgeber verpflichtet sich, für die Zahlung der Abfindung eine selbstschuldnerische Bürgschaft beizubringen. Sollte eine entsprechende Bürgschaftsurkunde nicht bis zum ... dem Arbeitnehmer im Original vorgelegt werden, ist der Arbeitnehmer berechtigt, vom Vertrag zurückzutreten. Das Arbeitsverhältnis wird dann unverändert fortgesetzt.

Möglich wäre auch die Formulierung einer aufschiebenden Bedingung:

Der Arbeitgeber verpflichtet sich, für die Zahlung der Abfindung eine selbstschuldnerische Bürgschaft beizubringen. Der Aufhebungsvertrag tritt nur in Kraft, wenn der Arbeitgeber bis zum ... dem Arbeitnehmer eine entsprechende Bürgschaftsurkunde im Original vorlegt. Ist dies nicht der Fall, wird das Arbeitsverhältnis unverändert fortgesetzt.

6.2 Betriebliche Altersversorgung

Rechte aus betrieblicher Altersversorgung bedürfen nicht zwingend einer Einbeziehung in den Aufhebungsvertrag. Es empfiehlt sich aber bei Bestehen einer Versorgungszusage vorsorglich für den Fall, dass eine allgemeine Erledigungsklausel[2] vereinbart wird, Folgendes festzuhalten:

Durch diese Vereinbarung werden die Ansprüche und Anwartschaften des Arbeitnehmers aus der betrieblichen Altersversorgung nicht berührt.

Besteht bereits eine unverfallbare Anwartschaft, kann das gem. § 2 Abs. 6 BetrAVG gesetzlich bestehende Auskunftsrecht deklaratorisch im Aufhebungsvertrag wie folgt festgehalten werden:

Alsbald nach Beendigung des Arbeitsverhältnisses wird der Arbeitgeber dem Arbeitnehmer eine schriftliche Bestätigung darüber erteilen, ob für ihn die Voraussetzungen einer unverfallbaren betrieblichen Altersversorgung erfüllt sind und in welcher Höhe Versorgungsleistungen bei Erreichen der in der Versorgungsordnung vorgesehenen Altersgrenze beansprucht werden können.

Solche Regelungen sind nur deklaratorischer Art, d.h. sie bestätigen nur ohnehin bestehende Verpflichtungen, so dass es den Parteien des Aufhebungsvertrages überlassen bleibt, der Vollständigkeit halber solche Klauseln hinzuzufügen.

---

2 S. die obigen Ausführungen unter Kap. 5.7.1 – S. 131.

Echter Regelungsbedarf besteht allerdings dann, wenn es um die Behandlung noch nicht unverfallbar gewordener Anwartschaften im Rahmen einer Aufhebungsvereinbarung geht.

Das ist der Fall, wenn der Arbeitnehmer nach § 1 BetrAVG zum Zeitpunkt seines Ausscheidens das 35. Lebensjahr noch nicht vollendet hat und entweder die Versorgungszusage für ihn noch keine zehn Jahre bestanden hat oder seine Betriebszugehörigkeit weniger als zwölf Jahre beträgt und hierbei die Versorgungszusage noch nicht mindestens drei Jahre Bestand hatte.

Hier können die Parteien vereinbaren, dass abweichend von § 1 BetrAVG unverfallbare Ansprüche bzw. Anwartschaften auf eine betriebliche Altersversorgung begründet werden.

Eine solche Vereinbarung bewirkt aber keinen Schutz bei Insolvenz des Arbeitgebers. Der zur Absicherung der Altersversorgungen gebildete Pensions-Sicherungs-Verein ist an solche Vereinbarungen nicht gebunden,[3] wohl aber der Arbeitgeber.

Fehlen also beispielsweise dem Arbeitnehmer an dem Erreichen der Unverfallbarkeitsgrenze von zehn Jahren nur wenige Monate, so kann – gegenüber dem Arbeitgeber wirksam – Folgendes vereinbart werden:

Hinsichtlich der betrieblichen Altersversorgung wird der Arbeitnehmer so gestellt, dass diesbezüglich von einer Beendigung des Arbeitsverhältnisses mit Ablauf des 31. 12. 2005[4] ausgegangen wird.

Alternativ wäre es regelungsfähig, nur den Anspruch als unverfallbar auszugestalten, ohne – wie im vorigen Beispiel – bei der Errechnung der Anwartschaften die insoweit verlängerte Beschäftigungszeit mitzuberücksichtigen:

Abweichend von § 1 BetrAVG sind sich die Parteien einig, dass zu Gunsten des Arbeitnehmers eine unverfallbare Anwartschaft auf betriebliche Altersversorgung besteht.

Der finanzielle Wert solcher Regelungen dürfte aber durchaus zweifelhaft sein. Bloße Anwartschaften, um deren Unverfallbarkeit es hier geht, unterliegen nicht der Anpassung an die Inflationsentwicklung. Je länger die Zeit bis zur gesetzlichen Altersgrenze im konkreten Einzelfall noch währt, desto geringer sind daher die Anwartschaften zu bewerten. In den meisten Fällen dürfte es sinnvoller sein, den Gesichtspunkt des drohenden Verlustes in der betrieblichen Altersversorgung durch eine besser dotierte Abfindung auszugleichen, also diesen Aspekt als Argument für deren Anhebung zu nutzen.

3 BAG vom 19. 7. 1983, DB 1983, 2255.

4 Obwohl das Arbeitsverhältnis tatsächlich schon Monate vorher beendet wurde.

6.3 Anrechnung anderweitigen Verdienstes; Wettbewerbsverbot

Grundsätzlich gilt, dass sich der Arbeitnehmer während des Bestehens seines Arbeitsverhältnisses anderweitig erzielten Verdienst anrechnen lassen muss, es sei denn, es handelt sich um Einkünfte aus einer bloßen Nebenbeschäftigung.

Diese Anrechnung ist auch während einer Freistellungsphase vorzunehmen, die sich an eine Kündigung oder den Abschluss eines Aufhebungsvertrages anschließt. Zwar wird vertreten, dass bei einvernehmlicher unwiderruflicher Freistellung auf eine Anrechnung stillschweigend verzichtet wird, weil der Arbeitgeber damit seine Gläubigerstellung aufgegeben hat, wenn gleichzeitig eine umfassende Erledigungsklausel vereinbart wurde.[5] Allerdings hat das BAG auch entschieden, dass der Arbeitnehmer beweispflichtig dafür ist, dass abweichend von der Regel keine Anrechnung vereinbart sein soll.[6]

Es ist daher in jedem Fall anzuraten, eine klare Regelung zu treffen, wenn der Arbeitnehmer ohne Anrechnung während der Freistellungsphase hinzuverdienen darf. Im Anschluss an die Freistellungsklausel[7] könnte eine solche Regelung wie folgt lauten:

Anderweitig während der Freistellung erzielte Einkünfte des Arbeitnehmers werden auf bis zum Beendigungszeitpunkt fällige Gehaltsbezüge nicht angerechnet.

Dabei ist allerdings zu beachten, dass der Arbeitnehmer bis zur Beendigung des Arbeitsverhältnisses nicht berechtigt ist, eine Wettbewerbstätigkeit auszuüben, vgl. § 60 HGB. Dies gilt sogar, wenn der Arbeitgeber eine außerordentliche, fristlose Kündigung ausgesprochen hat.[8]

Will man diese negative Folge vermeiden, sollte die oben aufgeführte Klausel noch um den nachfolgenden Satz ergänzt werden:

Der Arbeitgeber verzichtet dabei auf die Einrede des Wettbewerbsverbots gem. § 60 HGB.

Will hingegen der Arbeitgeber den Bestand des Wettbewerbsverbots trotz ansonsten unbeschränkter Hinzuverdienstmöglichkeiten zweifelsfrei aufrechterhalten, wäre stattdessen folgende Formulierung anzubringen:

Unberührt hiervon besteht das Wettbewerbsverbot gem. § 60 HGB fort.

5 So LAG Hamm vom 27.2.1991, DB 1991, 1577; anders offenbar Bauer, Rn. 530ff.

6 S. BAG vom 6.2.1964 und vom 2.8.1971, AP Nr. 24 und 25 zu § 615 BGB; so jetzt auch LAG Thüringen vom 21.11.2000, DB 2001, S. 985.

7 S.o. Kap. 5.4.2.3, S. 125 (2. Alternative).

8 Vgl. BAG vom 25.4.1991, NZA 1992, 212, 214.

6.4 Vorzeitiges Ausscheiden und Anhebung der Abfindung

Die vorstehend möglichen Regelungen zum anrechnungsfreien Hinzuverdienst bei Freistellung unter gleichzeitigem Verzicht auf das während des Arbeitsverhältnisses bestehende Wettbewerbsverbot sind nicht nur relativ umständlich, sie haben auch den Nachteil, dass die Vertragspartei, die auf solchen Regelungen in den Verhandlungen um den Aufhebungsvertrag nachdrücklich beharrt, damit zugleich signalisiert, dass bereits eine andere (Haupt-)Erwerbsquelle zur Verfügung steht. Dies birgt wiederum die Gefahr in sich, dass sich der Arbeitgeber ggf. veranlasst sehen könnte, die weitere Entwicklung bis hin zur Auflösung des Arbeitsverhältnisses ohne Vereinbarung einfach »auszusitzen«, jedenfalls aber deutlich schlechtere Abfindungen zu zahlen.

Das Gleiche könnte eintreten, wenn der Arbeitnehmer von sich aus auf eine vorzeitige Beendigung seines Arbeitsverhältnisses drängt, ohne dass ihm dies vom Arbeitgeber explizit angeboten wurde, etwa im Anschluss an eine bereits angedrohte oder ausgesprochene fristgerechte Kündigung aus betriebsbedingten Gründen. Zwar wäre eine vorzeitige Beendigung steuerlich unproblematisch. Selbst dann, wenn die Verkürzung zu einer – in der Summe nicht notwendigerweise offen zu legenden – Erhöhung der Abfindung führt, löst dieser Gesichtspunkt keine zusätzlichen steuerlichen Belastungen aus.[9] Auch wäre in einem solchen Fall der erhöhte Abfindungsbetrag nicht der Sozialversicherungspflicht unterworfen, da es sich nach Beendigung des Arbeitsverhältnisses nicht um entgangenes Arbeitsentgelt handelt.[10]

Eine vorzeitige Beendigung unter Missachtung der für das Arbeitsverhältnis gültigen Kündigungsfristen führt allerdings im Hinblick auf das Arbeitslosengeld zu Sperr- und Ruhenszeiten.[11] Ein verständiger Arbeitnehmer wird deshalb die vorzeitige Beendigung in aller Regel nur dann in Kauf nehmen oder von sich aus in die Abfindungsverhandlungen einführen, wenn eine anderweitige Beschäftigung entweder nahtlos gesichert ist oder jedenfalls als sehr wahrscheinlich gelten kann.

In solchen Fällen ist es daher eher ratsam, einen anderen Weg einzuschlagen, der sich auch aus Sicht beider Vertragsparteien anbietet, nämlich die fristgerechte Beendigung zu den geltenden Kündigungsfristen mit der Option zu verbinden, dass der Arbeitnehmer nach Abschluss des Aufhebungsvertrages

9 Vgl. Bauer, Rn. 905, 947.

10 Vgl. BSG vom 28.1.1999; BSG vom 21.2.1990, NZA 1990, 751, 752.

11 S. dazu ausführlich unter Kap.8.2, S. 177 ff.

vorzeitig mit kurzer Ankündigungsfrist aus dem Arbeitsverhältnis ausscheiden kann.

Aus der Sicht des Arbeitnehmers ist dies stets sinnvoll, wenn bereits ein anderer Arbeitgeber gefunden wurde oder aber die Aussichten auf dem Arbeitsmarkt als nicht ungünstig eingeschätzt werden. Für den Arbeitgeber schließlich ist eine solche Regelung durchaus attraktiv, da sich dadurch die Option eröffnet, schon vor Ablauf der Kündigungsfrist ein »Personalproblem« endgültig lösen zu können. Als Anreiz für einen vorzeitigen Ausstieg wird daher in solchen Fällen regelmäßig vereinbart, dass die durch das vorzeitige Ausscheiden bis zum Beendigungszeitpunkt »ersparten« Gehaltsbezüge der Abfindung hinzugerechnet werden. In welchem Umfang dies geschieht, ist dann wiederum Verhandlungssache. Eine bloße Erhöhung um die mutmaßlichen Nettokosten dürfte argumentativ nicht zu rechtfertigen sein, da mittlerweile auch Abfindungen (fast) normal zu versteuern sind. Auch bei der Abrechnung der »ersparten« Gehälter auf der Basis der reinen Bruttovergütung bliebe unberücksichtigt, dass der Arbeitgeber für den Zeitraum der vorzeitigen Beendigung die Arbeitgeberanteile zur Sozialversicherung nicht mehr abführen muss, die er bei fristgerechter Auflösung noch an die Sozialversicherungsträger hätte entrichten müssen.

Die Belastung des Arbeitgebers mit diesen Arbeitgeberanteilen zu Sozialversicherungen wird je nach Einzelfall zwischen 20 und 25 % des vereinbarten Bruttogehalts taxiert. Diese Ersparnis könnte es mithin argumentativ rechtfertigen, die zusätzliche Abfindung bei vorzeitigem Ausscheiden um einen etwas über den eingesparten Bruttogehältern liegenden Betrag zu erhöhen.

Unabhängig von diesen im Rahmen von Verhandlungen zu erörternden Positionen könnte daher die Option des vorzeitigen Ausscheidens wie folgt vertraglich geregelt werden und zwar im Anschluss an die übliche Klausel der fristgerechten arbeitgeberseitigen veranlassten Beendigung[12]:

Der Arbeitnehmer ist berechtigt, das Arbeitsverhältnis vorzeitig durch einseitige schriftliche Erklärung gegenüber dem Arbeitgeber mit einer Ankündigung von einer/zwei Woche(n) zum jeweiligen Monatsende zu beenden. Die in Ziff. …[13] vereinbarte Abfindung erhöht sich für jeden Monat der vorzeitigen Beendigung um die hierauf entfallende Bruttovergütung zzgl. 10 %.[14] Bei vorzeitiger Beendigung wird die Gesamtabfindung in dem Monat fällig, der dem Beendigungsmonat nachfolgt.[15]

12 S.o. Kap. 5.1, S. 107 ff.

13 S.o. Kap. 5.2.1, S. 113 ff.

14 10 % sind ein Beispiel, es kann natürlich auch eine andere Größenordnung ausgehandelt werden.

15 Bei dieser Regelung des vorzeitigen Ausscheidens ist es sinnvoll, die Fälligkeitsregelung zu modifizieren und die Auszahlung nicht wie üblich zusammen mit dem letzten zu zahlenden Gehalt

6.5 Outplacement

Ein Anreiz zum vorzeitigen Ausscheiden kann auch dadurch geschaffen werden, dass in die Aufhebungsverhandlungen die Möglichkeit eines so genannten Outplacements für den betroffenen Arbeitnehmer einbezogen wird.

Unter diesen Begriff fällt die Beauftragung eines Arbeitsvermittlers bzw. eines Personalberaters mit dem Ziel, dem Arbeitnehmer qualifizierte Hilfe bei der Jobsuche anzubieten. Das Leistungsspektrum von Outplacement-Beratern reicht von der Erstellung eines Persönlichkeits- und Bewerbungsprofils bis hin zur Erarbeitung qualifizierter Bewerbungsunterlagen, dem »Coachen« bei und nach Bewerbungsgesprächen, die Vermittlung von Kontakten zu Arbeitskräfte suchenden Arbeitgebern usw. Gegenüber den oft sehr standardisierten Vermittlungsbemühungen des Arbeitsamtes steht hier also eine individuelle Hilfestellung im Vordergrund, die eine relativ hohe Erfolgsquote aufweisen soll. Allerdings hat Outplacement seinen Preis. Soll es sich um eine qualifizierte Personalberatung handeln, werden Kosten zwischen € 10000,00 und € 15000,00 (zzgl. MwSt.) und mehr veranschlagt.

Früher war es vor allem bei Führungskräften der Arbeitgeber, der mit der Beauftragung eines Outplacement-Beraters das Ziel verfolgte, eine adäquate und vor allem nahtlose Weiterbeschäftigung für den betroffenen Mitarbeiter zu finden, um eine »sanfte« Auflösung des Arbeitsverhältnisses in Form eines von allen Beteiligten getragenen Wechsel des Arbeitsplatzes zu ermöglichen. Nunmehr wird Outplacement zunehmend auch bei »normalen« Beschäftigungsverhältnissen als Erfolg versprechende Arbeitsvermittlung bemüht.

Übernimmt der Arbeitgeber – üblicherweise – die Kosten der Outplacement-Beratung, kann er die Aufwendungen hierfür als Betriebsausgaben geltend machen und von der Vorsteuerabzugsberechtigung Gebrauch machen. Erfolgt im umgekehrten Fall die Beauftragung durch den Arbeitnehmer, kann dieser zwar nicht die Möglichkeit des Vorsteuerabzuges nutzen,[16] die bei ihm anfallenden Rechnungsbeträge können aber als Werbungskosten im Rahmen des Lohnsteuerjahresausgleiches geltend gemacht werden.[17] Nach § 39a Abs. 1 Nr. 1 EStG könnte sogar vorab ein entsprechender Freibetrag auf der Lohnsteuerkarte eingetragen werden, was eine entsprechende Antragstellung

---

zu verbinden. Bei einer so kurzen Ankündigungsfrist dürfte es »technisch« oft nicht realisierbar sein, eine Auszahlung zum Monatsende auch tatsächlich zu gewährleisten.

16 Arbeitnehmer als Privatpersonen sind nicht vorsteuerabzugsberechtigt.

17 Als Werbungskosten gelten Aufwendungen des Arbeitnehmers zum Erwerb, zur Sicherung und Erhaltung seiner Einnahmen, § 9 Abs. 1 Satz 1 EStG.

beim zuständigen Finanzamt voraussetzt. Die Vereinbarung hierüber kann wie folgt lauten:

Der Arbeitgeber stellt dem Arbeitnehmer auf seine Kosten eine Outplacement-Beratung bei der Beratungsfirma ... zur Verfügung (ggf. befristet bis ...).

Wenn der Arbeitnehmer Auftraggeber ist, könnte die Klausel auch wie folgt lauten:

Der Arbeitnehmer wird bei einer Outplacement-Beratungsfirma seiner Wahl deren Beratungstätigkeit in Anspruch nehmen. Der dafür entstehende Aufwand wird vom Arbeitgeber nach Vorlage entsprechender Rechnungen ausgeglichen (bis zu einem Betrag von – z.B. – € 13 000,00 zzgl. gesetzlicher Mehrwertsteuer).

Die eigene Beauftragung durch den Arbeitnehmer ist dann vorteilhaft, wenn der Arbeitnehmer von sich aus bestrebt ist, die Outplacement-Beratung zur Optimierung seiner Arbeitsplatzsuche zu nutzen. Oft wird ein Arbeitnehmer aber zur Übernahme der doch hohen Kosten nur bereit sein, wenn hierfür der Arbeitgeber einzustehen bereit ist. Geschieht dies durch direkte Auftragserteilung des Arbeitgebers gegenüber dem Outplacement-Berater, besteht allerdings die zusätzliche Gefahr, dass steuerliche Nachteile beim Arbeitnehmer eintreten, weil diese Kostenübernahme durch den Arbeitgeber für ihn als geldwerter Vorteil gewertet werden könnte.

Dies ist zwar höchstrichterlich noch nicht abschließend geklärt, es ist jedoch sowohl vertretbar, diese Maßnahme als überwiegend im Interesse des Arbeitnehmers liegend (nämlich als Hilfe zu dessen Suche nach einem Arbeitsplatz) zu bewerten[18] als auch das Interesse des Arbeitgebers in den Vordergrund zu stellen, ohne »harte« Entlassungen durch eine private Vermittlung das Firmenimage in einem guten Licht erscheinen zu lassen und damit das Betriebsklima nicht zu gefährden.[19]

Wird vom Arbeitgeber eine Outplacement-Beratung übernommen, indem dem Arbeitnehmer das Geld hierfür gezahlt wird, hängt die steuerliche Beurteilung davon ab, ob die Beratung auch tatsächlich in Anspruch genommen wird. Dann handelt es sich um eine aus Gründen der sozialen Fürsorge erbrachte Zusatzleistung des Arbeitgebers. Wird dagegen der Betrag vom Arbeitnehmer vereinnahmt, so führt dies, wenn die entsprechende Entschädigungszahlung sich damit auf mehrere Veranlagungszeiträume erstreckt zum Wegfall der tarifbegünstigten Versteuerung der Abfindung.[20]

---

18 So Küttner-Voelzke Stichwort: Arbeitsvermittlung (private), Rn. 11.

19 So Bauer, Rn. 956c.

20 Vgl. BFH, DStR 2002, S. 257 (im Beispielsfall wurde für die Outplacement-Beratung DM 50 000,00 zzgl. MwSt. vom Arbeitgeber bezahlt).

Zur Vermeidung von Risiken ist in solchen Fällen anzuraten, dass der Arbeitgeber über eine so genannte Lohnsteueranrufungsauskunft beim Finanzamt abklärt, ob der Arbeitnehmer ggf. mit einer zusätzlichen Besteuerung rechnen muss. Eine andere Möglichkeit dürfte darin bestehen, das Outplacement arbeitgeberseits einzubinden in eine ggf. ohnehin schon länger eingeplante betrieblich veranlasste Bildungsmaßnahme, die unabhängig vom Aufhebungsvertrag und dessen Modalitäten konzipiert und gesondert vertraglich festgehalten wurde. Einzelheiten hierüber sollten dann zwischen den Vertragsparteien direkt abgeklärt werden.

6.6 Nachvertragliches Wettbewerbsverbot

Sobald ein Arbeitsverhältnis beendet ist, darf ein Arbeitnehmer Wettbewerbstätigkeit entfalten. Dies gilt selbst dann, wenn ein Arbeitnehmer der vorzeitigen Beendigung seines Arbeitsverhältnisses unter erheblicher Aufstockung seiner Versorgungsbezüge zugestimmt hat. Ist in einem solchen Fall kein wirksames nachvertragliches Wettbewerbsverbot vereinbart, ist der Arbeitnehmer frei, seine Kenntnisse und Erfahrungen ggf. im direkten Wettbewerb mit seinem früheren Arbeitgeber zu verwerten,[21] solange er dabei nicht die Verschwiegenheitspflicht verletzt.[22] Gestattet ist jede Form von Konkurrenztätigkeit, auch wenn sie den Arbeitgeber schwer treffen sollte.[23]

Um hier Vorsorge zu treffen, besteht die Möglichkeit, ein so genanntes nachvertragliches Wettbewerbsverbot zu vereinbaren. Dies geschieht oft zusammen mit der Eingehung des Arbeitsverhältnisses. Ein nachvertragliches Wettbewerbsverbot ist allerdings nur dann wirksam, wenn bestimmte Formvorschriften eingehalten und die gesetzlichen Mindestbedingungen garantiert sind.

Solche Vereinbarungen unterliegen der Schriftform, d.h. sie bedürfen der Unterschrift beider Vertragsparteien, und zwar unabhängig davon, ob das Wettbewerbsverbot nun im Arbeitsvertrag enthalten oder in einem gesonderten Dokument festgeschrieben ist.

21 BAG vom 15.6.1993, DB 1994, 887, 889.

22 Betriebs- und Geschäftsgeheimnisse (dazu zählen beispielsweise auch Kundenlisten) unterliegen auch nachvertraglich einem Verschwiegenheitsgebot: vgl. BAG vom 15.12.1987, DB 1988, 1020; BAG vom 15.6.1993, a.a.O.

23 BAG vom 15.6.1993, a.a.O.; BAG vom 19.5.1998, NZA 1999, 200.

Oft ist eine solche Vereinbarung unabhängig von der Einhaltung der Schriftform aber unwirksam, so dass sie auch im Falle eines Aufhebungsvertrages keine Wirkung entfaltet. So ist von der Nichtigkeit einer Wettbewerbsabrede auszugehen, wenn überhaupt keine finanzielle Entschädigung (so genannte Karenzentschädigung) für die Dauer des Wettbewerbsverbots vorgesehen ist. Das gilt auch, wenn erst mehrere Monate vor Beendigung des Arbeitsverhältnisses in einem Aufhebungsvertrag ein Wettbewerbsverbot vereinbart wurde. Eine für den Verlust des Arbeitsplatzes gezahlte Abfindung ist jedenfalls keine Karenzentschädigung i.S.v. § 74 Abs. 2 HGB.[24]

Grundsätzlich gilt nämlich, dass der Arbeitgeber für die Dauer des Wettbewerbsverbots, welches höchstens zwei Jahre umfassen darf, eine Entschädigung zahlen muss, die mindestens die Hälfte der vom Arbeitnehmer zuletzt erhaltenen Vergütungen ausmacht, vgl. § 74 Abs. 2 HGB. Eine Vereinbarung, die hinter diesem gesetzlichen Standard zurückbleibt, ist unverbindlich. In einem solchen Fall erwächst dem Arbeitnehmer ein Wahlrecht, ob er es bei der unverbindlichen Regelung belässt, also die Unterlassung von Wettbewerb gegen Zahlung einer untergesetzlichen Entschädigung akzeptiert oder ob er sich einseitig vom Wettbewerbsverbot lossagt, dann aber jeden Entschädigungsanspruch verliert.[25]

Bei wirksam vereinbarten Wettbewerbsverboten kann im Übrigen der Arbeitgeber durch schriftliche Erklärung gegenüber dem Arbeitnehmer hierauf verzichten. Das hat zur Konsequenz, dass der Arbeitnehmer sofort vom nachvertraglichen Wettbewerbsverbot befreit ist, der Arbeitgeber allerdings noch bis zum Ablauf eines Jahres nach Zugang seiner Erklärung beim Arbeitnehmer zur Zahlung von Wettbewerbsentschädigung verpflichtet ist. Erst nach Ablauf dieses Jahres ist er auch insoweit frei.[26]

Beträgt der Zeitraum bis zur Beendigung des Arbeitsverhältnisses mehr als ein Jahr, können die Parteien das Wettbewerbsverbot ohne Folgewirkungen nur dann beenden, wenn sie sich hierüber einig sind. Eine einvernehmliche Aufhebung des Wettbewerbsverbots ist jederzeit zulässig und bedarf keiner Schriftform.[27] Also **Vorsicht**: Das Wettbewerbsverbot kann bereits durch eine allgemeine Erledigungsklausel (wonach durch den Aufhebungsvertrag alle übrigen Ansprüche abgegolten sind) im Aufhebungsvertrag besei-

24 Vgl. BAG vom 3.5.1994, DB 1995, 50.
25 Vgl. BAG vom 22.5.1990, DB 1991, 709.
26 Vgl. ArbG Stuttgart vom 30.11.1995, NZA-RR 1996, 165.
27 Vgl. BAG vom 10.1.1989, NZA 1989, 797.

tigt werden.[28] Zur Vermeidung von Auslegungsstreitigkeiten sollte aber stets eine gesonderte ausdrückliche Vereinbarung getroffen werden. Eine entsprechende Klausel könnte hier lauten:

Mit dieser Vereinbarung wird das nachvertragliche Wettbewerbsverbot aufgehoben.

Fehlt es an einer solchen Abrede, ist bei widersprüchlichem Verhalten auch möglich, dass das Wettbewerbsverbot bestehen bleibt. Sollte dies gewollt sein, muss für den Aufhebungsvertrag empfohlen werden, sich folgender Klausel zu bedienen:

Das vereinbarte nachvertragliche Wettbewerbsverbot wird durch den Abschluss dieses Aufhebungsvertrages nicht berührt.

Steuerliche Konsequenzen kann es allerdings haben, wenn ein Arbeitnehmer beim Ausscheiden aus dem Unternehmen bei gleichzeitiger Vereinbarung eines Wettbewerbsverbots hierfür eine Abfindung erhält. Insoweit handelt es sich dann bei der hierauf bezogenen Leistung nicht um eine Entlassungsentschädigung i.S.v. § 24 Nr. 1 EStG, sondern um eine wie üblich zu versteuernde Leistung i.S.v. § 22 Nr. 3 EStG.[29]

Zudem sind bei der steuerlichen Bewertung einer solchen Leistung alle Umstände im Rahmen einer Gesamtwürdigung einzubeziehen; ob nämlich eine im Aufhebungsvertrag vereinbarte Abfindung als Entschädigung für das Wettbewerbsverbot anzusehen ist oder ob diese nur die Gelegenheit bieten sollte, das Wettbewerbsverbot abzugelten.[30]

6.7 Rückzahlungsverpflichtungen bei vorangegangener Aus- und Fortbildung

Haben Arbeitgeber und Arbeitnehmer ausdrücklich vereinbart, dass Kosten für eine durchlaufene Aus- oder Fortbildungsmaßnahme bei vorzeitiger Beendigung des Arbeitsverhältnisses zurückzuzahlen sind, muss von der grundsätzlichen Zulässigkeit solcher Abreden ausgegangen werden.

28 So jetzt BAG vom 31.7.2002, 10 AZR 558/01, wobei allerdings aus den Umständen vor oder bei Abschluss des Vergleichs oder dem Verhalten der Parteien danach auch eine andere Auslegung nicht ausgeschlossen ist; a.A. LAG Baden-Württemberg vom 22.9.1995, NZA-RR 1996, 163.

29 So BFH vom 21.9.1982, BStBl. II 1983, 289.

30 Zu den Einzelheiten vgl. Küttner-Thomas, Stichwort: Wettbewerbsverbot, Rn. 49 m.w.N.

Allerdings kann eine solche Vereinbarung auch zu einer übermäßigen Beeinträchtigung des Grundrechts des Arbeitnehmers auf freie Wahl seines Arbeitsplatzes gem. Art. 12 Abs. 1 Satz 1 GG führen, etwa wenn für die Abwendung der Rückzahlungsverpflichtung nach Beendigung der Ausbildung übermäßig lange Fristen gelten sollen. Nach der Rechtsprechung des BAG betragen die Bindungsfristen bei solchen Ausbildungsmaßnahmen, die auch für den Arbeitnehmer einen echten geldwerten, d.h. beruflich nutzbaren Vorteil bieten und die nicht ausschließlich auf betriebliche Bedürfnisse ausgerichtet sind,[31] längstens 36 Monate (bei einer Lehrgangsdauer von sechs Monaten bis zu einem Jahr).[32] Es bedarf somit stets der genauen Prüfung des Einzelfalles, ob eine konkrete Rückzahlungsklausel gegen Treu und Glauben verstößt, also unwirksam ist oder nicht. Ein besonderes Problem ist noch darin zu sehen, dass das BAG wegen zu langer Bindungsfrist unzulässige Klauseln auf das rechtlich noch erlaubte Maß begrenzt und damit die Klauseln wenigstens zum Teil aufrechterhält.[33]

Die Rückzahlungspflicht selbst entsteht – bei wirksamer Klausel – nicht nur durch Kündigung des Arbeitnehmers, sondern auch, wenn ausschließlich auf dessen Wunsch ein Aufhebungsvertrag in seinem Interesse zustande kommt.[34] Die Rückzahlung entfällt dagegen, wenn der Arbeitgeber betriebsbedingt kündigt oder der Arbeitnehmer aus wichtigem Grund berechtigt ist, das Arbeitsverhältnis fristlos zu kündigen, wobei die Gründe hierfür aus der Sphäre des Arbeitgebers stammen müssen.[35]

Das bedeutet, dass sich der Arbeitnehmer für den Fall der Aufnahme von Aufhebungsverhandlungen zunächst darüber unterrichten muss, ob die Rückzahlungsklausel überhaupt wirksam ist. Kommt es dann zum erfolgreichen Abschluss einer Aufhebungsvereinbarung mit allgemeiner Erledigungsklausel, ist es dem Arbeitgeber im Nachhinein verwehrt, seinen Rückzahlungsanspruch noch geltend zu machen. Hat der Arbeitgeber dies indes bedacht, wird er vermutlich die Rückzahlungsverpflichtung als Argument benutzen, Abfindungswünsche des Arbeitnehmers der Höhe nach zu begrenzen. Kommt es trotz dieser gegenläufigen Interessen zu einer abschließenden Verständigung,

---

31 Vgl. BAG vom 30. 11. 1994, AP Nr. 20 zu § 611 BGB Ausbildungsbeihilfe; ErfK-Preis, § 611 BGB, Rn. 557 ff. m.w.N.

32 Vgl. BAG vom 6. 12. 1995, AP Nr. 22 und 23 zu § 611 BGB Ausbildungsbeihilfe.

33 So genannte geltungserhaltende Reduktion: vgl. BAG vom 6. 9. 1995, AP Nr. 23 zu § 611 BGB Ausbildungsbeihilfe.

34 Vgl. LAG Köln vom 10. 9. 1992, BB 1993, 222.

35 ErfK-Preis, § 611 BGB, Rn. 563.

ist es sinnvoll, den Wegfall der Rückzahlungsverpflichtung auch vertraglich festzuhalten:

Die Rückzahlungsverpflichtung des Arbeitnehmers aus der Ausbildungsvereinbarung vom … entfällt mit Abschluss dieses Aufhebungsvertrages.

6.8 Dienstwagen

Insbesondere für Außendienstmitarbeiter und Kundendiensttechniker wird in aller Regel ein Dienstwagen zur Verfügung gestellt. Dies gilt in zunehmendem Maße auch für Führungskräfte und andere Mitarbeiter. In diesen Fällen ist typischerweise meist auch die private Nutzung des Kraftfahrzeugs gestattet. Dann wird die für private Zwecke mögliche Nutzung des Fahrzeuges Teil der geschuldeten Vergütung und zwar in Form einer so genannten Naturalentlohnung.[36]

Zu prüfen ist, was aus dem Dienstwagen wird, wenn im Vorfeld von Aufhebungsverhandlungen das Arbeitsverhältnis in die Krise gerät. Man muss davon ausgehen, dass die Herausgabe des Dienstfahrzeugs generell trotz Streits über die Kündigung erfolgen muss, es sei denn, die Kündigung ist offensichtlich unwirksam und ein Urteil I. Instanz zur Unwirksamkeit der Kündigung liegt vor.[37] Hat sich der Arbeitgeber die entschädigungslose Rückgabe für den Fall der Freistellung von den dienstlichen Verpflichtungen im Arbeitsvertrag vorbehalten, wird eine solche Klausel für wirksam erachtet.[38] Der Arbeitnehmer hat dann das Fahrzeug also herauszugeben. Fehlt es an einer solchen Regelung, so ist die Naturalvergütung weiterhin auch für den Fall der Freistellung geschuldet. Entzieht der Arbeitgeber dennoch dem Arbeitnehmer die Möglichkeit der – auch privaten Nutzung – des Dienstwagens, macht er sich schadensersatzpflichtig. Bei der Rückgabe des Fahrzeugs, die vom Arbeitgeber meist parallel zum Ausspruch einer Kündigung gefordert wird, sollte der Arbeitnehmer daher vorsorglich, wenn er den Wagen übergibt, dem Arbeitgeber gegenüber eine schriftliche Erklärung abgeben mit dem Inhalt, dass er sich deswegen entsprechende Ersatzansprüche vorbehält.

Bei Entzug der Privatnutzung ist hierfür eine Nutzungsentschädigung zu leisten. Deren Höhe soll sich nach einer neueren Entscheidung des BAG[39] auf

36 Vgl. BAG vom 23. 6. 1994, NZA 1994, 1128.
37 So ausdrücklich LAG München vom 11. 9. 2002, NZA-RR 2002, S. 636.
38 Vgl. ErfK-Preis, § 611 BGB Rn. 660.
39 Vgl. BAG vom 27. 5. 1999, NJW 1999, 3507.

den Geldbetrag beschränken, der in der Gehaltsabrechnung üblicherweise als Posten für die steuerliche Bewertung der privaten Nutzungsmöglichkeit ausgewiesen ist. Damit entfallen Abrechnungsmöglichkeiten auf der Basis der Tabellen Sanden/Danner/Küppersbusch oder der ADAC-Tabelle,[40] es sei denn, dem Arbeitnehmer gelingt es, einen höheren Schaden auch tatsächlich konkret darzulegen und im Bestreitensfalle beweisen zu können. Beschränkt sich der Arbeitnehmer auf die steuerrechtlichen Pauschalwerte, so wird die so genannte 1 %-Methode angewendet.[41] Das bedeutet, dass der Arbeitnehmer 1 % des inländischen Listenpreises des Dienstwagens zugrunde legen kann, der sich nach dem Neuwert des Kfz im Zeitpunkt der Erstzulassung zzgl. etwaiger Aufwendungen für Sonderausstattungen (jeweils inkl. MWSt.) bemisst. Diese 1 %-Neuwert-Regelung gilt auch bei gebraucht erworbenen oder zwar neuen, aber mit erheblichen Rabattvorteilen erstandenen Fahrzeugen.

Bei Aufhebungsverhandlungen sind eine Reihe von Lösungsvarianten denkbar.

Soll das Fahrzeug sofort herausgegeben werden, beispielsweise weil der Arbeitgeber das Fahrzeug aus betrieblichen Gründen schnell wieder einsetzen will, kann Folgendes vereinbart werden:

Der Arbeitnehmer ist verpflichtet, das dem Unternehmen gehörende Kfz mit dem amtlichen Kennzeichen … einschließlich sämtlicher Fahrzeugpapiere und Schlüssel sowie sonstigem Zubehör unverzüglich, spätestens bis zum … herauszugeben. Die Herausgabe hat am Sitz des Unternehmens stattzufinden.

Lässt sich der Arbeitnehmer hierauf nicht ohne das Verlangen auf Schadensersatz ein, kann auch hierfür eine gesonderte Regelung mit Entschädigung getroffen werden. Dabei sollte deren Höhe betragsmäßig festgehalten werden und zwar mit folgendem, an die obige Klausel anschließenden Satz:

Als Entschädigung hierfür erhält der Arbeitnehmer eine Ausgleichszahlung in Höhe von € ….

Angesichts der Schwierigkeiten, ob und in welcher Höhe eine Entschädigung im Zweifelsfall geschuldet ist, wäre es natürlich auch denkbar, den vorzeitigen Verlust der Privatnutzungsmöglichkeit als Forderungsposten seitens des Arbeitnehmers in die Verhandlungen über die Abfindungshöhe einzubeziehen.

Darüber hinaus ist der Arbeitnehmer aber auch oft an der Übernahme, d.h. dem käuflichen Erwerb des Fahrzeugs interessiert.

40 Anders noch BAG vom 23.6.1994, DB 1994, 2239.

41 Vgl. Abschnitt 31 Abs. 7 der Lohnsteuerrichtlinien. (Sollte sich die Versteuerung der Privatnutzung auf 1,5 % erhöhen, ist entsprechend dieser Prozentsatz zugrunde zu legen).

Da die Schenkung des Fahrzeugs beim Arbeitnehmer als geldwerter Vorteil zu versteuern wäre und dies im Übrigen auch auf wenig Interesse beim Arbeitgeber stoßen dürfte, sollten sich die Parteien auf eine Schätzung des Wertes durch einen anerkannten Sachverständigen einigen oder jedenfalls den so genannten Buchwert zugrunde legen. Eine entsprechende Klausel lautet:

Das Eigentum an dem Fahrzeug mit dem amtlichen Kennzeichen ... wird auf den Arbeitnehmer Zug um Zug gegen Zahlung des Kaufpreises übertragen. Der Kaufpreis bemisst sich gemäß Sachverständigengutachten vom ... (nach dem Buchwert) auf € ... einschließlich Mehrwertsteuer.

Hat der Arbeitnehmer bei der Überlassung des Dienstwagens sein Privatfahrzeug abgeschafft und seinen Schadensfreiheitsrabatt bei seiner Kfz-Versicherung dem Unternehmen zugute kommen lassen, darf nicht vergessen werden, die Rückübertragung des Schadensfreiheitsrabattes im Aufhebungsvertrag ausdrücklich zu regeln.

6.9 Handy, Laptop, PC

Ist dem Arbeitnehmer ein Handy überlassen worden, sei es als reines Mobiltelefon oder als Autotelefon, so gelten entsprechende Regelungen wie beim Dienstwagen. Eine Herausgabe wird der Arbeitnehmer im Zweifelsfall, wenn die Geräte im Eigentum des Unternehmens stehen, kaum verweigern können. Durfte er mit dem Handy allerdings auch privat telefonieren, ist Schadensersatz für die entgangene Privatnutzung geschuldet. Hier ist es sinnvoll, sich auf eine pauschale finanzielle Abgeltung zu verständigen.

Gleiches gilt für Laptop und PC, soweit diese außerhalb des Betriebes durch den Arbeitgeber zur Verfügung gestellt wurden und auch hier einer privaten Nutzungsmöglichkeit unterfielen.

6.10 Werkswohnung

Ist im Zusammenhang mit dem Arbeitsverhältnis zugleich eine Wohnung vermietet worden, sind bei Aufhebungsverhandlungen hierzu ebenfalls Regelungen zu treffen.

Dabei hängen die Gestaltungsmöglichkeiten oft davon ab, welchen Charakter das Rechtsverhältnis über die Wohnung hat.

Das Gesetz unterscheidet zwischen Werkmietwohnungen gem. § 576 BGB und Werkdienstwohnungen gem. § 576b BGB.

Bei der Werkmietwohnung liegen zwei getrennte Rechtsverhältnisse vor, nämlich Arbeitsvertrag und Mietvertrag jeweils unabhängig davon, dass das Mietverhältnis mit Rücksicht auf das bestehende Arbeitsverhältnis zustande gekommen ist. Bei Werkmietwohnungen ist ferner zu unterscheiden, ob es sich um ein übliches Werkmietwohnungsverhältnis oder um ein so genanntes funktionsgebundenes Werkmietwohnungsverhältnis handelt. Letzteres ist gegeben, wenn wegen des Arbeitsverhältnisses die Überlassung von Wohnraum in unmittelbarer Beziehung oder Nähe zum Arbeitsplatz erforderlich ist, wobei beispielhaft auf Vermietungen an Hausmeister, Hausverwalter, Pförtner, Betriebshandwerker mit Rufbereitschaft usw. zu verweisen ist. Wird ein solches funktionsgebundenes Werkmietverhältnis begründet, gelten verkürzte Kündigungsfristen, falls der Wohnraum für einen anderen neuen funktionsgebundenen Mitarbeiter benötigt wird. Die Kündigungsfrist beträgt hier nach § 576 Satz 1 Nr. 2 BGB nur einen Monat, wobei es sogar ausreicht, wenn die Kündigungserklärung spätestens am dritten Werktag des entsprechenden Kalendermonats dem Mieter/Arbeitnehmer zugeht. Außerdem hat in diesem Fall der Arbeitnehmer als Mieter kein Widerspruchsrecht. Handelt es sich um eine einfache bzw. normale Werkmietwohnung, gelten hingegen die längeren gesetzlichen Fristen des Mietrechts. Der Mietvertrag endet in beiden vorgenannten Fällen nicht automatisch mit dem Ende des Arbeitsvertrages, sondern es bedarf stets einer eigenen Kündigung des Mietverhältnisses.

Ein Werkdienstwohnungsvertrag liegt vor, wenn der Wohnraum selbst im Rahmen des Arbeitsverhältnisses (z.B. um die ständige Rufbereitschaft am Ort des Betriebes zu gewährleisten) überlassen wurde und neben dem Arbeitsvertrag kein gesonderter Mietvertrag abgeschlossen wurde. Nicht notwendig, aber regelmäßig ist hier die Überlassung der Wohnung Teil der Arbeitsvergütung. Dabei kann die Wohnung nicht selbständig unter Aufrechterhaltung des Arbeitsverhältnisses gekündigt werden, weil dies eine unzulässige Teilkündigung darstellen würde.[42] Mit Beendigung des Arbeitsvertrages entfällt grundsätzlich das Nutzungsrecht an der Werkdienstwohnung. Ein Mieterschutz besteht mithin nicht. Das gilt nach dem ausdrücklichen Wortlaut des § 576b BGB aber nicht, wenn der Arbeitnehmer den Wohnraum ganz oder überwiegend mit eigenen Einrichtungsgegenständen ausgestattet hat (es sich also nicht um eine möblierte Wohnung bzw. ein möbliertes Zimmer handelt) oder er mit seinen Familienangehörigen in der überlassenen Wohnung einen eige-

42 BAG vom 23. 8. 1989, NZA 1990, 191.

nen Hausstand führt. In diesem Fall gelten die oben dargelegten Vorschriften für die so genannte funktionsgebundene Werkmietwohnung.

Praktischer Regelungsbedarf besteht insbesondere bei Beendigung des Arbeitsverhältnisses im Hinblick auf den konkreten Auszugstermin, Fragen der Nebenkostenabrechnung sowie die Behandlung von Schönheitsdekorationen und eventuellen Reparaturen. Auch kommt bei so genannten einfachen Dienstwohnungen auch eine Fortsetzung des Mietverhältnisses trotz Beendigung des Arbeitsverhältnisses in Betracht. Im Aufhebungsvertrag können also beispielsweise folgende Regelungen getroffen werden:

Der Arbeitnehmer verpflichtet sich, die ihm überlassene Wohnung in …, Straße …, Stockwerk … bis spätestens zum … vollständig geräumt an den Arbeitgeber zu übergeben. Eine Verpflichtung zur Schlussdekoration besteht nicht. Der Arbeitgeber wird über die Betriebs- und Heizkosten bis spätestens Ende des 1. Quartals des Folgejahres abschließend abrechnen.

Soll das Mietverhältnis weitergeführt werden, lässt sich folgende Regelung treffen:

Die Parteien sind sich einig, dass unabhängig von der Auflösung des Arbeitsverhältnisses ein Mietverhältnis über die bereits überlassene Wohnung in …, Straße …, Stockwerk … fortgesetzt wird. Der Mietzins beträgt € … zzgl. Vorauszahlungen auf die Betriebs- und Heizkosten gem. § 28 II. BVO in Höhe von zurzeit € … Im Übrigen bleibt der Mietvertrag vom … aufrechterhalten.[43]

6.11 Erstattung von Arbeitslosengeld bei »Gleichwohlgewährung« und sonstige Ansprüche

Wird dem Arbeitnehmer gekündigt, muss er sich bei Ablauf der Kündigungsfrist zunächst arbeitslos melden, um Arbeitslosengeld zu erlangen. Ist es sogar zu einer außerordentlichen fristlosen Kündigung gekommen, ist der Arbeitnehmer auf das Arbeitslosengeld angewiesen, da sich oft erst Monate, manchmal sogar Jahre später herausstellt, dass der Arbeitgeber doch zur Gehaltszahlung verpflichtet war, weil die Kündigung zu Unrecht ausgesprochen wurde. Relativ unproblematisch kann der Arbeitnehmer in solchen Fällen Arbeits-

43 Sollte es sich um eine nicht eigenständig vermietete Werkdienstwohnung i.S.v. § 576b BGB handeln, wäre bei einer Fortsetzung der Überlassung des Wohnraums ein gesonderter Mietvertrag abzuschließen, dessen einzelne Regelungen hier nicht vorgezeichnet werden können.

losengeld im Wege der so genannten »Gleichwohlgewährung« nach § 143 Abs. 3 SGB III erhalten.

In Höhe des geleisteten Arbeitslosengeldes gehen die Ansprüche des Arbeitnehmers gegen seinen Arbeitgeber auf Zahlung des Entgelts im Wege des gesetzlichen Forderungsübergangs auf die Bundesanstalt für Arbeit über.

Konsequenz dessen ist zunächst, dass nach Obsiegen mit der Kündigungsschutzklage Gehaltsansprüche nur abzüglich des genau zu beziffernden Arbeitslosengeldes eingeklagt werden dürfen. Vergleiche, in denen über solche Gehaltsansprüche verfügt wird, können unwirksam sein, wenn hierbei der Forderungsübergang nicht beachtet wurde.[44] Kommt es nun aufgrund der gewonnenen Kündigungsschutzklage zu einer Rückabwicklung, soll nach ständiger Rechtsprechung des Bundessozialgerichts zwar die mit der ursprünglichen Bewilligung des Arbeitslosengeldes verbundene Kürzung (Minderung) der Anspruchsdauer entfallen, wenn und soweit der Arbeitgeber das ausgezahlte Arbeitslosengeld auch tatsächlich gegenüber dem Arbeitsamt erstattet.[45] Das gilt aber nicht für sonstige Wirkungen der Gleichwohlgewährung aufgrund der Bewilligung des Arbeitslosengeldes zu Beginn des Kündigungsschutzprozesses. So bleibt die »frühe Arbeitslosmeldung«erhalten, d.h. bezieht sich die Höchstdauer des Arbeitslosengeldes auf die zu diesem Zeitpunkt erreichte Beschäftigungsdauer und das gegebene Lebensalter. Auch kann das spätere Arbeitslosengeld in der Höhe niedriger ausfallen, wenn der Bemessungszeitraum sich auf die letzten 52 Wochen vor der – unwirksamen – Kündigung bezieht und hier geringeres Arbeitsentgelt erzielt wurde.[46]

Deshalb ist eine Ausgleichsklausel in solchen Fällen schädlich, da für diese beschriebenen negativen Folgen der Arbeitgeber Schadensersatz schuldet, wenn er rechtswidrig und schuldhaft gekündigt hat. Eine Erledigungsklausel führt dann dazu, dass die Möglichkeit Schadensersatz durchzusetzen, versperrt ist. In solchen Fällen empfiehlt sich daher, wenn dies verhandlungstaktisch durchsetzbar ist, eine Klausel aufzunehmen, die zunächst die Rückzahlungsverpflichtung des Arbeitslosengeldes positiv regelt und dies wegen der anderen Wirkungen der »Gleichwohlgewährung« um weitere Punkte zu ergänzen:

Der Arbeitgeber ist verpflichtet, gegenüber der Bundesanstalt für Arbeit die an diese übergegangenen Gehaltsansprüche in Höhe des gezahlten Arbeitslosengeldes vollständig zu erstatten.

---

44 Vgl. Valgolio, RA 2001, S. 322, 323f.; Schmidt, NZA 2002, S. 1380, 1381 m.w.N.

45 Vgl. BSG NZA 1988, S. 330, 332.

46 BSG, a.a.O.; BSG NZA 1988, S. 333, 335; krit. Schmidt, NZA 2002, S. 1380, 1382.

Ferner sollte wegen der Schadensersatzproblematik Folgendes ergänzend angeführt werden:

Für Einbußen des Arbeitnehmers, die ihm bei weiterem Bezug von Entgeltersatzleistungen aus der Arbeitslosenversicherung deshalb entstehen, weil es förderungsrechtlich auf den Zeitpunkt der erstmaligen Arbeitslosmeldung ankommt, wird der Arbeitgeber im Umfang der eintretenden Einbußen Schadensersatz leisten, sobald ihm der Arbeitnehmer den entsprechenden Schaden nachgewiesen hat.

6.12 Erstattung von Arbeitslosengeld bei älteren Arbeitnehmern

Eine besondere Situation kann sich im Zuge von Aufhebungsverhandlungen dann einstellen, wenn der Arbeitgeber nicht bereit ist, das Risiko der Erstattung von Arbeitslosengeldern gegenüber dem Arbeitsamt zu übernehmen.

Die Vorschrift des § 147a SGB III kann bei Arbeitnehmern, die im Zeitpunkt des Eintretens der Arbeitslosigkeit das 56. Lebensjahr vollendet haben, dazu führen, dass die gewährten Arbeitslosengelder für die Zeit nach dem 58. Lebensjahr vom Arbeitgeber zu übernehmen sind. Der ursprüngliche Gesetzestext fand sich in § 128 AFG, wobei mit der Wiedereinführung der Erstattungsregelung das Ziel verfolgt wird, eine in vergangenen Jahren oft praktizierte Frühverrentung älterer Arbeitnehmer zu Lasten der Versichertengemeinschaft zurückzudrängen und die Sozialversicherung nicht mit den finanziellen Folgen massenhafter Frühverrentungen zu belasten. Die Vorschrift greift allerdings nur in Betrieben, die regelmäßig mehr als 21 Arbeitnehmer beschäftigen und wenn im Übrigen keine sozial gerechtfertigte Kündigungsmöglichkeiten sowohl aus betrieblichen Gründen (vgl. § 147a Abs. 1 Satz 2 Nr. 4 SGB III) und auch keine Möglichkeiten gegeben waren, das Arbeitsverhältnis aus wichtigem Grund (vgl. § 147a Abs. 1 Satz 2 Nr. 5 SGB III) zu beenden. Ferner entfällt die Erstattungsmöglichkeit, wenn die Aufhebung des Arbeitsverhältnisses mit dem älteren Arbeitnehmer im Zusammenhang mit einem drastischen Personalabbau erfolgte.

Die Vorschrift ist außerordentlich schwer handhabbar, so dass durchaus nachvollziehbar ist, wenn arbeitgeberseits dieses Risiko gescheut wird. Auf der anderen Seite kann der Arbeitnehmer an einer Aufhebung des Arbeitsverhältnisses vor Eintritt in den Ruhestand interessiert sein. Möglicherweise kommt er auch im Rahmen seiner hierzu unbedingt einzuholenden rechtlichen Beratung zu dem Schluss, dass dem Arbeitgeber bei verständiger Berücksichtigung der Rechtslage tatsächlich keine Heranziehung zur Erstattung des Arbeitslosengeldes droht. Auch ist nicht auszuschließen, dass der Arbeitnehmer gar nicht beabsichtigt, sich arbeitslos zu melden, da er entweder anderweitig versorgt ist oder beispielsweise damit rechnet, in Kürze die Voraussetzungen einer Rente wegen Erwerbsunfähigkeit zu erfüllen. In solchen Fällen kann es sinnvoll sein, dass der Arbeitnehmer, um zu einer Risikoentlastung des Arbeitgebers beizutragen, durch eine entsprechende vertragliche Regelung eventuelle Erstattungsbeträge übernimmt. Das BAG hat mit Urteil vom 25. 1. 2000[47] entschieden, dass es zulässig ist, etwaige Rückforderungen des Arbeitsamtes mit in dem konkreten Fall vereinbarten Überbrückungszahlungen des Arbeitgebers zu verrechnen bzw. diese entsprechend zu kürzen.

Eine entsprechende vertragliche Regelung könnte wie folgt lauten:

Für den Fall, dass der Arbeitnehmer Arbeitslosengeld in Anspruch nimmt und der Arbeitgeber deshalb nach § 147a SGB III rechtmäßig von der Bundesanstalt für Arbeit zur Erstattung herangezogen wird, verpflichtet sich der Arbeitnehmer, dem Arbeitgeber die entsprechenden Beträge zu ersetzen.

Hat die Prüfung der Rechtslage im Rahmen der vom Arbeitnehmer eingeholten Beratung ergeben, dass ein dennoch vom Arbeitsamt erlassener Bescheid über die Erstattung von Arbeitslosengeldern mit Erfolg angefochten werden kann, sollte auch noch die Möglichkeit der Einlegung von Rechtsmitteln in die Vereinbarung aufgenommen werden. Die obige Regelung ließe sich also wie folgt ergänzen:

Für den Fall der Heranziehung zur Erstattung von Arbeitslosengeldern durch Bescheid des Arbeitsamtes verpflichtet sich der Arbeitgeber, den Arbeitnehmer hiervon zu unterrichten und die erforderlichen Rechtsmittel einzulegen. Die Ersatzpflicht des Arbeitnehmers tritt erst ein, wenn der Erstattungsbescheid der Bundesanstalt für Arbeit rechtskräftig wird.

6.13 Arbeitspapiere und gegenseitige Informationspflichten bei Auskünften gegenüber Dritten

Mit dem Zeitpunkt der Beendigung des Arbeitsverhältnisses ist der Arbeitgeber verpflichtet, die so genannten Arbeitspapiere herauszugeben. Es handelt sich dabei insbesondere um die Lohnsteuerkarte, das Sozialversicherungs-

47 Vgl. BAG vom 25. 1. 2000, NZA 2000, 886ff.

nachweisheft, evtl. um eine Arbeitsbescheinigung nach § 312 Abs. 1 SGB III und ggf. eine Urlaubsbescheinigung bei Beendigung des Arbeitsverhältnisses im Verlaufe eines Kalenderjahres (vgl. § 6 Abs. 2 BUrlG). Da die ordnungsgemäße Erstellung der Arbeitspapiere ebenso zu den Pflichten des Arbeitgebers gehört wie deren Herausgabe, ist eine gesonderte Regelung im Aufhebungsvertrag nicht geboten. Es kann aber Sinn machen, auf die Herausgabe der Arbeitspapiere und deren Inhalt im Aufhebungsvertrag Bezug zu nehmen, wenn sich die Parteien zugleich verpflichten wollen, etwaige Auskünfte an Dritte, etwa an das Arbeitsamt oder andere Behörden auf das zu beschränken, was im Aufhebungsvertrag und dem in diesem Zusammenhang erstellten Zeugnis enthalten ist.

Eine entsprechende Klausel könnte lauten:

Der Arbeitgeber verpflichtet sich, unverzüglich nach Beendigung des Arbeitsverhältnisses dem Arbeitnehmer die vollständigen Arbeitspapiere auszuhändigen und die Arbeitsbescheinigung nach § 312 SGB III nach deren Vorlage unverzüglich ausgefüllt dem Arbeitsamt zuzuleiten. Im Übrigen verpflichten sich die Parteien, über den Inhalt dieser Aufhebungsvereinbarung Stillschweigen zu bewahren, soweit nicht Auskunftsverpflichtungen gegenüber Dritten aufgrund gesetzlicher Bestimmungen bestehen.

Die letztere Formulierung ist insbesondere dann sinnvoll, wenn im Vorfeld der Aufhebungsverhandlungen heftige Vorwürfe, ggf. mit kündigungsrechtlicher Relevanz ausgetauscht wurden und äußerer Auslöser der Aufhebungsverhandlungen waren. Gesetzliche Auskunftsansprüche bestehen insbesondere seitens des Arbeitsamtes, wenn der Arbeitnehmer nach Beendigung des Arbeitsverhältnisses Arbeitslosengeld beantragt. Wegen der außerordentlichen Komplexität der rechtlichen Bestimmungen dürfte es angesichts der einzuholenden Auskünfte einer sachgerechten Herangehensweise entsprechen, wenn sich Arbeitgeber und Arbeitnehmer verpflichten, entsprechende Auskünfte, die erteilt werden sollen, untereinander auszutauschen. Selbstverständlich sind beide Parteien dabei an die Wahrheitspflicht gebunden.

Ggf. kann es sogar gerechtfertigt sein, bestimmte Sprachregelungen für Auskünfte nach außen zu verabreden, um Unruhe im Unternehmen, ggf. aber auch im Kundenkreis zu verhindern.[48] Ob es sinnvoll ist, solche Abreden über bestimmte Sprachregelungen unmittelbar im Aufhebungsvertrag zu treffen, sei dahingestellt. Sollte sich aber im Zuge der Aufhebungsverhandlungen ein gemeinsames Vertrauen herausstellen, dürfte es in solchen Fällen durchaus ausreichend sein, sich hierüber direkt zu verständigen. Zum notwendigen Inhalt von Aufhebungsverträgen gehören solche Verabredungen jedenfalls nicht.

48 Vgl. Bauer, Rn. 1199, 1200, 1201.

6.14 Klagerücknahme und Kostenverteilung

Wenn zwischen den Parteien nach vorangegangener Kündigung noch ein Arbeitsrechtsstreit schwebt, der durch den Abschluss des Aufhebungsvertrages obsolet geworden ist, haben die Parteien die Möglichkeit, den Aufhebungsvertrag selbst vor Gericht als Vergleich zu protokollieren. Es wird dann in aller Regel eine Kostenverteilung entsprechend der gesetzlichen Regelung erfolgen, wonach jede Partei ihre außergerichtlichen Kosten selbst trägt. Dies ist die automatische Rechtsfolge aus § 12a Abs. 1 ArbGG, sofern das Verfahren noch in 1. Instanz anhängig ist. Die Gerichtskosten werden dann geteilt, so dass jede Seite die Hälfte übernimmt. Verzichten beide Parteien indes auf die gerichtliche Protokollierung des Aufhebungsvertrages als Vergleich, kann auch außergerichtlich der Aufhebungsvertrag durch beiderseitige Unterschrift entweder der Parteien selbst oder ihrer Bevollmächtigten wirksam zustande kommen. Dann macht es Sinn, dass die Arbeitnehmerseite die Verpflichtung übernimmt, die Kündigungsschutzklage (oder ein anderes in diesem Zusammenhang anhängig gemachtes Verfahren) zurückzunehmen.

Dies wäre dann wie folgt zu formulieren:

Der Arbeitnehmer verpflichtet sich, die beim Arbeitsgericht (oder LAG/BAG) anhängige Klage unter der Geschäfts-Nr. ... zurückzunehmen. Jede Partei trägt ihre außergerichtlichen Kosten selbst, die Gerichtskosten werden geteilt.[49]

6.15 Übernahme von Anwaltskosten

Haben die Parteien ihre Aufhebungsverhandlungen vorangebracht, kann es in manchen Fällen sinnvoll und durchsetzbar sein, den Arbeitgeber zur Erstattung der Anwaltskosten des Arbeitnehmers zu verpflichten, insbesondere dann, wenn der Arbeitnehmer nicht über eine Rechtsschutzversicherung verfügt. Wenn sich der Arbeitgeber im Rahmen der Verhandlungen überhaupt hierauf einlässt, wird er in aller Regel darauf bestehen, dass der zugrunde zu legende Streitwert und die Höhe des Gebührenansatzes vertraglich festgelegt werden. Eine solche Regelung könnte lauten:

Der Arbeitgeber erstattet die dem Arbeitnehmer entstandenen Anwaltskosten auf der Grundlage eines Gegenstandswertes von € .... Erstattet werden 30/10 Gebühren zzgl. Auslagen und Mehrwertsteuer.

---

49 Hierfür wird auch oft die Formulierung verwandt »Die Kosten werden gegeneinander aufgehoben«.

6.16 Salvatorische Klausel

Oft wird am Ende von Aufhebungsverträgen eine Salvatorische Klausel eingefügt. Diese besagt, dass der Aufhebungsvertrag auch dann Bestand hat, wenn einzelne seiner Regelungen gesetzeswidrig sein sollten. Dies macht vor dem Hintergrund von § 139 BGB Sinn, wonach das ganze Rechtsgeschäft als nichtig anzusehen wäre, auch wenn nur ein Teil des Rechtsgeschäfts nichtig ist, es sei denn, das Rechtsgeschäft wäre auch ohne den nichtigen Teil vorgenommen worden. Dies eröffnet Auslegungsspielräume, wobei auf den mutmaßlichen Parteiwillen abzustellen ist. Da Salvatorische Klauseln jedoch einschränkend auszulegen sind, wenn sich ein wesentlicher Vertragsbestandteil als nichtig herausstellen sollte,[50] wird sich in aller Regel auch im Falle der Teilnichtigkeit ein möglicherweise langwieriger Rechtsstreit um die Ermittlung des mutmaßlichen Parteiwillens bzw. die Auslegung des Aufhebungsvertrages kaum vermeiden lassen. Eine entsprechende Salvatorische Klausel könnte wie folgt lauten:

Im Falle der Unwirksamkeit einer Bestimmung dieses Aufhebungsvertrages führt dies nicht zur Unwirksamkeit der Vereinbarung insgesamt. Beide Seiten verpflichten sich in diesem Fall, anstelle der unwirksamen Bestimmung eine dieser Bestimmung möglichst nahe kommende wirksame Regelung zu vereinbaren.

50 Vgl. BGH vom 8.4.1976, DB 1976, 2106.

7. Steuerrechtliche Konsequenzen von Aufhebungsverträgen mit Abfindung

7.1 Steuerschuld

Grundsätzlich gilt, dass alle Einnahmen, die einem Arbeitnehmer aus einem Arbeitsverhältnis zufließen, als steuerpflichtiger Arbeitslohn zu behandeln sind. Hierzu gehören auch Entschädigungen (zB. Abfindungen), die dem Arbeitnehmer (oder seinem Rechtsnachfolger, zB. Erben) als Ersatz dafür zufließen, dass ihm nunmehr wegen der Aufgabe oder der Nichtausübung seiner bisherigen Tätigkeit Arbeitsvergütung entgeht.

Dabei ist im Einzelnen wegen der unterschiedlichen steuerlichen Auswirkungen zwischen folgenden Leistungen abzugrenzen:

- Normal zu besteuernder Arbeitslohn nach § 19 EStG, ggf. i.V.m. § 24 Nr. 2 EstG,
- steuerfreie Abfindungen gem. § 3 Nr. 9. EstG,
- steuerbegünstigte Entschädigungen nach § 24 Nr. 1 i.V.m. § 34 Abs. 1 und 2 EstG,
- u.U. steuerbegünstigte Leistungen für eine mehrjährige Tätigkeit i.S.d. § 34 EStG.

Alle diese Leistungen sind »veranlasst« durch die aufgenommene nicht selbständige Tätigkeit und damit als Einnahme aus nicht selbständiger Tätigkeit durch den Arbeitnehmer zu versteuern.

Hierzu zählen auch so genannte geldwerte Vorteile, wie zB. die Weiternutzung einer Dienstwohnung oder eines Dienstwagens über den Zeitpunkt der Beendigung des Arbeitsverhältnisses hinaus oder andere Dienstleistungen.

Demgegenüber stellt die Abfindung für den Arbeitgeber eine Betriebsausgabe dar, die seinen sonst zu versteuernden Gewinn mindert.

7.2 Steuerfreibeträge

Durch das so genannte Steuerentlastungsgesetz 1999/2000/2002[1] wurden die bis dahin gültigen Steuerfreibeträge für Abfindungen linear um ein Drittel reduziert.

Das bedeutet, dass der Grundfreibetrag für alle Arbeitnehmer ungeachtet ihres Alters und der Dauer ihrer Zugehörigkeit zum Unternehmen in einer Größenordnung von bis zu € 8181,00 steuerfrei als Abfindungsleistung eingenommen werden kann. Nach Vollendung des 50. Lebensjahres und einer Dauer des Beschäftigungsverhältnisses von 15 Jahren erhöht sich der Freibetrag auf € 10226,00. Bei Arbeitnehmern, die das 55. Lebensjahr vollendet haben und 20-jährige Betriebszugehörigkeit aufweisen, beträgt der Freibetrag € 12271,00.

Diese Freibeträge greifen jedoch nur, wenn es sich um eine Zahlung »**wegen**« der Auflösung des Arbeitsverhältnisses handelt, d.h. um eine solche zusätzliche Leistung, auf die der Arbeitnehmer **keinen** vertraglichen Anspruch hat.

7.2.1 Tatsächliche Beendigung

Wird also eine Abfindung im Hinblick auf eine Versetzung gewährt, kommt es nicht zur Auflösung des Arbeitsverhältnisses. Ebenso liegt es bei einer Änderungskündigung, wenn der Arbeitnehmer – sei es mit oder ohne Vorbehalt – das Änderungsangebot annimmt. Zahlt der Arbeitgeber in den vorgenannten Fällen wegen einer Verschlechterung der materiellen Arbeitsbedingungen eine Abfindung, so ist diese nicht gem. § 3 Nr. 9 EStG privilegiert.[2] Anders kann es zu beurteilen sein, wenn eine Versetzung zwar innerhalb eines Konzerns, aber von einem Konzernunternehmen zu einem anderen Konzernunternehmen stattfindet. Hier kommt es, da Arbeitgeber in aller Regel nicht der Konzern, sondern das jeweilige Unternehmen ist, zur Auflösung des bisherigen und Begründung eines neuen Arbeitsverhältnisses. Dennoch versagt der Bundesfinanzhof hier dann die Steuervorteile, wenn sich in einer Gesamtbetrachtung die konzerninterne Versetzung als Fortsetzung eines einheitlichen Beschäftigungsverhältnisses darstellt. Dies soll z.B. gelten, wenn die Umwandlung des

1 BGBl. 1999 I, S. 402 vom 31.3.1999.

2 Vgl. Gagel/Vogt, Rn. 316; APS-Selder, SteuerR, Rn. 37.

Arbeitsverhältnisses in einer Betriebsvereinbarung geregelt ist, dem Arbeitnehmer ein Rückkehrrecht eingeräumt wurde und bei Anrechnung der bisherigen Beschäftigungszeiten auch die Altersversorgung nahtlos weitergeführt werden konnte.[3]

Trotz Wechsels des Arbeitgebers führt auch ein Betriebsübergang nach § 613a BGB nicht zu einer Auflösung des Arbeitsverhältnisses. Zahlt in diesem Zusammenhang der alte oder der neue Inhaber eine Abfindung, ist diese nicht steuerbegünstigt.[4] Das gilt auch bei Abschluss eines neuen Arbeitsvertrages zu verschlechterten Konditionen.[5]

Nimmt der Arbeitnehmer allerdings im Falle des Betriebsübergangs das ihm zustehende Widerspruchsrecht in Anspruch und führt dies zur Auflösung des Arbeitsverhältnisses, greift der Steuerfreibetrag nach § 3 Nr. 9 EStG.

Steuerbegünstigt ist auch jede vom Gericht ausgesprochene Auflösung des Arbeitsverhältnisses entsprechend der Vorschriften der §§ 9, 10 KSchG. Dies gilt unabhängig davon, ob die deswegen gezahlte Abfindung aus einem Urteil folgt oder auf einem gerichtlich abgeschlossenen Vergleich beruht.[6]

Wird das Arbeitsverhältnis beendet und einigen sich Arbeitgeber und Arbeitnehmer dann auf einen neuen Arbeitsvertrag zu geänderten Bedingungen, steht dies einer Zuerkennung des Steuerfreibetrages nicht entgegen, und zwar selbst dann nicht, wenn es zu einer nahtlosen Weiterbeschäftigung kommt.[7] Hier wird aber zusätzlich glaubhaft zu machen sein, dass eine solche vertragliche Gestaltung nicht von vornherein beabsichtigt war.[8] Grundsätzlich gilt, dass Steuergesetze nicht durch Missbrauch von Gestaltungsmöglichkeiten umgangen werden dürfen.[9]

Mittlerweile ist auch geklärt, dass auch zusätzliche Abfindungszahlungen an Arbeitnehmer, die in **Altersteilzeit** gehen, wegen der sich daraus ergebenden Beendigung des Arbeitsverhältnisses gezahlt werden und deshalb steuerlich wie Abfindungen auch sonst zu behandeln sind.[10] Allerdings sollte hier geprüft werden, ob nicht stattdessen eine weitere Aufstockung der Altersteil-

3 Vgl. BFH vom 21. 6. 1990, BStBl. II 1021.
4 So ausdrücklich BFH vom 10. 10. 2001, NJW 2002, S. 1774.
5 Vgl. BAG vom 28. 4. 1987, NZA 1988, 198.
6 Vgl. Küttner-Huber, Stichwort: Abfindung, Rn. 45; Gagel/Vogt, Rn. 319.
7 Vgl. BFH vom 10. 10. 1986, BStBl. II 1987, 186.
8 Vgl. APS-Selder, SteuerR, Rn. 36.
9 Vgl. Gagel/Vogt, Rn. 315.
10 Vgl. Pahde, S. 139; anders allerdings bei Vorruhestandsverhältnissen, wo es an einer formalen Beendigung des Arbeitsverhältnisses fehlt, vgl. Simon-Widmann, AnwBl. 2003, S. 49, 50 m.w.N.

zeitleistung über die gesetzlichen oder tariflichen Sätze hinaus vereinbart werden sollte, da diese Erhöhungsleistungen mit Ausnahme eines relativ niedrigen Progressionsvorbehalts steuerfrei sind. Jedenfalls dann, wenn die oben dargestellten Steuerfreibeträge überschritten werden, ist dies ernsthaft zu erwägen.

7.2.2 Veranlassung durch Arbeitgeber

Weitere Voraussetzung für die Gewährung des Steuerprivilegs nach § 3 Nr. 9 EStG ist die vom Arbeitgeber veranlasste Auflösung des Beschäftigungsverhältnisses. Dazu zählt natürlich der Fall, dass der Arbeitgeber eine Kündigung ausspricht, wobei es auf deren Wirksamkeit nicht ankommt. Als Ausnahme hiervon ist lediglich die Kündigung wegen vertragswidrigen Verhaltens des Arbeitnehmers zu erwähnen, da hier dessen Verhalten die alleinige Ursache für die Beendigung des Arbeitsverhältnisses darstellt.[11] Solch ein vertragswidriges Verhalten müsste dann allerdings auch objektiv festgestellt werden.

Kommt es trotz einer Kündigung wegen vertragswidrigen Verhaltens zum Abschluss eines Aufhebungsvertrages, bei dem sich die Parteien außergerichtlich unabhängig davon einigen, was nun den Auslöser dieser Verhandlungen bildete, dürfte in aller Regel die Voraussetzung des § 3 Nr. 9 EStG erfüllt sein.[12] Es gilt steuerrechtlich nämlich eine Vermutung dahingehend, dass jede Abfindungszahlung auf Veranlassung durch den Arbeitgeber hindeutet.[13] Selbst wenn also der Arbeitnehmer kündigt, kann die Auflösung des Arbeitsverhältnisses noch durch den Arbeitgeber veranlasst sein, wenn etwa dieser ihm den Schritt nahe gelegt hat oder vertragswidriges Verhalten des Arbeitgebers Anlass für die Kündigung war.[14]

Als Veranlassung gilt nach alledem jede Auflösung des Arbeitsverhältnisses, die unter dem Druck der vom Arbeitgeber geschaffenen Verhältnisse – auch wenn sie letztlich »einvernehmlich« erfolgt – zustande gekommen ist, sei es zB., weil es um wirtschaftliche Schwierigkeiten beim Arbeitgeber oder um dessen Rationalisierungsbemühungen ging,[15] sei es, um einen Arbeitnehmer

11 Vgl. Bauer, Rn. 903.

12 Hier kommt es u.U. entscheidend darauf an, im Aufhebungsvertrag festzuhalten, dass die Beendigung »auf Veranlassung des Arbeitgebers« erfolgte (s.o. Kap. 5.1, S. 110).

13 Vgl. Küttner-Huber, Stichwort: Abfindung, Rn. 47.

14 Vgl. Gagel/Vogt, Rn. 312.

15 Vgl. APS-Selder, SteuerR, Rn. 46 m.H.a. BFH vom 6. 5. 1977, BStBl.II, 718.

zur Frühpensionierung zu bewegen.[16] Fehlt es an einer vom Arbeitgeber veranlassten oder ihm zuzurechnenden Drucksituation, sondern hat vielmehr der Arbeitnehmer freiwillig die Ursachenkette, die zum Aufhebungsvertrag führt, in Gang gesetzt, entfällt ebenfalls die Steuerbegünstigung.[17]

An der Veranlassung fehlt es allerdings, wenn die Abfindung bei Auslaufen eines befristeten Vertrages gezahlt wird. Hier beruht das Ende des Arbeitsverhältnisses auf der ursprünglichen vertraglichen Regelung.[18] Allerdings ist dies anders zu bewerten, wenn zweifelhaft ist, ob die ursprüngliche Befristungsabrede überhaupt wirksam ist. Wird hierüber zwischen den Arbeitsvertragsparteien gestritten, dürfte eine daraufhin gezahlte Abfindung steuerfrei sein, wenn sie dazu dient, diese Meinungsverschiedenheiten beizulegen.[19] Auch bei wirksamer Befristung kann eine Abfindung die Steuerbegünstigung auslösen, wenn die Parteien das befristete Arbeitsverhältnis vor dem Zeitpunkt des vertraglich vorgesehenen Beendigungsdatums einvernehmlich auflösen.[20] Selbst Gehaltsansprüche, die bis zum Ablauf der maßgebenden Kündigungsfrist oder des vorab feststehenden Fristablaufs entstanden wären, können als steuerbegünstigte Entschädigungen gezahlt werden.[21]

7.2.3 Entstandene Gehaltsansprüche

Der vorgenannte Grundsatz greift allerdings nur für Ansprüche, die wegen der Auflösung des Arbeitsverhältnisses nicht mehr realisiert werden.

Bereits »erdiente« Ansprüche können also nicht steuerbegünstigt in eine Abfindung umgewandelt werden, zB. rückständige Gehälter, ausstehende Urlaubsgelder und fällige Tantiemen. Solche umgewandelten Ansprüche sind voll zu versteuern.

Deutlich wird diese Differenzierung, wenn mit der Abfindung Leistungen der betrieblichen Altersversorgung ganz oder teilweise abgegolten werden sollen. Handelt es sich um noch nicht unverfallbare Anwartschaften, besteht keine gesicherte Rechtsposition in Form eines Anspruchs – hier ist also die

---

16 Vgl. BFH vom 11. 1. 1980, BStBl.II, 205.

17 Vgl. Simon-Widmann, AnwBl. 2003, S. 49, 50f.

18 Vgl. BFH vom 18. 9. 1991, BStBl. II 1992, 34.

19 Vgl. APS-Selder, SteuerR, Rn. 48.

20 Vgl. ebenda.

21 Vgl. Gagel/Vogt, Rn. 325 – **Achtung**: Ganz andere Risiken ergeben sich dann allerdings im Sozialversicherungsrecht, s. dazu Kap. 8.3.2 S. 187ff.

Abfindung ein Ausgleich wegen der Beendigung des Arbeitsverhältnisses und damit steuerbegünstigt. Wird jedoch, was allerdings wegen der Regelung des § 3 BetrAVG nur unter engen Voraussetzungen möglich ist,[22] der Versuch unternommen, unverfallbare Versorgungsanwartschaften abzugelten, handelt es sich um Leistungen aufgrund eines bereits bestehenden Rechtsanspruchs: Die Abfindung ist also voll zu versteuern.[23] Zu versteuern sind auch Leistungen aufgrund einer Vereinbarung über ein nachvertragliches Wettbewerbsverbot. Dies ist auch dann die Rechtsfolge, wenn das Wettbewerbsverbot durch eine einmalige Zahlung »abgegolten« werden soll.[24]

Besonderheiten gelten im Rahmen des Altersteilzeitgesetzes. Die dort geleisteten Aufstockungsbeträge des Arbeitgebers sind gem. § 3 Abs. 1 Nr. 1a ATG steuerfrei, auch wenn sie über die gesetzliche Mindestgrenze (70 % der zuletzt bezogenen Nettovergütung) hinausgehen. Allerdings unterliegen solche Aufstockungsbeträge nach § 32b Abs. 1 Nr. 1g EStG dem so genannten Progressionsvorbehalt.[25]

7.3 Steuerermäßigung

Ferner kann sich bei Abfindungen eine Steuerermäßigung zugunsten des Arbeitnehmers auswirken.

7.3.1 Anwendungsbereich

Dies gilt einerseits und vor allem, wenn die ausgehandelte Abfindung den Steuerfreibetrag nach § 3 Nr. 9 EStG übersteigt, andererseits dann, wenn die Auflösung des Arbeitsverhältnisses nicht vom Arbeitgeber veranlasst wurde, also § 3 Nr. 9 EStG gar nicht zur Anwendung kommt.

Auch diese Entschädigungen, die sich nach §§ 24, 34 EStG beurteilen, dürfen nicht zur Erfüllung bereits entstandener oder fortbestehender Ansprüche

22 S.o. Kap. 5.7.1, S. 124.

23 Vgl. Bauer, Rn. 926; APS-Selder, SteuerR Rn. 31; Simon-Widmann, AnwBl.2003, S. 49, 50 m.w.N.

24 Vgl. Küttner-Thomas, Stichwort: Wettbewerbsverbot, Rn. 49 (je nach Lage des Einzelfalles), s. auch oben Kap. 6.6.

25 Der Arbeitgeber muss die steuerliche Mehrbelastung nur übernehmen, wenn dies ausdrücklich vereinbart ist: BAG vom 25. 6. 2002, DB 2002, S. 2491.

erfolgen, sondern müssen auf einer neuen Rechts- oder Billigkeitsgrundlage beruhen.[26]

Entschädigungen müssen sich also auf den Ausgleich von Einbußen beziehen, die dem Arbeitnehmer entstehen, weil das Arbeitsverhältnis aufgelöst wird. Insoweit gilt hier zunächst nichts anderes als bei § 3 Nr. 9 EStG.

Nach § 24 Nr. 1a EStG sind aber unabhängig von der Aufgabe einer Tätigkeit, die § 24 Nr. 1b EStG regelt, auch Steuerbegünstigungen möglich, wenn die Entschädigung für entgangene oder entgehende Einnahmen gezahlt wird. Hierunter fallen dann etwa Ausgleichszahlungen bei einer vom Arbeitgeber erklärten Änderungskündigung, wenn der Arbeitnehmer zu in der Regel dann verschlechterten Bedingungen das Arbeitsverhältnis fortsetzt oder eine konzerninterne Versetzung erfolgt.[27]

Nach dem Steuerreformgesetz vom 19. 3. 1999 ist die Attraktivität dieser Steuerermäßigung, die ursprünglich darin bestand, dass nur der halbe persönliche Steuersatz des Arbeitnehmers auf den die Freibeträge überschießenden Abfindungsbetrag zur Anwendung kommen konnte, weitgehend verloren gegangen. Dies ist umso bedenklicher, als bei einer Betriebsveräußerung das dem Veräußerer zustehende Entgelt – jedenfalls einmal im Leben des betreffenden Steuerschuldners auch weiterhin nur zum halben persönlichen Steuersatz vereinnahmt werden kann.[28] Weitere Begünstigungen gelten bei der Veräußerung von Anteilen an Kapitalgesellschaften. Es besteht also eine Ungleichgewichtigkeit zu Lasten der Arbeitnehmer, die aufzuheben ein Gebot der Steuergerechtigkeit wäre.

Darüber hinaus unterliegt die verbliebene Möglichkeit der Steuerermäßigung weiteren komplizierten Regelungen.

7.3.2 Zusammenballungsprinzip

Grundsätzlich gilt, dass Entschädigungen nur dann tarifbegünstigt sein können, wenn sie dem steuerpflichtigen Arbeitnehmer innerhalb eines einzigen Veranlagungszeitraums, der einem Kalenderjahr entspricht, zufließen. Hierfür wird der Begriff der Zusammenballung verwendet.[29]

26 Vgl. nur APS-Selder, SteuerR, Rn. 67 m.w.N.

27 Wie oben in Kap.7.2.1, S. 149 dargelegt, fallen diese Tatbestände aber nicht unter § 3 Nr. 9 EStG, hier aber unter die Tarifbegünstigung nach § 24 EStG: vgl. APS-Selder, SteuerR, Rn. 71.

28 Vgl. § 34 EstG.

29 Vgl. zB. BFH vom 4. 3. 1998, NZA-RR 1998, 418 f.

Über verschiedene Jahre gestaffelte Leistungen, zB. aufgrund eines Sozialplans gewährte Zahlungen zur Aufstockung von Arbeitslosengeldbeträgen können zum völligen Wegfall der Steuerermäßigung führen.[30] Ratenzahlungen auf die Gesamtabfindung sind also nur dann steuerunschädlich, wenn sie dem Arbeitnehmer innerhalb eines Veranlagungszeitraums zugehen.[31]

Allerdings bleiben dabei die aufgrund des Steuerfreibetrages gem. § 3 Nr. 9 EStG gewährten Beträge unberücksichtigt. Wenn also beispielsweise eine Abfindung in Höhe von € 38 000,00 vereinbart wird, kann dem Arbeitnehmer beispielsweise im Jahre 2004 als angenommenes Jahr des Abschlusses der Aufhebungsvereinbarung der Steuerfreibetrag von € 8181,00 ausgezahlt werden, um dann zum Zeitpunkt der Beendigung, der hier zB. im Jahre 2005 oder später liegen könnte, den Rest der Entschädigungszahlung von € 29 829,00 zu bewirken, der dann, wenn die gesamte Restleistung in diesem Jahr gezahlt wird, steuerbegünstigt wäre.[32]

7.3.2.1 Zufluss geldwerter Vorteile

Wird zwischen den Parteien eines Aufhebungsvertrages vereinbart, dass bestimmte Sachleistungen weiterhin in Anspruch genommen werden können und zB. Dienstwagen oder Firmentelefon weiterhin unentgeltlich benutzt werden können, ohne dass der Arbeitnehmer nach seinem Ausscheiden noch irgendeine Dienstleistung für den Arbeitgeber erbringen muss, wird auch dies steuerlich als Teil der Entlassungsentschädigung behandelt.

Fließen solche Leistungen über den Veranlagungszeitraum hinaus, wird damit die Steuerbegünstigung gem. § 34 EStG unmöglich. In der Konsequenz bedeutet dies, dass auch bereits gewährte Steuerbegünstigungen gem. § 34 EStG »infiziert« werden und nachträglich der vollen Besteuerung unterworfen werden.[33] Allerdings hat der BFH neuerdings entschieden, dass die Überlassung des Firmenwagens für noch 15 Monate nach der Beendigung des Arbeitsverhältnisses bei Fortzahlung der Leasing-Kosten etc. durch den Arbeitgeber steuerunschädlich ist, weil diese Maßnahme auf sozialen Gründen im weiteren Sinne beruhen soll.[34]

30 Vgl. APS-Selder, SteuerR, Rn. 77; siehe aber neue Rspr. des BFH: vgl. Kap. 7.3.2.2, Fußn. 39.

31 Vgl. Gagel/Vogt, Rn. 353 m.w.N.

32 Vgl. BFH vom 2.9.1992, BStBl. II 1993, 52.

33 Vgl. Schreiben des Bundesministeriums der Finanzen vom 18.12.1998 (Koordinierter Ländererlass) Az.IV A 5-S 2290–18/98 (so genannter Abfindungserlass), abgedruckt in BStBl. I 1998, 1512 ff., dort Rn. 18; s. auch Strohner/Schmidt-Keßeler, S. 699.

34 Vgl. BFH vom 3.7.2002, Az. XI R 80/00; Simon-Widmann, AnwBl.2003, S. 49, 52

Es sollte jedoch eher auf die gesonderte Regelung solcher geldwerten Vorteile im Auflösungsvertrag verzichtet werden und eine Umrechnung in Geld im Sinne einer Anhebung der Abfindung das Ziel der Verhandlungen bilden.[35]

Bei der Fortführung einer verbilligten Nutzung einer Dienstwohnung nach Beendigung des Arbeitsverhältnisses soll sich dies allerdings nur dann steuerschädlich auswirken, wenn die Mietverbilligung frei vereinbar ist und sich dem Grunde nach als geldwerter Vorteil aus dem früheren Arbeitsverhältnis darstellt.[36]

Geldwerte Vorteile, die der Arbeitgeber trotz Ausscheidens weiter gewährt, »infizieren« jedoch Steuerbegünstigungen nicht, wenn sie schon aufgrund des früher bestehenden Arbeitsverhältnisses begründet waren und sie nicht wegen dessen Beendigung gezahlt werden. Als Beispiele sind hier zu nennen die Weitergewährung von Arbeitgeberdarlehen, Deputatlieferungen wie zB. Freitrunk, Firmenrabatte und Sondertarife.[37]

7.3.2.2 Ausnahme bei späteren Leistungen mit Fürsorgecharakter?

Der Bundesfinanzhof hatte sich auch in einem finanzgerichtlichen Eilverfahren (zur Aussetzung der Vollziehung einer Steuerschuld) mit der Konstellation eines Sozialplans befasst, der einerseits einer Arbeitnehmerin aufgrund der betriebsbedingten Beendigung ihres Arbeitsverhältnisses eine Abfindung zusprach, andererseits aber zusätzliche Ausgleichszahlungen bei längerer Arbeitslosigkeit vorsah. Die klagende Arbeitnehmerin hatte aufgrund dessen drei Jahre nach dem Zeitpunkt ihres Ausscheidens, zu dem sie auch eine Abfindung erhielt, weitere Aufstockungsbeträge zum Arbeitslosengeld erhalten. Der BFH entschied, dass in diesem Sonderfall die späteren Aufstockungszahlungen nicht zusammen mit der bei der Entlassung gezahlten Abfindung als einheitliche Leistung zu bewerten wären. Die Aufstockungsleistungen würden nicht unmittelbar für entgehende Einnahmen entschädigen sollen, sondern wären Ausfluss einer fortdauernden Fürsorgepflicht des Arbeitgebers. Zudem war dies im fraglichen Sozialplan in einer besonderen Bestimmung geregelt, wobei die Höhe nicht von den früheren und damit entgehenden Einnahmen der Arbeitnehmerin abhängig war, sondern sich nach dem tatsächlich bezogenen Arbeitslosengeld richtete.[38]

35 S. auch APS-Selder, SteuerR Rn. 82.
36 Vgl. BMF vom 18. 12. 1998, a.a.O., Rn. 19.
37 Vgl. BMF vom 18. 12. 1998, a.a.O., Rn. 17.
38 Vgl. BFH vom 4. 2. 1998 – XI B 108/97.

Diese Linie hat der Bundesfinanzhof mittlerweile fortgesetzt. Wenn aus Gründen der sozialen Fürsorge für eine Übergangszeit Entschädigungsleistungen gewährt werden, die zur Erleichterung des Arbeitsplatz- oder Berufswechsels oder als Anpassung an eine dauerhafte Berufsaufgabe und Arbeitslosigkeit gewährt werden, sind diese unschädlich für die steuerliche Beurteilung der Hauptleistung (Abfindung) als ermäßigt zu besteuernde Entschädigung.[39] Eine ursprünglich beabsichtigte Zusammenballung von Einkünften wird aus Billigkeitserwägungen auch dann von der Finanzverwaltung unterstellt, wenn es planwidrig zu einer Entschädigungsleistung in mehreren Veranlagungszeiträumen gekommen ist, etwa weil versehentlich die Abfindung ursprünglich zu niedrig bemessen wurde oder der Arbeitnehmer aufgrund einer Rechtsstreitigkeit eine höhere Abfindung durchsetzte.[40]

7.3.2.3 Höhe der Gesamteinnahmen im Veranlagungszeitraum

Die Zusammenballung erfordert nicht nur den Zufluss der Beträge innerhalb eines Veranlagungszeitraums. Vielmehr müssen diese auch zusammen mit den anderen in diesem Zeitraum erzielten Einkünften die Einkünfte übersteigen, die der Arbeitnehmer bei Fortsetzung des Arbeitsverhältnisses erzielt hätte.[41] Begründet wird dies damit, dass die Steuerbegünstigung nur dort gelten soll, wo so genannte progressionsbedingte Härten auftreten. Vermindert sich aber im Veranlagungszeitraum trotz Abfindung der Gesamtbetrag der Einkünfte, so tritt eine Progressionssteigerung gerade nicht ein.[42]

Bei der Ermittlung der Gesamteinkünfte wird allerdings tatsächlich bezogenes Arbeitslosengeld, das im Veranlagungszeitraum an den Arbeitnehmer geht, mitgerechnet.[43]

7.3.3 Durchführung der Fünftelungsregelung

Die Fünftelungsregelung wird wie folgt durchgeführt:

Die aufgrund der Abfindung (= Entlassungsentschädigung) erzielten außerordentlichen Einkünfte werden auf Antrag ermäßigt besteuert. Dabei ist zu-

39 BFH vom 3.7.2002, a.a.O.; BFH vom 24.1.2002, NJW 2002, S. 2047; BFH vom 24.1.2002, NZA-RR 2003, S. 94f.

40 Vgl. BMF vom 18.12.1998, a.a.O., Rn. 23.

41 Vgl. BFH vom 4.3.1998, NZA-RR 1998, 418f.

42 Vgl. Hümmerich/Spirolke, NJW 1999, 1666.

43 Vgl. Einzelheiten und Berechnungsbeispiele im BMF-Schreiben vom 18.12.1998, Rn. 15.

nächst die Einkommensteuer zu ermitteln ohne Berücksichtigung der außerordentlichen Einkünfte, also ohne die Abfindung. Diesem verminderten Einkommen ist ein Fünftel der außerordentlichen Einkünfte durch die Abfindung hinzuzurechnen. Für die sich daraus ergebende Summe wird die Einkommensteuer ermittelt.

Die Differenz zwischen beiden Steuerbeträgen ist mit 5 zu multiplizieren. Aus diesem Rechenvorgang ergibt sich der Betrag der Einkommensteuer, der auf die Abfindung entfällt.

Beispiel:
Ein verheirateter Arbeitnehmer erhält wegen einer vom Arbeitgeber veranlassten Aufhebung des Arbeitsverhältnisses zum 31. 12. 2003 im Dezember 2003 eine Entlassungsentschädigung von 28 000,00 €. Der Jahresarbeitslohn 2003 beträgt 35 000,00 €. Die Werbungskosten übersteigen den Arbeitnehmerpauschbetrag von 1044,00 € nicht. Die abziehbaren Sonderausgaben und sonstigen Abzüge betragen 5000,00 €. Die Ehefrau hat keine eigenen Einkünfte. Die Ehegatten beantragen für den steuerpflichtigen Teil der Entlassungsentschädigung eine Steuerermäßigung nach § 34 Abs. 1 EStG.

Folge:
Der steuerpflichtige Teil der Entschädigung von 19 819,00 € (28 000,00 € abzüglich Steuerfreibetrag von 8181,00 €) stellt außerordentliche Einkünfte dar. Von den Einkünften aus nicht selbständiger Arbeit entfallen auf laufende Einkünfte

35 000,00 € abzüglich Arbeitnehmerpauschbetrag von 1044,00 €		33 956,00 €
außerordentliche Einkünfte		19 819,00 €
Einkünfte aus nicht selbständiger Tätigkeit		53 775,00 €
Sonderausgaben und sonstige Abzüge	./.	5000,00 €
zu versteuerndes Einkommen		48 775,00 €
abzüglich außerordentliche Einkünfte		19 819,00 €
		28 956,00 €
zzgl. 1/5 der außerordentlichen Einkünfte		3963,00 €
		32 919,00 €

ESt (Splittingtabelle)	aus 28 956,00 €	3444,00 €
ESt (Splittingtabelle)	aus 32 919,00 €	4494,00 €
Unterschiedsbetrag	1050,00 € x 5	5250,00 €
zzgl. ESt auf das zu versteuernde Einkommen ohne außerordentliche Einkünfte (28 956,00 €) zzgl. 3444,00 € Einkommensteuerschuld		8694,00 €

Ohne Anwendung des § 34 Abs. 1 EStG hätte sich eine Einkommensteuerschuld von 9126,00 € ergeben.

Die Fünftelungsregelung führt allerdings nur dann zu Vorteilen, wenn der betreffende Arbeitnehmer nicht dem Spitzensteuersatz unterliegt. Auch ansonsten gilt, dass bei durchschnittlichen bis höheren Steuersätzen die Fünftelungsregelung eine gravierend geringere Steuerentlastung als der bis 1998 gültige halbe Steuersatz darstellt. Günstiger als frühere stehen sich nur Arbeitnehmer mit sehr niedrigen steuerpflichtigen Entschädigungen, denen im Kalenderjahr der Entschädigungszahlung keine oder nur geringe andere steuerpflichtige Einkünfte zufließen.

7.4 Möglichkeiten der steuerlichen Optimierung

7.4.1 Zeitpunkt der Auszahlung

Die allerdings meist geringen Steuerersparnisse nehmen in dem Maße zu, in dem das nicht begünstigte zu versteuernde Einkommen unter den Betrag fällt, der mit dem Spitzensteuersatz zu versteuern ist. Deshalb kann es Sinn machen, den Zeitpunkt der Abfindungszahlung zu verschieben, wenn beispielsweise im nachfolgenden Jahr geringere Gesamteinkünfte zu erwarten sind. Allerdings ist dabei immer zu beachten, dass dann der gesamte Betrag der (steuerpflichtigen) Abfindung im Folgejahr zufließt und dann auch in diesem Jahr noch das Zusammenballungsprinzip gewährleistet werden kann, d.h. also zusammen mit der Abfindung jedenfalls keine niedrigeren Einnahmen erzielt werden, als dies bei Fortsetzung des Arbeitsverhältnisses geschehen wäre.

Es gibt Ratgeber, die empfehlen im Jahr des Zuflusses der Abfindung u.U. erheblich erhöhte Einnahmen dadurch »künstlich« zu senken, dass so genannte Steuersparmodelle abgeschlossen werden, also Rechtsgeschäfte, die zunächst finanziellen Verlust produzieren (zB. Schiffs- oder Flugzeugbeteiligungen, Erwerb von fremdgenutzten Immobilien, geschlossene Immobilienfonds usw.). Hier verbergen sich allerdings erhebliche nicht nur steuerliche Risiken und wer sich erstmals damit befasst, wenn der »Geldsegen« der Abfindung sich einstellt, ist möglicherweise auch nicht vor den Angeboten dubioser Geschäftemacher gefeit.

In jedem Fall ist eine seriöse Beratung im Hinblick auf steuerliche und vermögensanlagespezifische Risiken dringend geboten für den, der über solche Modelle nachdenkt.

7.4.2 Beiträge zur Altersversorgung

Gesetzlich vorgesehen ist, dass Arbeitnehmer, die bei Beendigung ihres Arbeitsverhältnisses eine Abfindung für eine unverfallbare Anwartschaft auf betriebliche Altersversorgung erhalten haben, die Möglichkeit haben, innerhalb eines Jahres nach Zahlung der Abfindung Beiträge zur Rentenversicherung bis zur Höhe der geleisteten Abfindung einzahlen, vgl. § 187b Abs. 1 SGB VI.

Grundsätzlich gilt, dass Rentenversicherungsbeiträge, die der Arbeitgeber freiwillig übernimmt, um hierdurch Rentenminderungen bei vorzeitiger Inanspruchnahme der Altersrente abzumildern oder zu vermeiden, steuerbefreit in Höhe der Hälfte der vom Arbeitgeber insoweit freiwillig übernommenen Beiträge sind.[44] Die Steuerfreistellung ist dabei auf die Hälfte der zusätzlichen Rentenversicherungsbeiträge begrenzt, da auch sonst Pflichtbeiträge des Arbeitgebers zur gesetzlichen Rentenversicherung nur in Höhe des halben Gesamtbetrags steuerfrei sind. Für den verbleibenden steuerpflichtigen Teil der Rentenversicherungsbeiträge gilt allerdings § 3 Nr. 9 EStG mit der Möglichkeit der Steuerbefreiung.[45]

Die die Hälfte übersteigenden zusätzlich geleisteten Rentenversicherungsbeiträge können darüber hinaus als Teil der Entschädigung i.S.v. § 24 Nr. 1 EStG gewertet werden, da sie im Zusammenhang mit der Auflösung des Arbeitsverhältnisses stehen. In diesem Fall kann der Arbeitgeber die Beiträge auch in Teilbeträgen leisten, ohne dass dies für die Frage der Zusammenballung relevant wäre.[46]

Dies hat ferner zur Konsequenz, dass auf entsprechenden Antrag hin auch eine darüber hinaus dem Arbeitgeber zugeflossene Abfindung unter den oben dargestellten übrigen Voraussetzungen begünstigt besteuert werden kann, ohne dass die zusätzlichen Rentenversicherungsbeträge sich insoweit steuerschädlich auswirken können.

Ob sich allerdings diese Variante der Einzahlung zusätzlicher Rentenversicherungsbeiträge im Rahmen einer finanziellen Gesamtbetrachtung »lohnt«, sollte genau geprüft werden. Es bedarf erheblicher finanzieller Mittel, Minderungen in der gesetzlichen Altersversorgung durch zusätzliche Beiträge aufzustocken. Oft steht im Hinblick auf die »Verzinsung« diese Variante in keinem Verhältnis zu den später erzielten Erträgen aus einer verbesserten gesetzlichen Altersrente. Einzelheiten sollten mit einem Rentenberater abgestimmt werden.

---

44 Vgl. Schreiben des BMF vom 18. 12. 1998, Rn. 29.

45 Vgl. ebenda.

46 Vgl. ebenda, Rn. 30.

7.4.3 Beiträge zur Direktversicherung

Besteht für den Arbeitnehmer eine Direktversicherung, die der Arbeitgeber für ihn abgeschlossen hat, gilt der generelle Steuervorteil, dass die Beiträge des Arbeitgebers zur Direktversicherung nur mit einem Pauschalsteuersatz von 20 % der Beitragsleistungen besteuert werden; vgl. § 40b Abs. 1 EStG.

Dadurch ergibt sich eine Steuervergünstigung, wenn der persönliche Steuersatz des Arbeitnehmers den Pauschalsteuersatz übersteigt. Im laufenden Arbeitsverhältnis gilt hierfür eine Höchstgrenze von jährlich 1752,00 Euro. Dieser Höchstbetrag gilt jedoch nicht, wenn ein Arbeitgeber für einen Arbeitnehmer im Zusammenhang mit der Beendigung des Arbeitsverhältnisses (zusätzliche) Versicherungsbeiträge zur Direktversicherung leistet. Dann ist nach § 40b Abs. 2 Satz 3 EStG der Höchstbetrag mit der Anzahl der Jahre der Betriebszugehörigkeit zu multiplizieren. Der so errechnete Betrag ist allerdings um die im Jahr der Beendigung des Arbeitsverhältnisses und in den sechs vorangegangenen Jahren erbrachten Beiträge und Zuwendungen zur Direktversicherung zu vermindern. Gerade bei langjährigen Beschäftigungsverhältnissen, die aufgelöst werden, besteht aber hier eine Möglichkeit, die Beendigung des Arbeitsverhältnisses im Rahmen einer Nachversicherung steuerlich günstig zu gestalten. Dies kann auch Bestandteil einer umfassenden Abfindungsvereinbarung sein. Zwar ist in solchen Fällen der Arbeitgeber entgegen der üblichen Bruttobetrachtung als Schuldner der pauschalen Lohnsteuer mit der Lohnsteuer in Höhe von 20 % belastet, die sonst vom Arbeitnehmer zu tragen wäre. Die Beteiligten können dies jedoch im Rahmen einer gesamtwirtschaftlichen Betrachtung bei Aushandlung der Abfindung in ihre Erwägungen einbeziehen.

7.5 Werbungskosten bei Anwaltshonoraren

Lassen sich im Zusammenhang mit der Aufhebung eines Arbeitsverhältnisses betroffene Arbeitnehmer anwaltlich vertreten, stellt sich die Frage, ob die dafür erforderlichen Honoraraufwendungen steuerlich abzugsfähig sind.

Dies ist in der Regel zu bejahen. Nach § 9 EStG sind Werbungskosten Aufwendungen zum Erwerb, der Sicherung und der Erhaltung der Einnahmen.

Das bedeutet, dass ein Arbeitnehmer, der sich gegen eine Kündigung im Rahmen eines Kündigungsschutzprozesses wehrt und deshalb Anwaltskosten aufwenden muss, diese aufbringt, um seine Einnahmen zu »sichern«. Würde er die Kündigung nicht anfechten, ginge sein Anspruch auf Arbeitsentgelt verloren. Diese Grundsätze müssen aber auch gelten, wenn es um das Verhandeln eines Anwalts im Zusammenhang mit Aufhebungsverhandlungen geht. Hat der Arbeitgeber für diese Tätigkeit die entscheidende Ursache gesetzt, etwa indem er deutliche Trennungsabsichten formuliert hat, dürfte auch hier das Tätigwerden des Anwalts zunächst darauf gerichtet sein, diese Trennungsabsichten zurückzuweisen bzw. nur dann zu akzeptieren, wenn der dadurch eintretende Einnahmeverlust kompensiert wird. Beschränkt sich die anwaltliche Tätigkeit allerdings von vornherein – etwa im Zusammenhang mit einer gewünschten Eigenkündigung des Arbeitnehmers – auf den Abschluss eines Aufhebungsvertrages zu möglichst günstigen Konditionen, kann der Werbungskostenabzug problematisch sein. Es kommt also letztlich auf den Kausalzusammenhang an, also die Lebensumstände, die maßgebend waren, um einen Anwalt einzuschalten.[47]

Wenn es auch an höchstrichterlichen Entscheidungen hierzu fehlt, wird im Regelfall davon auszugehen sein, dass nicht nur die aus Anlass von Kündigungsschutzprozessen zu zahlenden Anwaltsgebühren im Rahmen der Werbungskosten abzugsfähig sind, sondern dies auch im Zusammenhang mit dem Verhandeln eines Aufhebungsvertrages gilt.

Ein Werbungskostenabzug ist allerdings dann begrenzt, wenn die Aufwendungen für den Anwalt nur in unmittelbarem wirtschaftlichen Zusammenhang mit der Erzielung steuerfreier Abfindungen gem. § 3 Nr. 9 EStG stehen. Hier soll nach § 3c EStG ein Abzugsverbot gelten. Übersteigt allerdings die Abfindung den Höchstbetrag nach § 3 Nr. 9 EStG (im Regelfall 8181,00 Euro), so sind die mit der Abfindung zusammenhängenden Werbungskosten entsprechend dem Verhältnis des steuerpflichtigen Teils zum Gesamtbetrag der Abfindung abziehbar.[48]

Unter den Begriff der Werbungskosten fallen auch Kostennoten, die im Rahmen einer Honorarvereinbarung nicht auf den Grundsätzen der Bundesrechtsanwaltsgebührenordnung beruhen, sondern aufgrund einer Gebührenvereinbarung darüber hinausgehen. Ein Werbungskostenabzug ist selbstverständlich aber ausgeschlossen, wenn der Arbeitnehmer rechtsschutzversichert ist und die anwaltlichen Kosten von der Rechtsschutzversicherung übernommen werden.

---

47 Vgl. Hümmerich, S. 3 m.w.N.

48 Vgl. APS-Selder, SteuerR, Rn. 17 m.w.N.

Zu den Werbungskosten gehören im Übrigen nicht nur die reinen Anwaltskosten, sondern ggf. auch Reisekosten, die dem Arbeitnehmer entstehen, wenn er zB. im Zusammenhang mit dem Kündigungsschutzprozess zum nicht an seinem Wohnsitz gelegenen Arbeitsgericht anreisen muss und hierfür Fahrt- und ggf. sogar Übernachtungskosten entstehen.

8. Sozialversicherungsrechtliche Behandlung von Aufhebungsverträgen

8.1 Aktuelle Rechtsentwicklung

Eines der zentralen Probleme, die im Zusammenhang mit dem Abschluss eines Aufhebungsvertrages zu berücksichtigen sind, sind die sozialversicherungsrechtlichen Folgen, durch die erhebliche Nachteile auftreten können. Bereits das bis 31. 12. 1997 geltende Arbeitsförderungsgesetz (AFG) war zahlreichen Eingriffen des Gesetzgebers unterworfen. Die Systematik des Gesetzes und der komplizierte Inhalt haben schon in der Vergangenheit Zweifel an seiner Lesbarkeit geweckt.[1] An die Stelle des AFG trat das Sozialgesetzbuch (SGB) – Arbeitsförderung, kurz: SGB III.[2] Ein Kernstück dieser »Reform« war die lineare Anrechnung von Abfindungen auf das Arbeitslosengeld ungeachtet der Frage, ob die Kündigungsfrist eingehalten wird. Dieses zwischenzeitlich noch einmal abgemilderte Gesetz sollte zum 6. 4. 1999 wirksam werden. Durch die 1998 neu gewählte Bundesregierung wurde jedoch eine Kehrtwende vollzogen und mit dem Entlassungsentschädigungs-Änderungsgesetz[3] der auf die Anrechnung der Abfindung hinauslaufende § 140 SGB III aufgehoben und dafür eine neue Vorschrift in Form von § 143a SGB III eingeführt, die weitgehend den Regelungen entspricht, die vor dem 1. 4. 1997 galten. Wieder eingeführt wurde auch eine Erstattungspflicht des Arbeitgebers beim Ausscheiden älterer Arbeitnehmer.[4]

Durch die »Gesetze für moderne Dienstleistungen am Arbeitsmarkt« sind die Vorschläge der so genannten *Hartz-Kommission* umgesetzt worden. Der überwiegende Teil der Neuregelungen ist am 1. 1. 2003 in Kraft getreten.[5] Die

---

1 Vgl. Bauer, Rn. 996 m.w.N.

2 SGB III vom 24. 3. 1997, BGBl. I, S. 594 ff.

3 Vgl. Änderungsgesetz vom 24. 3. 1999, BGBl. I. 396.

4 § 147a SGB III – wegen der Kommentierung dieser Vorschrift wird auf die Spezialliteratur verwiesen.

5 Vgl. BGBl. I 2002, S. 4607 ff., S. 4621 ff.

Änderungen führen zu tief greifenden Veränderungen bei der Arbeitsvermittlung und im Arbeitsrecht. Es gibt eine erhebliche Änderung im Bereich der Leiharbeit. Zentrale Beschränkungen des bisherigen Arbeitnehmerüberlassungsgesetzes wurden aufgehoben. Die Arbeitsämter sind verpflichtet, für die Einrichtung von Personal-Service-Agenturen (PSA) zu sorgen. Ältere Arbeitnehmer können ab Vollendung des 52. Lebensjahres ohne jede Beschränkung sachgrundlos mit befristeten Arbeitsverträgen versehen werden. Die Möglichkeiten zur geringfügigen Beschäftigung sind ausgeweitet und insbesondere für Jobs im Haushaltsbereich auch steuerlich privilegiert worden. Neu ist auch die Pflicht des Arbeitnehmers zur frühzeitigen Meldung beim Arbeitsamt.[6] Schließlich ist die Sperrzeitenregelung verschärft und in Teilbereichen die Darlegungs- und Beweislast für das Vorliegen eines wichtigen Grundes der Arbeitnehmerseite auferlegt worden.[7]

8.2 Sperrzeit

Nach § 144 Abs. 1 Nr. 1 SGB III tritt eine Sperrzeit ein, wenn der Arbeitslose das Beschäftigungsverhältnis gelöst und dadurch vorsätzlich oder grob fahrlässig die Arbeitslosigkeit herbeigeführt hat.

8.2.1 Lösung des Beschäftigungsverhältnisses

Unter der Lösung des Beschäftigungsverhältnisses i.S.v. § 144 Abs. 1 Nr. 1 SGB III ist jedes aktive Verhalten des Arbeitnehmers zu verstehen, das auf die rechtliche Beendigung des Beschäftigungsverhältnisses gerichtet ist. Dies liegt selbstverständlich vor, wenn der Arbeitnehmer seinerseits gekündigt hat, die Voraussetzung der Lösung des Beschäftigungsverhältnisses ist aber auch erfüllt, wenn dieses Ergebnis durch eine zweiseitige Vereinbarung mit dem Arbeitgeber herbeigeführt wird.

Hierunter fällt aber nicht das Auslaufen(-lassen) eines befristeten Arbeitsverhältnisses. Auch ist unschädlich, wenn es zur Auflösung des Arbeitsverhältnisses kommt, weil der Arbeitnehmer im Kündigungsschutzprozess

6 Vgl. weiter unten unter 8.4 S. 193.

7 s. dazu unter 8.2.4 S. 184.

aufgrund einer Unzumutbarkeit der Weiterbeschäftigung einen Antrag nach §§ 9, 10 KSchG gestellt hat und das Arbeitsgericht entsprechend entscheidet. Ebenso liegt es, wenn der Arbeitnehmer das Angebot im Rahmen einer Änderungskündigung des Arbeitgebers ablehnt, zu veränderten Bedingungen einen neuen Arbeitsvertrag abzuschließen. Wer sich hier passiv verhält, also das Angebot aus der Änderungskündigung nicht annimmt, riskiert keine Sperre.[8]

Achtung: Ob letzteres so aufrechtzuerhalten ist, muss nach den verschärften Regelungen durch die Hartz-Gesetze allerdings bezweifelt werden. Um eine Darlegung und ggf. den Nachweis der Unzumutbarkeit der angetragenen Änderung der Arbeitsbedingungen wird der Arbeitslose wohl kaum herumkommen.

8.2.1.1 Durch Aufhebungsvertrag

Eine Auflösung des Beschäftigungsverhältnisses liegt mithin immer dann vor, wenn das Arbeitsverhältnis durch vertragliche Vereinbarung mit dem Arbeitgeber beendet wurde, wie dies insbesondere im Falle des Aufhebungsvertrages der Fall ist. Dabei kommt es zunächst grundsätzlich nicht darauf an, ob der Arbeitgeber die Initiative ergriffen hat oder diese vom Arbeitnehmer ausgegangen ist und in wessen Interesse letztlich die Beendigung liegt. Mit seinem Einvernehmen hat der Arbeitnehmer nach Auffassung der Arbeitsverwaltung eine Ursache für die Beendigung des Arbeitsverhältnisses und damit für seine Arbeitslosigkeit gesetzt. Eine Sperrzeit ist insoweit nur noch zu vermeiden, wenn der Aufhebungsvertrag an die Stelle einer mit Bestimmtheit in Aussicht gestellten **rechtmäßigen** arbeitgeberseitigen Kündigung getreten ist und dem Arbeitnehmer ein Abwarten nicht zuzumuten war.[9]

8.2.1.2 Durch Abwicklungsvertrag

Aus dem Umstand, dass lediglich passives Verhalten, also die bloße Hinnahme einer Kündigung und das Unterlassen einer Kündigungsschutzklage keine Sperrzeit auslöst,[10] wurde die Rechtsfigur des Abwicklungsvertrages entwickelt, bei der nach Ausspruch einer arbeitgeberseitigen Kündigung nachträglich eine Vereinbarung über deren Folgen getroffen wird einschließlich der Zu-

8 Vgl. APS-Steinmeyer, SozR, Rn. 390 m.w.N.; Niesel, SGB III, § 144 Rn. 16

9 Vgl. Durchführungsanweisung (DA) der Bundesanstalt für Arbeit (Stand 3/2001) zu § 144 SGB III, Rn. 6, 9ff. Rn. 79; Niesel, SGB III, § 144 Rn. 29.

10 Vgl. BSG vom 20.4.1977, DBlR § 117 AFG Nr. 2226a.

sage einer Abfindung.[11] Das Bundessozialgericht qualifiziert allerdings auch solche Vereinbarungen als Aufhebungsverträge i.S.d. Sperrzeitrechts.[12]

Diese allerdings durchaus kritisch gewürdigte Rechtsprechung führt nun dazu, dass die Bundesanstalt für Arbeit nach ihrer Durchführungsanweisung[13] sehr genau überprüft, ob eine Absprache zwischen Arbeitnehmer und Arbeitgeber festgestellt werden kann, wobei die Bundesanstalt von folgenden Grundsätzen ausgeht:

- Wird eine rechtswidrige Kündigung vom Arbeitgeber mit der Zusage von Vergünstigungen etwa in Form einer Abfindung verbunden, so muss von Amts wegen weitere Sachverhaltsaufklärung erfolgen. Liegt eine verbindliche Wiedereinstellungszusage vor, wird eine Absprache der Vertragsparteien über die Beendigung des Arbeitsverhältnisses vermutet.
- Vereinbaren beide Seiten die Beendigung des Arbeitsverhältnisses durch Kündigung gegen Zahlung einer Abfindung, ist die Feststellung gerechtfertigt, dass es sich um eine »einvernehmliche Kündigung« in Verbindung mit der Zusage einer Abfindung handelt, der Arbeitnehmer also an der Beendigung seines Beschäftigungsverhältnisses mitgewirkt hat (initiierte Kündigung).[14]
- Kündigt der Arbeitgeber ohne vorherige Absprache mit dem Arbeitnehmer, bietet ihm aber dann eine Abfindung an, wird eine Lösung des Beschäftigungsverhältnisses vermutet, wenn der Arbeitnehmer die Abfindung annimmt und auf die Kündigungsschutzklage verzichtet, obwohl er die Rechtswidrigkeit der Kündigung erkennt.[15]
- Von einer Lösung des Vertragsverhältnisses durch den Arbeitnehmer wird auch dann ausgegangen, wenn der Arbeitnehmer ohne weitere Gespräche mit dem Arbeitgeber eine offensichtlich rechtswidrige Kündigung, der keine Absprache vorausgegangen ist, mit Rücksicht auf eine zugesagte finanzielle Vergünstigung hinnimmt.

Eine Kündigung ist jedenfalls dann offensichtlich rechtswidrig, wenn ein bestehender Sonderkündigungsschutz missachtet oder die maßgebliche Kündigungsfrist nicht eingehalten wurde. Solche Fälle sind erfüllt, wenn tarifliche Unkündbarkeit gegeben ist, z.B. in Fällen des Mutterschutzes, des Schwerbehindertenschutzes oder ggf. bei der Kündigung eines Mitgliedes eines

11 Vgl. Hümmerich, NZA 1994, 200ff., 833 und NJW 1996, 2081ff.
12 Vgl. BSG vom 9.11.1995, SozR 3-4100 § 119 Nr. 9, BB 1996, 1510.
13 Vgl. DA, Rn. 22ff.
14 Vgl. DA, Rn. 24.
15 Vgl. DA, Rn. 27.

Betriebsrates oder einer Jugend- und Auszubildendenvertretung nach § 15 KSchG.

Ob, wenn ein solcher Sonderkündigungsschutz nicht besteht, im Übrigen eine Kündigung sozial gerechtfertigt ist oder nicht, ist für den Arbeitnehmer nicht von vornherein erkennbar. Dem Arbeitnehmer wird es jedoch zugemutet, sich an kompetenter Stelle zu erkundigen. Das ist z.B. der im Unternehmen bestehende Betriebsrat. Rät dieser ab, gegen die Kündigung vorzugehen, weil sie nach dessen Auffassung rechtmäßig ist, wird nicht nur ein arbeitsgerichtliches Vorgehen gegen die Kündigung entbehrlich, sondern es liegt dann kein Auflösungssachverhalt vor, der eine Sperrzeit begründet, auch wenn objektiv die Auskunft des Betriebsrats unrichtig war.[16]

Gleiches gilt, wenn der Arbeitnehmer anwaltlichen Rat, insbesondere bei einem Fachanwalt für Arbeitsrecht, einholt und sich hier dahingehend beraten lässt, ob die Kündigung rechtmäßig ist. Bleibt im Ergebnis der Beratung ungewiss, ob die Kündigung tatsächlich rechtswidrig ist oder nicht, kann der Arbeitnehmer nicht von einer offensichtlichen Rechtswidrigkeit der Kündigung ausgehen.

Achtung: In solchen Fällen ist es sinnvoll, wenn sich der Arbeitnehmer die Beratung selbst und auch das zusammengefasste Ergebnis schriftlich bestätigen lässt:

Ein Auflösungssachverhalt liegt nicht vor, weil der Arbeitslose nach der Vorsprache beim Betriebsrat begründet von der Rechtmäßigkeit der Kündigung ausgehen durfte. Er ist gerade nicht untätig geblieben, sondern ist der Frage nachgegangen, ob die Kündigung rechtmäßig war.[17]

Da im Zusammenhang mit einer Abfindung in der Regel das Arbeitsamt verlangt, dass die dem zugrunde liegende Vereinbarung vorgelegt wird, hilft deren bloße Bezeichnung als Abwicklungsvertrag nicht weiter, sondern löst im Gegenteil eher besondere Sensibilität bei der Bundesanstalt für Arbeit aus. Bereits in der Arbeitsbescheinigung nach § 312 SGB III wird nämlich gefragt, ob die Kündigung seitens des Arbeitgebers mit oder ohne Abwicklungsvertrag erfolgt ist. Zur weiteren Sachverhaltsaufklärung werden dann von der Arbeitsverwaltung beiden Arbeitsvertragsparteien sehr umfassende Fragebögen zugeleitet, deren Beantwortung entscheidend dafür ist, ob die Arbeitsämter im Sinne einer Sperrzeitentscheidung reagieren werden.

16 Vgl. DA, Rn. 28 (mit entsprechendem Beispiel).
17 Vgl. DA, ebenda.

8.2.2 Wichtiger Grund für Auflösung

Entscheidend wird es daher sowohl beim Aufhebungs- wie beim Abwicklungsvertrag darauf ankommen, ob – mit oder ohne Kündigung – ein wichtiger Grund vorliegt, der die Auflösung des Arbeitsverhältnisses trotz Mitwirkung des Arbeitnehmers rechtfertigt.

Ein Aufhebungsvertrag wird mit wichtigem Grund geschlossen, wenn der Arbeitgeber zum selben Beendigungszeitpunkt betriebs- oder personenbedingt hätte kündigen dürfen; das gilt auch dann, wenn in dem Aufhebungsvertrag für den Arbeitnehmer eine Abfindung vereinbart wird.[18]

Es kommt also darauf an, dass im Falle eines Aufhebungsvertrages dem Arbeitnehmer durch den Arbeitgeber eine Kündigung mit Bestimmtheit in Aussicht gestellt wurde, ohne dass hierzu der Arbeitnehmer durch vertragswidriges Verhalten (z.B. Straftat im Betrieb) Anlass gegeben hat. Weiterhin müsste diese Kündigung auch zum gleichen Zeitpunkt, mit dem durch Aufhebungsvertrag das Arbeitsverhältnis geendet hat, wirksam geworden sein, d.h. unter Beachtung der gültigen Kündigungsfrist und der arbeitsrechtlichen Zulässigkeit. Dabei schließt die arbeitsrechtliche Zulässigkeit die soziale Rechtfertigung – also auch die Fragen der Sozialauswahl – und den Zeitpunkt der Beendigung des Beschäftigungsverhältnisses ein.[19]

Ferner darf es dem Arbeitnehmer nicht zuzumuten sein, die arbeitgeberseitige Kündigung abzuwarten. Dies ist insbesondere dann erfüllt, wenn der Arbeitnehmer durch einen Aufhebungsvertrag objektive Nachteile vermeidet, die ihm aus einer ansonsten arbeitgeberseitigen Kündigung erwachsen wären oder sonstige Gründe darlegt, weswegen eine Kündigung für ihn Nachteile bedeutet hätte.

Dabei ist von dem Erfahrungssatz auszugehen, dass ein Aufhebungsvertrag Nachteilen einer arbeitgeberseitigen Kündigung entgegenwirkt.[20] Insbesondere ist es bei weiteren Bewerbungen des Arbeitnehmers wesentlich günstiger, wenn er wahrheitsgemäß darlegen kann, dass das Arbeitsverhältnis einvernehmlich beendet worden ist. Auch würde das zu einer entsprechenden Aussage in einem qualifizierten Zeugnis führen, was dem Bewerber ebenfalls eine verbesserte Bewerbungschance einräumt, als wenn er gekündigt worden wäre.[21]

18 Vgl. BSG vom 12. 4. 1984, DBlR Nr. 2959 zu § 119; weitere Nachweise aus der Rsp. bei Winkler, Das ABC des wichtigen Grundes, info also 1996, 174, 175.

19 Vgl. Neef/Schrader, S. 284.

20 Vgl. BSG vom 25. 4. 2002, info also 2002, S. 248, 251; vgl. Sauer, S. 417.

21 Vgl. Bauer, Rn. 1055.

Weiterhin kann ein wichtiger Grund erfüllt sein, wenn ein älterer Arbeitnehmer nur noch unterqualifiziert beschäftigt werden darf und ihm dies nach der Dauer der Betriebszugehörigkeit nicht mehr zumutbar ist.[22]

Ein wichtiger Grund ist auch stets gegeben, wenn der Arbeitnehmer nach § 626 BGB zur fristlosen Kündigung berechtigt wäre, insbesondere bei Vertragsverletzungen durch den Arbeitgeber, aber auch wenn das Verhalten von Mitarbeitern im Unternehmen zu einer nicht mehr erträglichen Situation für den Arbeitnehmer, insbesondere zu gesundheitlichen Gefahren, führt.[23]

Allerdings muss hier geprüft werden, ob sich der wichtige Grund auch auf den Zeitpunkt des Ausscheidens und damit des voraussichtlichen Zeitpunkts des Eintritts der Arbeitslosigkeit erstreckt. Hier ist insbesondere eine wichtige Aufgabe für den Arbeitnehmer, die **Beweise für das Vorliegen** eines wichtigen Grundes zu **sichern** und sich bei gesundheitlichen Beurteilungen einer sachverständigen ärztlichen Untersuchung und Diagnose zu unterziehen, die im Zweifelsfall vorgelegt werden kann.

Insbesondere häufen sich in der Praxis immer mehr Fälle, bei denen es Arbeitnehmer es am Arbeitsplatz nicht mehr aushalten, weil sie Mobbing oder sexueller Belästigung ausgesetzt sind.[24] Die Bundesanstalt für Arbeit verlangt aber, dass in jedem Fall, insbesondere bei Mobbing, objektive Feststellungen möglich sein müssen. Mobbing setzt aber als wichtigen Grund neben der Feststellung der feindseligen Handlungen auch einen Versuch des Arbeitnehmers voraus, die Angriffe gegen ihn abzuwehren.[25]

Ein wichtiger Grund kann ferner vorliegen, wenn ein älterer Arbeitnehmer anlässlich eines erheblichen Personalabbaues im Betrieb gegen Abfindung ausscheidet und dadurch einem jüngeren Kollegen die Weiterbeschäftigung ermöglicht.[26]

Auch bestimmte persönliche Gründe können eine Sperrzeit ausschließen. Hierzu zählt insbesondere ein erforderlicher Wohnortwechsel, weil der Ehepartner an einem neuen Arbeitsort tätig ist und nur so die eheliche Lebensgemeinschaft aufrechterhalten werden kann.[27] Mittlerweile hat das Bundessozialgericht auch anerkannt, dass nicht nur die Ehe einen solchen privilegierten

22 Vgl. BSG vom 13.8.1986, NZA 1987, 180.
23 Vgl. APS-Steinmeyer, Rn. 408; Niesel, SGB III, § 144 Rn. 81, 82.
24 Vgl. SG Wiesbaden vom 15.10.1998, info also 1999, 193.
25 Vgl. im Einzelnen APS-Steinmeyer, Rn. 409; DA, Rn. 51 ff.
26 Vgl. BSG vom 13.3.1997, NZA-RR 1997, S. 495.
27 Vgl. die Nachweise bei Winkler, S. 176.

Tatbestand bilden kann, sondern auch eheähnliche, d.h. auf Dauer angelegte Lebensgemeinschaften.[28]

Die Auflösung des Arbeitsverhältnisses durch arbeitsgerichtlichen Vergleich nach Kündigung durch den Arbeitgeber ist in aller Regel durch einen wichtigen Grund gerechtfertigt, wenn sie auf einem vernünftigen, der Prozesssituation entsprechenden Grund beruht.[29]

Wesentlich dürfte sein, dass im Zweifelsfall dem betroffenen Arbeitnehmer, der arbeitslos geworden ist, der Nachweis gelingt, dass er sich gegen eine zum gleichen Zeitpunkt ausgesprochene Kündigung nicht erfolgreich hätte zur Wehr setzen können.[30] Es kommt darauf an, ob die jeweils maßgebende Kündigungsfrist eingehalten und die Kündigung auch ansonsten objektiv rechtmäßig ist. Darauf, ob der Arbeitnehmer die betriebsbedingte Kündigung subjektiv für rechtmäßig halten durfte, kommt es nach dieser Entscheidung nicht an.[31] Dabei ist nach der Rechtsprechung des BSG bei der Konkretisierung des Tatbestandmerkmals »wichtiger Grund« der verfassungsrechtliche Verhältnismäßigkeitsgrundsatz zu beachten. Gerade bei einer rechtmäßigen Kündigung, gegenüber der sich im Zweifelsfall der Arbeitnehmer rechtlich nicht erfolgreich gegen die Beendigung seines Beschäftigungsverhältnisses wehren könnte, wäre der Zweck der Sperrzeit verfehlt, so dass die Auffassung der Bundesanstalt für Arbeit, die offensichtlich den Arbeitnehmern grundsätzlich zumuten will, die drohende Kündigung des Arbeitgebers auch abzuwarten, durchgreifenden Bedenken seitens des Bundessozialgerichts unterliegt.[32]

Ein wichtiger Grund im Sinne der vorstehenden Ausführungen ist daher geeignet, eine Sperrzeit im Falle eines Aufhebungsvertrages auszuschließen.

Achtung: Angesichts der Anforderungen insbesondere an die Zulässigkeit einer ansonsten unumgänglichen arbeitgeberseitigen Kündigung ist es sinnvoll, bereits im Zusammenhang mit dem Aufhebungsvertrag die dazu erforderlichen **Tatbestandsmerkmale** zwischen den Vertragsparteien zu **dokumentieren**, damit das spätere Risiko des Arbeitnehmers soweit wie möglich minimiert wird. Auch müssen sich Arbeitgeber und Arbeitnehmer darauf einstellen, über die genauen Umstände, die Anlass für die Aufhebungsverhand-

28 Vgl. BSG vom 5.11.1998, SozR 3–4100 § 119 Nr. 16.
29 Vgl. APS-Steinmeyer, SozR, Rn. 411 m.w.N.
30 Vgl. BSG vom 25.4.2002, info also 2002, S. 248, 250.
31 Vgl. BSG vom 25.4.2002, NZS 2002, Heft 6 S.VII.
32 Vgl. BSG vom 25.4.2002, ebenda.

lungen gegeben haben, gegenüber der Bundesanstalt für Arbeit Rechenschaft abzulegen. Auch dieser Gesichtspunkt gehört daher in die Verhandlungen über den Abschluss eines Aufhebungsvertrages.

8.2.3 Dokumentation des wichtigen Grundes

Jedenfalls ist es in der Regel nicht ausreichend, wenn die Eingangsformulierung des Aufhebungsvertrages bloß floskelhaft darauf verweist, dass die Auflösung »zur Vermeidung einer ansonsten unumgänglichen arbeitgeberseitigen Kündigung« erfolgt.[33] Dieser Formulierung allein dürfte nur ein geringer Beweiswert beizumessen sein.[34] Wichtig ist vielmehr, den Lebenssachverhalt festzuhalten, der eine Kündigung rechtfertigen könnte und zu deren Vermeidung ein Aufhebungsvertrag geschlossen wurde.

8.2.4 Neue, verschärfte Beweislastregel

Durch die Hartz-Gesetze ist auch das Beweislastrisiko für die Beschäftigten erhöht worden. Nach § 144 Abs. 1 Satz 2 SGB III muss nunmehr der Arbeitnehmer die für die Beurteilung eines wichtigen Grundes maßgeblichen Tatsachen darlegen und nachweisen, wenn diese in seiner Sphäre oder in seinem Verantwortungsbereich liegen. Das gleiche soll gelten, wenn der arbeitslos gewordene Arbeitnehmer sich nachträglich auf Gründe bezieht, zu deren Aufklärung das Arbeitsamt zunächst keine Veranlassung hatte, da entsprechende zeitnahe Angaben des Arbeitslosen dazu zunächst fehlten.[35] Dies untermauert die vorstehenden Ausführungen, wonach die Voraussetzungen für eine anderenfalls erfolgende Kündigung ebenso sorgfältig festzuhalten sind wie insbesondere Umstände in der Person des Arbeitnehmers, die z.B. bei gesundheitlichen Gründen einer Weiterbeschäftigung entgegenstehen.

Zu befürchten ist, dass aufgrund dieser Beweislastregeln die Arbeitsämter noch rigider Leistungsansprüche zunächst ablehnen und die Arbeitslosen auf Rechtsbehelfsverfahren angewiesen sind.

---

33 S.o. Kap. 5.1, S. 111f.

34 Vgl. Küttner-Voelzke, Stichwort: Aufhebungsvertrag, Rn. 33.

35 Vgl. Bauer/Krets, S. 537, 542.

8.2.5 Vermeidungsstrategien

Es gibt Vorschläge, eine Sperrzeit dadurch zu vermeiden, dass der Zeitpunkt, an dem der Anspruch auf Arbeitslosengeld entsteht, verschoben wird,[36] d.h. erst später Arbeitslosengeld zu beantragen.

Nach dem In-Kraft-Treten des SGB III ab 1.1.1998 kommt es für die rechtliche Behandlung jedoch nicht mehr auf den Zeitpunkt der Antragstellung an. Vielmehr ist entscheidend, wann die Arbeitslosigkeit entstanden ist. Auch der Überlegung, die Arbeitslosigkeit auf einen Zeitpunkt zu verschieben, an dem sie ohnehin eingetreten wäre, hat das BSG einen Riegel vorgeschoben. So hat es im Fall eines Arbeitnehmers, der ein bereits vom Arbeitgeber gekündigtes Beschäftigungsverhältnis bereits zu einem früheren Zeitpunkt aufgelöst hatte, den Eintritt einer Sperrzeit für rechtmäßig erachtet, obwohl der betreffende Arbeitnehmer Arbeitslosigkeit erst für die Zeit beanspruchte, in der er ohnehin arbeitslos geworden wäre.[37] Solche Vermeidungsstrategien sind also in aller Regel nicht vom Erfolg begleitet.

Lediglich § 128 Abs. 2 Satz 2 SGB III eröffnet die Möglichkeit, dass die durch die Sperrzeit verursachte Minderung der Anspruchsdauer dadurch vermieden werden kann, dass Arbeitslosengeld erst nach Ablauf eines Jahres geltend gemacht wird. Dies ist selbstverständlich nur sinnvoll, wenn ein sehr langer Anspruch auf Gewährung von Arbeitslosengeld besteht und das Jahr einigermaßen durch Zwischenbeschäftigungen ausgefüllt werden kann.

Allerdings hat das BSG noch eine weitere Möglichkeit eröffnet, wenn das Arbeitsamt den Arbeitnehmer in dem Beratungsgespräch nicht darauf aufmerksam gemacht hat, dass es für ihn ggf. günstiger sein könnte, die Arbeitslosmeldung zu verschieben.[38]

Diese Entscheidung ist jedoch zum AFG ergangen und es bleibt abzuwarten, ob sie auch auf die neuen Bestimmungen des SGB III zu übertragen ist.[39]

8.2.6 Dauer der Sperrzeit

Die ab 1.1.2003 geltende Sperrzeitregelung ist differenzierter gestaltet worden. Ursprünglich war in der Regel eine Sperrzeit von 12 Wochen anzuordnen, wenn die Voraussetzungen des § 144 SGB III erfüllt waren. Nunmehr ist in

36 Vgl. Gagel, S. 9ff.
37 Vgl. BSG vom 5.8.1999, NZS 2000, 155.
38 Vgl. BSG vom 5.8.1999, NZS 2000, 155.
39 Vgl. Gagel, S. 10.

bestimmten Fällen die Sperrzeit auf drei bzw. sechs Wochen zu verkürzen, insbesondere dann, wenn das Arbeitsverhältnis ohnehin innerhalb eines Zeitraums von sechs bis zwölf Wochen nach dem Ereignis, das die Sperrzeit begründet hätte, auch ohne Sperrzeit geendet hätte.

Während der Sperre ruht der Anspruch auf Arbeitslosengeldbezug. In besonderen Sonderfällen, die § 144 Abs. 3 Satz 2 Nr. 2b) SGB III regelt, kann die Sperrzeit auf sechs Wochen verkürzt werden. Wann eine besondere Härte vorliegt, muss im Einzelfall nach den für den Eintritt der Sperrzeit maßgebenden Tatsachen beurteilt werden.[40]

Hat der Arbeitnehmer über das Vorliegen von Sperrzeitvoraussetzungen geirrt und z.B. geglaubt, einen wichtigen Grund für seine Kündigung zu haben, ist hier eine Kürzung der Sperrzeit nur gerechtfertigt, wenn der Irrtum entschuldbar war. Ein solcher Fall liegt nach ständiger Rechtsprechung nicht vor, wenn es dem Arbeitslosen in der konkreten Situation möglich und zumutbar gewesen wäre, rechtskundigen Rat, u.a. auch beim Arbeitsamt einzuholen.[41]

Während des ersten Monats der Sperrzeit besteht kein Schutz durch Krankenversicherung. Es besteht allerdings nachgehender Versicherungsschutz nach § 19 Abs. 2 SGB V. Außerdem regelt § 49 Abs. 1 Nr. 3 SGB V, dass der Anspruch auf Krankengeld während der Dauer einer Sperrzeit ruht. Erst ab dem zweiten Monat der Sperrzeit ist der Arbeitslose nach § 5 Abs. 1 Nr. 2 SGB V für den Fall der Krankheit über das Arbeitsamt versichert.

8.2.7 Anspruchsminderung

Neben der eigentlichen Sperrzeit tritt auch eine Minderung des Anspruchs auf Arbeitslosengeld nach § 128 Abs. 1 Nr. 3 SGB III ein. Die Dauer des Anspruchs auf Arbeitslosengeld mindert sich um die Anzahl von Tagen, die der Dauer der Sperrzeit entspricht. Bei einer Sperrzeit von zwölf Wochen wegen einer Arbeitsaufgabe (Lösen des Beschäftigungsverhältnisses durch Mitwirkung des Arbeitnehmers ohne wichtigen Grund) vermindert sich der Anspruch sogar um ein Viertel der gesamten Anspruchsdauer. Das kann im ungünstigsten Fall dazu führen, dass sich der Anspruch auf Arbeitslosengeld um einen Zeitraum von acht Monaten verkürzt. Dies ist eine der Fallkonstellationen, in denen die Beratungspflicht des Arbeitsamtes besonders gefordert ist.

---

40 Vgl. BSG vom 29. 11. 1988, NJW 1989, 1628.
41 Vgl. BSG vom 5. 6. 1997, NZS 1998, 136, 138.

Hier entfällt nämlich die Minderung, wenn sich der Arbeitnehmer erst nach Ablauf eines Jahres seit der Auflösung des Arbeitsverhältnisses arbeitslos meldet, vgl. § 128 Abs. 2 Satz 2 SGB III.[42]

8.3 Ruhenstatbestände

Neben den Sperrfristen wegen der nicht gerechtfertigen Mitwirkung an der Auflösung des Arbeitsverhältnisses durch den Arbeitnehmer können auch so genannte Ruhenszeiträume vom Arbeitsamt verhängt werden.

8.3.1 Bei Bestehen anderweitiger Ansprüche

Der Anspruch auf Arbeitslosengeld ruht gem. § 143 Abs. 1 SGB III während der Zeit, für die der Arbeitslose Arbeitsentgelt erhält oder zu beanspruchen hat. Gleiches gilt nach § 143 Abs. 2 Satz 1 SGB III, wenn der Arbeitslose wegen der Beendigung des Arbeitsverhältnisses eine Urlaubsabgeltung erhalten oder zu beanspruchen hat und zwar für die Dauer des abgegoltenen Urlaubs. Dabei kommt es auf die Höhe des Anspruchs auf Arbeitsentgelt nicht an, sondern allein darauf, ob noch ein Anspruch auf Arbeitsentgelt besteht, und zwar auch unabhängig davon, ob dieser Anspruch erfüllt wird oder nicht.

Allerdings lässt das Arbeitsamt den arbeitslosen Arbeitnehmer »nicht im Regen stehen«, wenn er zwar Anspruch auf Arbeitsentgelt und z.B. Urlaubsabgeltung hat, diese Leistungen aber tatsächlich nicht erhält. Hier leistet das Arbeitsamt »gleichwohl« i.S.v. § 143 Abs. 3 SGB III, wobei dann die Forderung gegen den Arbeitgeber auf die Bundesanstalt für Arbeit übergeht.

8.3.2 Bei Nichteinhaltung der Kündigungsfrist

Als sozialpolitisch besonders umstritten gilt die Regelung in § 143a SGB III. Danach ruht der Anspruch bei Zahlung einer Abfindung bzw. Entlassungsentschädigung, wenn das Arbeitsverhältnis ohne Einhaltung der bestehenden Kündigungsfrist beendet wurde.

42 Vgl. BSG vom 5.8.1999, NZS 2000, 155.

Prüfungsmaßstab ist dabei, ob die für den Arbeitgeber geltende ordentliche Kündigungsfrist eingehalten wurde, unabhängig von der Form der Beendigung. Ist diese Voraussetzung im Sinne einer fristgerechten Beendigung erfüllt, ist die Abfindung **nicht** auf das Arbeitslosengeld anzurechnen. Die Kündigungsfrist selbst erschließt sich aus den gesetzlichen Bestimmungen, dem maßgeblichen Tarifvertrag oder dem Einzelarbeitsvertrag, wobei auch der jeweilige Endtermin zu beachten ist, der in den entsprechenden Regelungen vorgesehen ist, z.B. Monatsende oder Quartalsende.

Allerdings gilt bei Nichteinhaltung der Kündigungsfrist eine praktisch unwiderlegbare Vermutung, dass die Abfindung Entgeltcharakter aufweist und deshalb zeitweise zum Ruhen des Anspruchs auf Arbeitslosengeld führt. Selbst dann, wenn ein Arbeitnehmer dauerhaft arbeitsunfähig ist und keinen Anspruch auf Arbeitsentgelt gegen seinen Arbeitgeber (mehr) hat, wird bei nicht fristgerechtem Ausscheiden und Zahlung einer Abfindung ein Ruhenstatbestand ausgelöst.[43] Selbst ein Irrtum über die richtige Kündigungsfrist oder auch das Bestehen eines Anspruchs auf Zahlung einer Abfindung bei fristgerechter Beendigung ändert nichts an dieser Rechtsfolge.[44]

8.3.2.1 Zeitlich begrenzter Ausschluss einer ordentlichen Kündigung

Hierunter fallen insbesondere Fälle des gesetzlichen Sonderkündigungsschutzes. So haben beispielsweise Betriebsratsmitglieder oder Mitglieder der Jugend- und Auszubildendenvertretung während ihrer Zugehörigkeit zu den jeweiligen Gremien einen Sonderkündigungsschutz dergestalt, dass sie während der Zeit ihres Mandats nicht ordentlich kündbar sind. Hier ist jedoch die ordentliche Kündigung nur zeitlich begrenzt ausgeschlossen, nämlich während der Zeit der Zugehörigkeit zur entsprechenden Interessenvertretung. Damit gilt als Frist, die der ordentlichen Kündigungsfrist des Arbeitgebers entspricht, die auch sonst vom Arbeitgeber einzuhaltende Kündigungsfrist, die zu beachten wäre, wenn der entsprechende Arbeitnehmer nicht Mitglied der Interessenvertretung wäre. Wird diese Frist eingehalten, ruht der Anspruch auf Arbeitslosengeld nicht.[45] Sonderkündigungsschutz genießen auch Schwerbehinderte, die einen Grad der Behinderung von wenigstens 50 % innehaben

43 Vgl. BSG vom 20. 1. 2000, NZS 2000 568 f. (zu § 117 AFG).

44 Vgl. BSG, a.a.O., S. 569 – Die einzige Ausnahme wäre möglich, wenn der Arbeitgeber fristlos kündigen dürfte, weil dann die Abfindung allein der Entschädigung für den Verlust des sozialen Besitzstands dient.

45 Vgl. Dienstanweisung der Bundesanstalt für Arbeit zu § 143a SGB III Rn. 36.

oder diesem Personenkreis gleich gestellt sind. Wird hier unter Beachtung der ordentlichen Kündigungsfrist gekündigt ohne die Zustimmung des Integrationsamtes einzuholen, ist die Kündigung zwar ohne weiteres gem. § 85 SGB IX anfechtbar. Da aber die Kündigungsfrist eingehalten wurde, tritt ein Ruhen des Anspruchs auf Arbeitslosengeld für den Schwerbehinderten nicht ein, der die Kündigung gleichwohl nicht angreift.

Unabhängig hiervon werden aber in den vorgenannten Fällen die Sanktionen des § 144 SGB III – also Sperrzeiten – mutmaßlich eintreten, da es hier in aller Regel erkennbar sein dürfte, dass es sich um eine rechtswidrige Kündigung handelt.

8.3.2.2 Zeitlich unbegrenzter Ausschluss einer ordentlichen Kündigung

Wird jedoch ein Arbeitsverhältnis beendet, bei dem eine ordentliche Kündigung durch den Arbeitgeber zeitlich unbegrenzt ausgeschlossen ist, so beträgt die Kündigungsfrist, die zu beachten wäre, gem. § 143a Abs. 1 Satz 3 Nr. 1 SGB III fiktiv 18 Monate. Ein solcher unbegrenzter Sonderkündigungsschutz gilt insbesondere nach einigen Tarifverträgen für ältere Arbeitnehmer, die bestimmte Betriebszugehörigkeitszeiten aufweisen können.

Einige dieser Tarifverträge sehen Regelungen vor, wonach das Recht zur ordentlichen Kündigung bei Betriebsänderungen vorbehalten bleibt, wenn Abfindungen an den betroffenen – älteren – Arbeitnehmer gezahlt werden. Dann soll nach § 143a Abs. 1 Satz 4 SGB III eine Kündigungsfrist von einem Jahr gelten.[46]

Dies ist allerdings sehr kritisch zu beurteilen, insbesondere dann, wenn die Abfindung auf einem Sozialplan beruht. Es ist nicht einsehbar, warum älteren Arbeitnehmern, die nur bei Zahlung von Abfindungen kündbar sind, diese Abfindung zunächst in einem erheblichen Umfang für ihren Lebensunterhalt einsetzen müssen, die nicht altersgeschützten, also kündbaren Arbeitnehmer, die die Betriebsänderung ebenfalls trifft, aber hierzu nicht verpflichtet sind. Es dürfte sich um einen Verstoß gegen den Gleichbehandlungsgrundsatz handeln, wenn gerade den älteren Arbeitnehmern die Abfindung nur geschmälert zufließen soll, was entsprechend verfassungsrechtlich zu würdigen wäre.[47] Hier sollte bei entsprechender Fallkonstellation rechtliche Beratung eingeholt und genau geprüft werden, ob Rechtsmittel Erfolg versprechend sind.

46 Vgl. BSG vom 5.2.1998, NZS 1998, 538.
47 Vgl. kritisch Gagel, NZS 2000, 327, 331.

8.3.2.3 Ausnahmen

Die genaue Prüfung der Rechtslage ist geboten, weil nicht in jedem Fall bei Ausschluss der ordentlichen Kündigung insbesondere durch Tarifvertrag eine gezahlte Abfindung zum Ruhen des Anspruchs auf Arbeitslosengeld führt.

Liegen nämlich die Voraussetzungen für eine fristgebundene Kündigung aus wichtigem Grund vor, so gilt nach § 143a Abs. 1 Satz 3 Nr. 2 SGB III die Frist, die ohne den Ausschluss der ordentlichen Kündigung vom Arbeitgeber einzuhalten gewesen wäre, also die so genannte ordentliche Kündigungsfrist. Ein solcher Sachverhalt kann insbesondere bei Stilllegung des Betriebes vorliegen. Hier steht dem Arbeitgeber auch gegenüber unkündbaren Arbeitnehmern die Möglichkeit zur außerordentlichen Kündigung offen, wofür allerdings strenge Voraussetzungen zu beachten sind. Neben der Beachtung der für die ordentliche Kündigung geltenden Kündigungsfristen sind insbesondere auch die Grundsätze der Sozialauswahl zu beachten.[48]

Es muss sich um einen Wegfall der Beschäftigungsmöglichkeit handeln, wobei hierfür auch tief greifende Rationalisierungsmaßnahmen ausreichend sein können, wenn hierdurch dauerhaft eine Beschäftigungsmöglichkeit für den betreffenden Arbeitnehmer wegfällt, ohne dass die Möglichkeit besteht, ihn anderswo weiterzubeschäftigen.[49]

Eine solche Konstellation hat dann auch das Arbeitsamt anzuerkennen, wobei es sicherlich jeden Einzelfall sehr kritisch prüfen wird. Liegen jedoch die Voraussetzungen für eine fristgebundene Kündigung aus wichtigem Grund vor, kann auch bei Zahlung einer Entlassungsentschädigung unter Einhaltung der im Übrigen geltenden ordentlichen Kündigungsfristen kein Ruhenszeitraum durch das Arbeitsamt verhängt werden.

Eine dementsprechende Kündigungsbefugnis enthält § 113 InsO. Hier kann der Insolvenzverwalter ohne Rücksicht auf einen vereinbarten Ausschluss des Rechts zur ordentlichen Kündigung mit einer Frist von drei Monaten zum Monatsende, sofern nicht eine kürzere Frist maßgebend ist, das Arbeitsverhältnis kündigen. Im Falle der Insolvenz bedeutet dies, dass die ältere Arbeitnehmer schützenden Regelungen praktisch obsolet geworden sind.

48 Vgl. BAG vom 5. 2. 1998, DB 1998, 1035.
49 Vgl. APS-Dörner, § 626 BGB, Rn. 66 m.w.N.

8.3.3 Dauer des Ruhenszeitraumes

Der Anspruch auf Arbeitslosengeld ruht zunächst für den Fall des Bestehens weiterer Gehaltsansprüche für den darauf entfallenden Zeitraum. Gleiches gilt im Fall des Anspruchs auf Urlaubsabgeltung für die Zeit des abgegoltenen Urlaubs.

Ansonsten gilt eine Obergrenze für die Verhängung eines Ruhenszeitraumes von einem Jahr; vgl. § 143a Abs. 2 Satz 1 SGB III.

Die konkrete Berechnung des Ruhenszeitraumes richtet sich dann nach sozialen Gesichtspunkten. Generell wird auch bei kurzer Betriebszugehörigkeit ein Anteil von 40 % der Abfindung nicht angerechnet, weil dies als Entschädigung für den Verlust des sozialen Besitzstandes angesehen wird. Danach können sich höchstens 60 % der Abfindung auf das Ruhen des Leistungsanspruches auswirken, wobei sich der Anteil, der sich nicht auf den Ruhenstatbestand auswirkt, um jeweils 5 % für jeweils fünf Jahre der Betriebszugehörigkeit und fünf Lebensjahre nach Vollendung des 35. Lebensjahres erhöht. Bei entsprechendem Lebensalter und Betriebszugehörigkeit endet der anrechnungsfreie Teil der Abfindung bei 75 %. Vom Gesamt-Brutto der Abfindung sind Anteile zu berücksichtigen, deren jeweilige Prozentsätze sich aus nachstehender Tabelle ergeben:

	Lebensalter am Ende des Arbeitsverhältnisses					
Betriebs- oder Unternehmens-zugehörigkeit	unter 40 Jahre	ab 40 Jahre	ab 45 Jahre	ab 40 Jahre	ab 55 Jahre	ab 60 Jahre
weniger als 5 Jahre	60	55	50	45	40	35
5 und mehr Jahre	55	50	45	40	35	30
10 und mehr Jahre	50	45	40	35	30	25
15 und mehr Jahre	45	40	35	30	25	25
20 und mehr Jahre	40	35	30	25	25	25
25 und mehr Jahre	35	30	25	25	25	25
30 und mehr Jahre		25	25	25	25	25
35 und mehr Jahre			25	25	25	25

Bei Anwendung der Tabelle ist stets der Bruttobetrag der Abfindung maßgebend.

Erhält beispielsweise ein Arbeitnehmer eine Abfindung von € 20000,00 und beträgt sein letztes Bruttogehalt € 3000,00 (d.h. kalendertäglich € 100,00 und sind bei diesem Arbeitnehmer 40 % der Abfindung bei der Berechnung der Ruhenszeit zu berücksichtigen, errechnet sich hieraus ein Ruhenszeitraum von insgesamt 100 Kalendertagen (40 % von € 25 000,00 sind € 10 000,00). Dieser Betrag ist durch den Tagesverdienst von € 100,00 zu dividieren, woraus sich ein Ruhenszeitraum von 100 Kalendertagen ergibt.

Für die Dauer des Ruhenszeitraumes besteht grundsätzlich kein Krankenversicherungsschutz. Eine Ausnahme gilt auch hier nur während des nachwirkenden Krankenversicherungsschutzes für die Dauer von einem Monat gem. § 19 Abs. 2 SGB V im unmittelbarem Anschluss an die Beendigung des Arbeitsverhältnisses oder für die Dauer der Sperrzeit gem. § 5 Abs. 1 Nr. 2 SGB V.

Zu beachten ist ferner, dass bei der Abfindung die Leistungen für die Berechnung des Ruhenszeitraumes unberücksichtigt bleiben, die der Arbeitgeber unmittelbar zugunsten der Rentenversicherung des Arbeitnehmers im Zusammenhang mit der Entlassung gem. § 187a Abs. 1 SGB VI bzw. für Beiträge des Arbeitgebers zu einer berufsständischen Versorgungseinrichtung gezahlt. Im Übrigen bewirkt § 143a SGB III nur eine zeitliche Verlagerung des Anspruchs auf Arbeitslosengeld. Der arbeitslose Arbeitnehmer wird wegen der Abfindung praktisch für die Dauer des Ruhenszeitraumes so behandelt, als ob er nicht arbeitslos wäre. Sein Anspruch wird also lediglich hinausgeschoben und kann im Anschluss an den Ruhenszeitraum für die volle Dauer geltend gemacht werden.

Wird gleichzeitig eine Sperrzeit nach § 144 SGB verhängt und liegen parallel die Voraussetzungen für ein Ruhen nach § 143a SGB III vor, laufen auch die entsprechenden Zeiten parallel. Der Ruhenszeitraum beginnt also nicht erst nach der Sperrzeit, sondern wird hierauf angerechnet.

Bei der Beendigung von Arbeitsverhältnissen sind daher die sozialversicherungsrechtlichen Rahmenbedingungen auch zur Bewertung dessen, welche finanziellen Folgen dies für den Arbeitnehmer hat, von wesentlicher Bedeutung. Handelt es sich um ältere Arbeitnehmer, ist zusätzlich das Risiko der Erstattung des Arbeitslosengeldes durch den Arbeitgeber nach § 147a SGB III zu würdigen.[50]

50 Vgl. hierzu Welslau, S. 313 ff.

8.4 Sofortige Meldepflicht

Um die frühzeitige Arbeitssuche zu beschleunigen, verpflichtet nunmehr durch die durch die Hartz-Gesetze eingeführte Vorschrift des § 37 b SGB III den Arbeitnehmer, sich unverzüglich nach Kenntnis des Beendigungszeitpunkts persönlich beim Arbeitsamt als arbeitssuchend zu melden.

Achtung: Die Pflicht zur Meldung besteht auch dann, wenn der Arbeitnehmer Kündigungsschutzklage erhoben hat, also die Auffassung vertritt, die ausgesprochene Kündigung sei unwirksam.

Der Arbeitnehmer hat sich also unverzüglich nach Zugang der Kündigung durch den Arbeitgeber und selbstverständlich auch bei einer Eigenkündigung sofort beim Arbeitsamt zu melden. Dies gilt auch bei Abschluss eines Aufhebungsvertrages.[51]

Bei befristeten Arbeitsverhältnissen hat die Meldung frühestens drei Monate vor dessen Beendigung zu erfolgen.

Unverzüglich bedeutet nach § 121 Abs. 1 Satz 1 BGB, dass der Arbeitnehmer sich ohne schuldhaftes Zögern zum Arbeitsamt zu begeben hat und zwar persönlich. Dies ist längstens eine Frist von bis zu sieben Tagen, in der Regel wird man von drei Arbeitstagen ausgehen müssen, wenn jedes Risiko vermieden werden soll.[52]

Wer sich nicht unverzüglich gemeldet hat, wird Minderungen seines Arbeitslosengeldes hinnehmen müssen. Dies regelt § 140 SGB III. Für jeden Tag der verspäteten Meldung mindert sich das Arbeitslosengeld. Die Minderung beträgt bei einem Bemessungsentgelt bis zu € 400,00 € 7,00, bei einem Bemessungsentgelt bis zu € 700,00 € 35,00 und bei einem Bemessungsentgelt über € 700,00 € 50,00 **für jeden Tag der verspäteten Meldung.**

Die Minderung ist allerdings auf den Betrag begrenzt, der sich bei einer Verspätung von 30 Tagen errechnet. Wird diese Höchstgrenze von 30 Tagen erreicht, ergibt sich also bei einem entsprechenden Einkommen ein Betrag von € 1500,00. Der Minderungsbetrag wird auf das halbe Arbeitslosenentgelt angerechnet, so dass im Beispielsfall der arbeitslos gewordene Arbeitnehmer zunächst über diesen Weg für einen nicht unerheblichen Zeitraum auf das halbe Arbeitslosengeld verzichten muss.

Leider hat der Gesetzgeber nicht geregelt was passiert, wenn der Arbeitgeber den Arbeitnehmer nicht freistellt und dieser auch keinen Urlaub erhal-

51 Vgl. Bauer/Krets, NJW 2003, S. 537, 541

52 Vgl. Hümmerich/Holthausen/Welslau, NZA 2003, S. 7, 8; Bauer/Krets, NJW 2003, S. 537, 541.

ten hat, um sich unverzüglich arbeitslos zu melden. Der Arbeitgeber müsste dann aber Schadensersatz leisten, da er selbst zur Erfüllung der Meldepflicht verpflichtet ist und den Arbeitnehmer nach § 2 Abs. 2 Satz 2 Nr. 3 SGB III freizustellen.[53]

Achtung: Wer als Arbeitnehmer also beispielsweise eine rückdatierte Kündigung des Arbeitgebers hinnimmt, muss zukünftig mit dieser empfindlichen Sanktion rechnen. Gleiches gilt, wenn sich der Arbeitnehmer auf eine rückdatierte Aufhebungs- oder Abwicklungsvereinbarung einlässt.

53 Vgl. so Bauer/Krets, NJW 2003, S. 537, 5402; offen gelassen bei Hümmerich/Holthausen/Welslau, NZA 2003, S. 7, 8.

9. Unwirksamkeit von Aufhebungsverträgen / Recht zum Widerruf

Gelegentlich reut es die Arbeitsvertragsparteien, einen Aufhebungsvertrag unterzeichnet zu haben. Es beginnt dann die Suche nach Unwirksamkeitsgründen, die allerdings nur unter ausgesprochen engen Voraussetzungen zum Erfolg führen wird. Nach neuem Recht besteht allerdings in bestimmten Konstellationen ein Recht zum Widerruf.

9.1 Unzulässige Regelungen

Aufhebungsverträge können nichtig sein, wenn ihr Zustandekommen als Umgehung des Kündigungsschutzgesetzes zu gelten hat. So ist ein Aufhebungsvertrag unwirksam, den ein Arbeitnehmer bereits bei der Einstellung oder zu einem späteren Zeitpunkt unterzeichnet und den der Arbeitgeber, wenn es ihm passt, benutzen kann, indem er diesen Vertrag dann mit dem von ihm gewünschten Auflösungsdatum versieht.[1] Auch ist eine Abmachung unwirksam, wenn für den Fall, dass der Arbeitnehmer nicht rechtzeitig aus dem Urlaub zurückkehrt, die Beendigung des Arbeitsverhältnisses eintritt, da dies zu einem Wegfall des Kündigungsschutzes führt.[2]

Gleichfalls sind Aufhebungsverträge unwirksam, die dazu dienen sollen, dass bei bestimmten Verhaltensweisen automatisch eine Beendigung des Arbeitsverhältnisses eintritt. So sind Vereinbarungen nichtig, wenn das Arbeitsverhältnis enden soll, wenn ein ehemaliger Alkoholabhängiger wieder Alkohol zu sich nimmt.[3]

---

1 Vgl. KSchR-Däubler, Einl., Rn. 259.

2 Vgl. BAG vom 19. 12. 1974, AP Nr. 3 zu § 620 BGB Bedingung; ähnlich BAG vom 25. 6. 1987, AiB 1988, 117 (Auslaufen des Arbeitsvertrages bei Urlaubsende mit der allein eingeräumten Option, dann am Tag nach Urlaubsende die Wiedereinstellung zu den alten Bedingungen **beantragen** zu können).

3 Vgl. LAG München vom 29. 10. 1987, DB 1988, 506.

Gleiches gilt, wenn ein Ausbildungsverhältnis dann aufgehoben werden soll, wenn nicht bestimmte Noten in der Berufsschule erzielt werden.[4] Auch das Überschreiten bestimmter vorab festgelegter Fehlzeitenquoten kann nicht als Anknüpfungspunkt in einem Aufhebungsvertrag wirksam zugrunde gelegt werden.[5]

Ferner können im Einzelfall Aufhebungsverträge unwirksam sein, weil die Vorschrift des § 613a BGB umgangen wird. Dies ist dann gegeben, wenn Arbeitnehmer als Voraussetzung für den Abschluss neuer Arbeitsverträge mit dem Erwerber – dort selbstverständlich zu schlechteren Bedingungen – zunächst gehalten sind, ihre bestehenden Arbeitsverträge mit ihrem bisherigen Arbeitgeber aufzukündigen. Dieser Praxis hat das BAG einen Riegel vorgeschoben.[6]

Wenn es beide Seiten darauf anlegen, das Arbeitsamt zu täuschen und deshalb einen Aufhebungsvertrag zurückdatieren, wird dieser als sittenwidrig anzusehen sein.[7] Insgesamt bleibt festzuhalten, dass nur unter ausgesprochen engen Voraussetzungen von der Nichtigkeit eines Aufhebungsvertrages ausgegangen werden kann. Sind lediglich einzelne Klauseln des Aufhebungsvertrages unwirksam, kann dies nach der gesetzlichen Bestimmung des § 139 BGB zum Wegfall des gesamten Vertrages führen. Wird allerdings eine Salvatorische Klausel[8] vereinbart, so beschränkt sich die Unwirksamkeit auf die entsprechende Klausel, während es bei der Aufhebung des Arbeitsverhältnisses aufgrund des im Übrigen dann wirksamen Aufhebungsvertrages verbleibt.

9.2 Verletzung von Aufklärungspflichten

Wie aufgezeigt kann die vorzeitige Beendigung eines Arbeitsverhältnisses für den Arbeitnehmer mit erheblichen Nachteilen verbunden sein. Da der Arbeitgeber als Nebenpflicht aus dem bestehenden Arbeitsverhältnis Aufklärungs- und Hinweispflichten wahrzunehmen hat, kann eine Verletzung dieser Pflich-

4 Vgl. BAG vom 5. 12. 1985, DB 1986, 2680.

5 Vgl. LAG Baden-Württemberg vom 5. 10. 1990, LAGE Nr. 3 zu § 611 BGB Aufhebungsvertrag.

6 Vgl. BAG vom 28. 4. 1987, AP Nr. 5 zu § 5 BetrAVG; ebenso BAG vom 10. 12. 1998, DB 1999, 537.

7 Vgl. LAG Baden-Württemberg vom 22. 5. 1991, LAGE Nr. 4 zu § 611 BGB Aufhebungsvertrag – kritisch wird es, wenn nur eine Partei die Täuschungsabsicht verfolgt.

8 S.o. Kap. 6.16, S. 159.

ten im Einzelfall Schadensersatzansprüche auslösen.[9] Die Rechtsprechung hat bislang das Bestehen einer Aufklärungspflicht aber nur in besonderen Fallkonstellationen anerkannt. Diese betreffen insbesondere abgeschlossene Aufhebungsverträge, die aufgrund ihrer Terminierung zu Versorgungseinbußen geführt haben. Insbesondere dann, wenn in zeitlicher Nähe zum möglichen Eintritt in den Ruhestand eine vorzeitige Vertragsbeendigung verhandelt wurde, ist anerkannt, dass der Arbeitnehmer ein legitimes Interesse an einem möglichst ungeschmälerten Rentenbezug hat, so dass demgegenüber das Interesse des Arbeitgebers an einer vorzeitigen Beendigung des Arbeitsverhältnisses zurückzutreten hat. Deshalb ist in solchen Fällen vom Arbeitgeber auf die versorgungsrechtlichen Nachteile einer vorzeitigen Vertragsbeendigung hinzuweisen.[10] Dies gilt allerdings dann nicht, wenn die Initiative zum Abschluss des Aufhebungsvertrages vom Arbeitnehmer ausgeht und erkennbar ist, dass für ihn etwaige Nachteile in seiner Altersversorgung keine Rolle spielen.[11]

Gesteigerte Hinweispflichten bestehen auch dann, wenn durch den Aufhebungsvertrag eine Zusatzversorgung in beträchtlicher Höhe geschmälert wird. Wenn dann noch die Höhe der angebotenen Abfindung in einem krassen Missverhältnis zu den Versorgungsrisiken steht, ist der Arbeitgeber gehalten, das Problembewusstsein des Arbeitnehmers zu wecken und so zu beraten, dass dieser sich bei der entsprechenden Versorgungseinrichtung sachgerecht erkundigt, um Missverständnisse vermeiden zu können. Ein lediglich pauschaler Hinweis, sich bei der Versorgungseinrichtung aufklären zu lassen, reicht in einer solchen Situation nicht. Vielmehr muss der Arbeitgeber den Arbeitnehmer auf atypische Risiken bei der beabsichtigten Beendigung des Arbeitsverhältnisses aufmerksam machen. Unklarheiten, ob entsprechende Hinweispflichten eingehalten wurden, gehen zu Lasten des aufklärungspflichtigen Arbeitgebers.[12] Vergleichbare Aufklärungspflichten sollen auch bestehen, wenn es um drohende sozialrechtliche Nachteile insbesondere beim Bezug von Arbeitslosengeld geht.[13]

Stellt der Arbeitnehmer Fragen nach dem Bezug von Arbeitslosengeld, muss der Arbeitgeber diese vollständig und richtig beantworten. Ist er dazu selbst nicht in der Lage, muss er den Arbeitnehmer an die zuständige Stelle

9 Vgl. BAG vom 10. 3. 1988, AP Nr. 99 zu § 611 BGB Fürsorgepflicht; ErfK-Müller-Glöge, § 611 BGB, Rn. 782.

10 Vgl. BAG vom 13. 11. 1984, AP Nr. 5 zu § 1 BetrAVG Zusatzversorgungskassen.

11 Vgl. BAG vom 18. 9. 1984, AP Nr. 6 zu § 1 BetrAVG Zusatzversorgungskassen.

12 Vgl. BAG vom 17. 10. 2000, DB 2001, 286, 287 f.

13 Vgl. BAG vom 10. 3. 1988, NZA 1988, 837; ErfK-Müller-Glöge, § 611 BGB, Rn. 782; APS-Schmidt, AufhebVtr, Rn. 41.

weiterleiten. Werden Fragen des Arbeitnehmers unzutreffend beantwortet, haftet der Arbeitgeber auf Schadensersatz.[14] Allerdings soll es ausreichen, dass der Arbeitgeber den Arbeitnehmer auf die bei der Arbeitsverwaltung bestehende Erkundigungsmöglichkeiten hinweist.[15] Auch soll es ausreichen, dass die Aufklärungspflichten durch Klauseln im Aufhebungsvertrag abbedungen werden können bzw. dass im Aufhebungsvertrag aufgenommen wird, dass der Arbeitnehmer über entsprechende Risiken belehrt worden sei.[16]

Diese Rechtsauffassung dürfte jedenfalls dann als problematisch anzusehen sein, wenn für den Arbeitnehmer keine ausreichende Zeit gegeben war, sich sachgerecht an anderer Stelle über mögliche Konsequenzen informieren zu können. In einem solchen Fall dürfte es zutreffend sein, dass der Arbeitgeber verpflichtet ist, den Arbeitnehmer direkt über die Auswirkungen des Aufhebungsvertrages auf den Anspruch auf Arbeitslosengeld aufzuklären, insbesondere, wenn es der Arbeitgeber ist, der aus betrieblichen Gründen massiv auf Abschluss eines Aufhebungsvertrages drängt.[17]

Auch dann, wenn durch den Abschluss eines Aufhebungsvertrages bestehender Sonderkündigungsschutz verloren geht, wird eine Hinweispflicht des Arbeitgebers bejaht, insbesondere eine Aufklärung darüber, dass dann mit einer Sperrfrist bei Bezug des Arbeitslosengeldes zu rechnen ist. Dies soll jedenfalls dann gelten, wenn der Arbeitgeber den Abschluss des Aufhebungsvertrages betreibt und dabei erkennt, dass der Arbeitnehmer sich vermutlich über die Folgen und Tragweite eines Aufhebungsvertrages im Unklaren ist.[18] Dennoch muss als **Grundsatz** festgehalten werden, dass die herrschende Meinung in Rechtsprechung und Literatur davon ausgeht, dass sich der **Arbeitnehmer** vor Abschluss eines Aufhebungsvertrages **selbst über die damit verbundenen Folgen zu informieren hat** und im Regelfall keine Pflicht des Arbeitgebers besteht, von sich aus auf Risiken von Aufhebungsverträgen hinzuweisen.[19] Dies gilt selbst dann, wenn der Arbeitgeber zum gleichen Zeitpunkt bereits weitere Entlassungen beabsichtigt, die dann zum Abschluss eines Sozialplanes mit höheren Abfindungsbeträgen führen.[20]

---

14 Vgl. BAG vom 3.7.1990, DB 1990, 2431.
15 So Bauer, Rn. 85f.
16 Vgl. Bauer, Rn. 87 m.w.N.; APS-Schmidt, Rn. 37.
17 Vgl. LAG Hamburg vom 20.8.1992, LAGE Nr. 9 zu § 611 BGB Aufhebungsvertrag.
18 Vgl. BAG vom 10.3.1988, DB 1988, 2006; Küttner-Eisemann, Stichwort: Aufhebungsvertrag, Rn. 15.
19 Vgl. BAG vom 23.5.1989, DB 1989, 2492; BAG vom 11.12.2001, NZA 2002, S. 1150ff.: betraf unterlassene Information über Kürzung der betrieblichen Altersversorgung bei Aufhebungsvertrag.
20 Vgl. BAG vom 13.11.1996, DB 1997, 936.

Nur in Ausnahmen wird es daher dem Arbeitnehmer gelingen, wegen eines für ihn im Ergebnis nachteiligen Aufhebungsvertrages Schadensersatz zu erlangen.

9.3 Anfechtung

Die zum Zustandekommen eines Aufhebungsvertrages führenden Willenserklärungen sind nach den allgemeinen Bestimmungen der §§ 119, 123 BGB anfechtbar. Die Anfechtung ist gegenüber dem Vertragspartner zu erklären und führt, wenn sie – im Ausnahmefall – erfolgreich ist, zur rückwirkenden Beseitigung des Aufhebungsvertrages gem. § 142 Abs. 1 BGB.

9.3.1 Wegen Irrtums

Eine Anfechtung kann sich darauf stützen, dass der Arbeitnehmer eine Erklärung dieses Inhalts (Erklärungsirrtum) gar nicht abgeben wollte oder sich über die Folgen eines Aufhebungsvertrages nicht bewusst war. Dies ist in aller Regel jedoch wenig Erfolg versprechend. Dem Arbeitnehmer steht z.B. kein Anfechtungsrecht nach § 119 BGB zu, wenn er sich über die steuerrechtlichen und/oder sozialrechtlichen Folgen der abgeschlossenen Vereinbarung getäuscht hat.[21] Selbst einer schwangeren Arbeitnehmerin, die nicht darüber informiert ist, dass ihr Aufhebungsvertrag zum Verlust des Mutterschutzes führt, wird ein Anfechtungsrecht nicht zugestanden.[22]

So hat es die Rechtsprechung auch abgelehnt, einer Arbeitnehmerin, die von ihrer Schwangerschaft nichts wusste, ein Anfechtungsrecht gegenüber dem von ihr geschlossenen Aufhebungsvertrag einzuräumen.[23]

Im Ergebnis bleibt festzuhalten, dass auch ein so genannter Inhaltsirrtum (eine Erklärung diesen Inhalts sollte nicht abgegeben werden) kein Anfechtungsrecht begründet.

21 Vgl. BAG vom 10.3.1988, NZA 1988, 837.
22 Vgl. BAG vom 16.2.1983, AP Nr. 22 zu § 123 BGB; kritisch KSchR-Däubler, a.a.O., Rn. 289.
23 Vgl. BAG vom 6.2.1992, NZA 1992, 790 – so genannter unbeachtlicher Rechtsfolgenirrtum.

9.3.2 Wegen arglistiger Täuschung

Ein Aufhebungsvertrag kann dann anfechtbar sein, wenn eine der beiden Seiten durch arglistige Täuschung zu seinem Abschluss bestimmt worden ist. Die Täuschung muss sich auf objektiv nachprüfbare Umstände beziehen.[24] So kann eine Täuschung, also die willentliche Verursachung eines Irrtums, gegeben sein, wenn dem Arbeitnehmer vorgespiegelt wird, der Betrieb werde alsbald stillgelegt.[25] Ebenfalls liegt eine Täuschungshandlung vor, wenn wahrheitswidrig behauptet wird, andere Beschäftigte hätten ebenfalls einen Aufhebungsvertrag abgeschlossen.

Arglistig ist so ein Verhalten, wenn der Täuschende die Unrichtigkeit seiner Angaben kennt oder einfach ins Blaue hinein unrichtige Angaben aufstellt.[26] Schließlich setzt eine erfolgreiche Anfechtung voraus, dass durch die Irrtumserregung auch die Unterschrift unter den Aufhebungsvertrag ursächlich veranlasst wurde. Dies alles muss der betreffende Arbeitnehmer im Übrigen auch beweisen können.

9.3.3 Wegen widerrechtlicher Drohung

Außerordentlich umstritten ist die Beurteilung der Fälle, bei denen der Arbeitgeber mit einer außerordentlichen oder ordentlichen Kündigung droht und der Arbeitnehmer unter diesem Eindruck einen Aufhebungsvertrag abschließt. Dies sind typischerweise Situationen, in denen dem Arbeitnehmer – meist »überfallartig« – ein Aufhebungsvertrag zur Unterschrift vorgelegt wird mit der ultimativen Aufforderung, diesen sofort zu akzeptieren, anderenfalls würde eine Kündigung ausgesprochen. Dies wird dann in der Praxis auch noch verbunden mit der Androhung weitreichender Schadensersatzansprüche oder strafrechtlichen Konsequenzen für den Fall, dass sich beide Seiten nicht »einigen« würden.

Bei der Beurteilung, ob die Drohung widerrechtlich ist, kommt es nach Auffassung des BAG nicht darauf an, ob sich in einem Kündigungsschutzprozess die angedrohte Kündigung als wirksam herausgestellt hätte. Vielmehr wird als Prüfungsmaßstab herangezogen, ob ein »verständiger Arbeitgeber die Kündigung ernsthaft in Erwägung gezogen hätte«.[27]

---

24 Vgl. BAG vom 5.10.1995, AP Nr. 40 zu § 123 BGB.

25 Vgl. KSchR-Däubler, a.a.O., Rn. 290.

26 Vgl. APS-Schmidt, AufhebVtr, Rn. 65.

27 So das BAG für die außerordentliche Kündigung vom 30.1.1986, NZA 1987, 91; für die ordentliche Kündigung vom 16.1.1992, NZA 1992, 1023 sowie vom 30.9.1993, AP Nr. 37 zu § 123 BGB.

Ist der Sachverhalt unklar, kommt es darauf an, ob ein »verständiger Arbeitgeber« noch weitere Ermittlungen anstellen würde. Dann kommt es darauf an, ob das voraussichtliche Ergebnis nach weiteren Ermittlungen auch eine Kündigung ermöglicht hätte.,[28] Es sollen aber auch bereits Unstimmigkeiten und Widersprüchlichkeiten in Spesenabrechnungen eines Außendienstmitarbeiters ausreichen, wenn eine Überprüfung nur schwer möglich ist, um die hier angedrohte Kündigung nicht als widerrechtliche Drohung zu bewerten.[29] Eine Anfechtung ist damit ausgeschlossen.

Immerhin wird ein hinreichender Kündigungsgrund nicht angenommen, wenn der Arbeitgeber wegen eines Verhaltens, das zunächst nur hätte abgemahnt werden dürfen, eine Kündigung androht.[30] Bei einer angedrohten Verdachtskündigung ist die Anfechtung zulässig, wenn hier der Arbeitgeber die gebotenen Schritte zur Aufklärung des Sachverhalts unterlassen hat.[31]

Zutreffend wird kritisiert, dass der Maßstab dessen, was ein »verständiger Arbeitgeber« veranlassen würde, für die Rechtsanwendung kaum praktikable Maßstäbe liefert.[32]

Die Drohung mit Schadensersatzansprüchen kann dann zur Rechtswidrigkeit von Aufhebungsverträgen führen, wenn diese Ansprüche entweder völlig unbegründet sind oder in keinem direkten Zusammenhang mit dem Arbeitsverhältnis stehen.[33] Hier sollte auch die Rechtsprechung nutzbar gemacht werden, die gegenüber Schuldanerkenntnissen entwickelt worden ist, welche vom Arbeitnehmer in einer besonderen Zwangssituation abgegeben wurden. So gibt es Fälle, in denen ein Arbeitnehmer, der der Kassen- oder Warenveruntreuung verdächtigt wird, in eine Zwangssituation gebracht wird, insbesondere ohne die Möglichkeit, eine Vertrauensperson bzw. einen Rechtsanwalt in Anspruch zu nehmen, und dann Schuldanerkenntnisse zur Unterschrift vorgelegt werden, mit denen auch solche Inventurdifferenzen ausgeglichen werden sollen, die auf ganz anderen Ursachen beruhen.[34] Bei einer Auszubildenden, die des Diebstahls überführt wurde, wurde ein notarielles Schuldanerkenntnis, das nach einem mehr als drei Stunden währenden intensiven Verhör durch mehrere Personen und unmittelbar anschließender Fahrt zum Notar zustande

28 Vgl. BAG vom 30. 1. 1986, NZA 1987, 91.
29 Vgl. LAG Düsseldorf vom 30. 4. 1991, LAGE Nr. 14 zu § 123 BGB.
30 Vgl. BAG vom 16. 1. 1992, NZA 1992, 1023.
31 Vgl. Küttner-Eisemann, a.a.O., Rn. 23.
32 Vgl. KSchR-Däubler, Rn. 296 m.w.N.
33 Vgl. KSchR-Däubler, Rn. 297.
34 Vgl. LAG Thüringen vom 10. 9. 1998, NZA-RR 1999, 399ff. – Nichtigkeit eines Schuldanerkenntnisses über 80 000,00 DM wegen Sittenwidrigkeit.

gekommen war, als sittenwidrig angesehen.[35] Wird in einer solchen Situation also mit völlig unverhältnismäßigen Schadensersatzansprüchen gedroht, wäre es je nach Lage des Einzelfalles folgerichtig, nicht nur das Schuldanerkenntnis als unwirksam zu werten, sondern ebenfalls einen typischerweise in dieser Situation abgeschlossenen Aufhebungsvertrag.

Zurückhaltend ist die Rechtsprechung aber demgegenüber auch dann, wenn mit strafrechtlichen Folgen in Form einer Strafanzeige gedroht wird. Hier soll es für die Beurteilung der Widerrechtlichkeit darauf ankommen, ob ein auch »verständiger« Arbeitgeber eine Strafanzeige ernsthaft in Erwägung gezogen hätte.[36] Richtigerweise sollte man auch hier darauf abstellen, ob das mit einer Strafanzeige bedrohte Verhalten so geartet ist, dass arbeitsrechtlich auch eine Kündigung gerechtfertigt wäre.[37]

In der Mehrzahl der Fälle wird aber eine Anfechtung wegen Drohung nach der geltenden Rechtsprechung daran scheitern, dass nur unter Ausnahmebedingungen, die vom Arbeitnehmer zu beweisen wären, die Widerrechtlichkeit angenommen wird.

Die Frist zur Anfechtung wegen Drohung und Täuschung beträgt ein Jahr und beginnt mit der Entdeckung des Anfechtungsgrundes bzw. dem Ende der so genannten Zwangslage. Bei Anfechtung wegen Irrtums muss diese unverzüglich, d.h. ohne schuldhaftes Zögern i.S.v. § 121 Abs. 1 Satz 1 BGB erfolgen.

9.4 Widerrufsrecht bei Aufhebungsvereinbarungen

9.4.1 Bisherige Rechtslage

Bisher hat es die höchstrichterliche Rechtsprechung stets abgelehnt, ein Widerrufsrecht bei Aufhebungsverträgen zu statuieren. Jedoch gibt es eine Entscheidung des LAG Hamburg,[38] wonach es eine unzulässige Rechtsausübung darstellt, wenn eine Aufhebungsvereinbarung zustande kommt, bei der der Arbeitgeber den Arbeitnehmer ohne Vorwarnung zu einem Gespräch bittet

35 Vgl. OLG Düsseldorf, Urteil vom 26.2.1999, NZA-RR 1999, 397.

36 Vgl. BAG vom 30.1.1986, NZA 1987, 91; BAG vom 6.11.1997, AP Nr. 45 zu § 242 BGB Verwirkung.

37 Vgl. KSchR-Däubler, a.a.O., Rn. 298.

38 Vgl. LAG Hamburg vom 3.7.1991, AP Nr. 6 zu § 611 BGB Aufhebungsvertrag.

und hierbei den Arbeitnehmer zur Unterschriftsleistung veranlasst, ohne ihm eine Bedenkzeit oder ein Rücktrittsrecht einzuräumen. In solchen Fällen soll dem Arbeitnehmer ein Widerrufsrecht zustehen, wenn es unverzüglich ausgeübt wird. Das BAG hat diese Entscheidung allerdings aufgehoben und es als unschädlich angesehen, wenn der Arbeitnehmer ohne Vorwarnung zum Abschluss eines Aufhebungsvertrages veranlasst wird.[39]

Insbesondere in einzelnen Tarifverträgen des Einzelhandels ist vorgesehen, dass Arbeitnehmern eine Bedenkzeit[40] bzw. ein Widerrufsrecht (mit kurzer Frist)[41] eingeräumt wird. Auf dieses Widerrufsrecht kann ohne weiteres verzichtet werden, wobei es ausreicht, den Verzicht in den Aufhebungsvertrag aufzunehmen, ohne dass es einer besonderen Urkunde hierüber bedürfte.[42] Dies gilt selbst dann, wenn es ohne jede Vorankündigung (»aus dem Stand heraus«) zum Abschluss eines Aufhebungsvertrages gekommen ist.[43]

Dabei hat es das BAG auch abgelehnt, eine abweichende Rechtsfortbildung vorzunehmen, weil sich der Arbeitnehmer beim Abschluss von Aufhebungsverträgen prinzipiell in einer Verhandlungsposition befindet, die das Bundesverfassungsgericht als strukturell unterlegen definiert.[44]

Nach Auffassung des BAG soll es beim Abschluss von Aufhebungsverträgen an einer strukturell ungleichen Verhandlungsstärke fehlen.[45] Begründet wird dies damit, dass es ausreiche, wenn der Arbeitnehmer ein »nein« zu der ihm angetragenen Vertragsaufhebung äußere.[46]

9.4.2 Neue Rechtslage nach der Schuldrechtsreform

Mit der Schuldrechtsreform vom 26.11.2001[47] ist nun durch § 312 BGB das Widerrufsrecht für die so genannten Haustürgeschäfte ganz generell in das BGB aufgenommen worden, wobei dann in § 355 BGB im Einzelnen die Ausgestaltung und die Rechtsfolgen des Widerrufsrechts geregelt sind.

39 Vgl. BAG vom 30.9.1993, NZA 1994, 209.
40 So § 10 IX MTV Einzelhandel Nordrhein-Westfalen vom 23.9.1993.
41 So § 23 MTV Einzelhandel Baden-Württemberg vom 13.1.1994 und § 18 IX MTV Einzelhandel Bayern vom 22./23.6.1993.
42 BAG vom 24.1.1985, NZA 1986, 25.
43 Vgl. BAG vom 14.2.1996, NZA 1996, 811.
44 Vgl. BVerfG vom 19.10.1993, NJW 1994, 36ff.
45 Vgl. BAG vom 14.2.1996, NZA 1996, 811.
46 Vgl. nur Bauer, Rn. 105 m.w.N.; Bengelsdorf, S. 23f.
47 BGBl. I, S. 3138ff.

Allerdings ist es äußerst umstritten, ob § 312 BGB auf arbeitsrechtliche Aufhebungsverträge anzuwenden ist. Bauer[48] bezeichnet die Anwendung dieser Vorschrift als »geradezu abwegig«, während andere Juristen eine differenzierte Anwendung immerhin dann für möglich halten, wenn im Aufhebungsvertrag finanzielle Leistungen, wie z.B. eine Abfindung vereinbart sind.[49]

Die gegen die Anwendung des § 312 BGB vorgebrachten Argumente können indes nicht überzeugen.

9.4.2.1 Arbeitnehmer als Verbraucher

Seit der Schuldrechtsmodernisierung erstreckt sich der Verbraucherbegriff auch auf den Arbeitnehmer. Nicht nur, dass die frühere Bereichsausnahme auf dem Gebiet der Allgemeinen Geschäftsbedingungen für das Arbeitsrecht aufgehoben wurde, begründet dieses Ergebnis. Auch die in § 13 BGB verwendete Definition sowie der in der Gesetzesbegründung zum Ausdruck gekommene Wille des Gesetzgebers untermauert dies. Wer allerdings schon den Arbeitnehmer nicht als Verbraucher im Sinne der aktuellen Gesetzgebung – entgegen dem Wortlaut – versteht, wird konsequenterweise schon deshalb von vornherein die Anwendbarkeit des § 312 BGB verneinen.[50]

9.4.2.2 Entgeltliche Leistung als Vertragsgegenstand

Nach dem Wortlaut des § 312 BGB greift das Widerrufsrecht nur bei Verträgen, die »eine entgeltliche Leistung zum Gegenstand« haben. Daraus wird gefolgert, dass Aufhebungsverträge nur dann widerrufbar seien, wenn sie finanzielle Gegenleistungen enthielten, wie z.B. Abfindungszahlungen, Freistellungen vor Ablauf der Kündigungsfrist, Vergünstigungen bei der betrieblichen Altersversorgung u.Ä.[51] Das dürfte zwar die große Mehrheit aller Aufhebungsverträge umfassen, dennoch würde dies zu dem kaum akzeptablen Ergebnis führen, dass derjenige, der für den mit dem Aufhebungsvertrag verbundenen Verlust des Arbeitsplatzes überhaupt keine Vergünstigung in finanzieller Hinsicht erhält, schlechter gestellt wäre als derjenige, der jedenfalls eine wenn auch möglicherweise geringe materielle Ausgleichsleistung erzielt hätte.[52]

48 Bauer, NZA 2002, S. 169, 171
49 Hümmerich/Holthausen, NZA 2002, S. 173, 178; Grundstein, FA 2003, S. 41ff.
50 so z.B. Bauer, a.a.O.
51 Hümmerich/Holthausen, NZA 2002, S. 173, 178
52 vgl. Schleusener, NZA 2002, S. 949, 951

Der Begriff der entgeltlichen Leistung ist jedoch weit zu verstehen. Ebenso wie der Arbeitsvertrag ist der Aufhebungsvertrag als dessen Gegenstück (juristischer Fachbegriff: actus contrarius) ein Vertrag über eine entgeltliche Leistung. Beide Seiten entbinden sich durch den Aufhebungsvertrag von ihren beiderseitigen Verpflichtungen, da der Arbeitnehmer seinen Entgeltanspruch verliert, während der Arbeitgeber auf den Anspruch auf die Arbeitsleistung verzichtet.[53] In diesem Sinne liegt also eine entgeltliche Vereinbarung i.S.v. § 312 BGB vor.

9.4.2.3 Besondere Situation des Vertragsschlusses

§ 312 BGB soll vor Überrumpelung schützen. Deshalb formuliert diese Vorschrift, dass ein Widerrufsrecht entsteht, wenn es sich um ein Haustürgeschäft handelt. Darunter versteht das Gesetz nach § 312 Abs. 1 Satz 1 BGB Vertragsschlüsse, die zustande gekommen sind unter folgenden Voraussetzungen:

»1. Durch mündliche Verhandlungen an seinem Arbeitsplatz oder im Bereich einer Privatwohnung,
2. anlässlich einer vom Unternehmer oder von einem Dritten zumindest auch im Interesse des Unternehmers durchgeführten Freizeitveranstaltung oder
3. im Anschluss an ein überraschendes Ansprechen in Verkehrsmitteln oder im Bereich öffentlich zugänglicher Verkehrsflächen.«

Während die zitierten Nrn. 2 und 3 für die arbeitsrechtlichen Aufhebungsverträge irrelevant sein dürften, ist Nr. 1 nach seinem Wortlaut einschlägig. Unter »Arbeitsplatz« wird der gesamte Betrieb verstanden, in dem der Arbeitnehmer üblicherweise seiner Arbeit nachgeht. Dazu zählt das Betriebsgelände einschließlich der Betriebsräume, Kantine sowie andere Aufenthaltsräume etc.[54] Genau hieran machen aber Kritiker des Widerrufsrechts ihre gegenteilige Auffassung fest. Sie meinen, dass für den Arbeitnehmer an seinem Arbeitsplatz eine Überrumpelungssituation nicht gegeben sei. Vielmehr gelte der Grundsatz, dass man an seinem Arbeitsplatz stets mit dem Angebot eines Aufhebungsvertrages rechnen müsse.[55] Hier ein solches Angebot zu unterbreiten »falle nicht aus dem Rahmen«, wie dies bei sonstigen Umsatzgeschäf-

53 Schleusener, ebenda m.w.N.

54 Vgl. Palandt-Heinrichs, Ergänzungsband, § 312 BGB Rn. 11; Hümmerich, Erweiterte Arbeitnehmerrechte durch Verbraucherschutz, AnwBl. 2002, S. 671, 676f.: Arbeitsplatz ist überall dort, wo sich der Arbeitnehmer in der arbeitsvertraglichen Sphäre befindet.

55 Hoß, ArbRB 2002, S. 181, 182.

ten, auf die der Arbeitnehmer am Arbeitsplatz angesprochen wird, der Fall sei.[56] Dem kann nicht gefolgt werden.

Schon empirisch fehlt hierfür jeder Beleg. Der Lebenswirklichkeit dürfte es eher entsprechen, die Annahme zugrunde zu legen, dass die Aufnahme von Verkaufsgesprächen über ein Zeitschriftenabonnement, den Kauf eines Gebrauchtwagens oder die Mitgliedschaft in einem Fitness-Club eher nicht zu den ungewöhnlichen Ereignissen am Arbeitsplatz zählt. Die Aufforderung des Arbeitgebers an einen einzelnen Arbeitnehmer, mit ihm einen Aufhebungsvertrag abzuschließen, dürfte demgegenüber im Laufe eines Arbeitslebens eher zu den seltenen Erfahrungen zählen. Anders lässt sich auch die oft tief greifende Überraschung und persönliche Krisensituation nicht erklären, in die viele Beschäftigte völlig unverhofft geraten, wenn ihnen ein solcher Aufhebungsvertrag wie üblich ohne Vorwarnung unterbreitet wird. In der Rechtsberatung ist jedenfalls der gefasste und möglicherweise gar nichts anderes erwartende Arbeitnehmer die Ausnahme.[57]

Zudem lassen sich jedenfalls am Arbeitsplatz Verhandlungen über übliche (andere) Umsatzgeschäfte ohne Probleme abbrechen, während beim Aufhebungsvertrag der arbeitsmäßige Zusammenhang am Arbeitsplatz deutlich gravierendere Schwierigkeiten begründet, solche Gespräche folgenlos abzubrechen: Der Arbeitnehmer unterliegt dem Weisungsrecht des Arbeitgebers und darf seinen Arbeitsplatz ohne dessen Zustimmung während der Arbeitszeit nicht verlassen. Gesprächsaufforderungen des Arbeitgebers kann sich der Arbeitnehmer nicht entziehen. Genau deshalb fällt es dem Arbeitnehmer auch sehr schwer, dem von einem Arbeitgeber nachdrücklich forcierten Abschluss eines Aufhebungsvertrages ein klares »Nein« entgegenzusetzen.[58] Dies gilt umso mehr, wenn das Angebot des Aufhebungsvertrages verbunden ist mit mehr oder weniger verhüllten Drohungen, was passieren könnte, wenn es nicht zum Abschluss der Vereinbarung kommt bis hin zur Drohung mit fristloser Kündigung und Schadensersatzforderungen.

Der von § 312 BGB intendierte Schutz des Verbrauchers muss daher – aus arbeitsrechtlicher Sicht erst recht – bei Aufhebungsverträgen zum Zuge kommen.

---

56 vgl. Däubler, NZA 2001, S. 1329, 1334.

57 Hümmerich, AnwBl. 2002, S. 671, 677.

58 Schleusener, NZA 2002, S. 949, 951 m.w.N.; sehr anschaulich auch: Reim, DB 2002, S. 2434, 2438.

9.4.2.4 Die Möglichkeit der »einfachen« Ablehnung

Das Bundesarbeitsgericht hat bisher eine Rechtsfortbildung abgelehnt und dabei u.a. darauf verwiesen, dass es für den angesprochenen Arbeitnehmer ausreiche, seinem Arbeitgeber ein schlichtes »Nein« zu der ihm angetragenen Vertragsaufhebung entgegenzuhalten.[59]

Das mag zwar abstrakt zutreffend sein. Dies unterscheidet aber die Situation im Arbeitsleben nicht von der üblichen Situation bei Haustürgeschäften von Verbrauchern, wenn es um andere Umsatzgeschäfte geht. Auch Verträge über eine Heizdecke anlässlich einer Kaffeefahrt, den Staubsauger an der Haustür oder über den Eintritt in einen Buchclub bei der Ansprache hierauf am Bahnhof sind keine Geschäfte, die nicht auch »einfach« hätten zurückgewiesen werden können. Solche in aller Regel weit deutlich weniger mit existentieller Bedeutung ausgestatteten Verträge sind jedoch traditionell durch das Verbraucherschutzrecht geschützt, dessen Ziel es ist, Überraschung und Überrumpelung zu verhindern, wie sie oft genutzt wird von systematisch hierzu ausgebildeten »Vertriebsspezialisten«.[60] Arbeitgeber gehen aber an das Ziel, einen nicht mehr erwünschten Arbeitnehmer zum Abschluss eines Aufhebungsvertrages zu bewegen, in aller Regel ebenso systematisch vor. Wenn sie die Initiatoren sind, kommt ihnen also eine ebenso professionelle Vorbereitung des entsprechenden Gesprächs zugute. Dem entspricht es, dass Angebote für Aufhebungsverträge meist verbunden werden mit der Darstellung scheinbar lukrativer finanzieller Vergünstigungen oder aber auch mit mehr oder weniger subtilen Ankündigungen, was alles unternommen werden könnte, wenn sich der Arbeitnehmer nicht »einigen« würde.[61] Abgesehen von den meist völlig fehlenden Kenntnissen der juristischen Folgen von Aufhebungsverträgen bei Arbeitnehmern, ergibt sich schon aus dieser Situation das, was das Bundesverfassungsgericht als strukturelle Unterlegenheit einer Vertragspartei definiert und hierfür staatlichen Rechtsschutz für unabdingbar angemahnt hat.[62]

Dieser Rechtsschutz wird nun gewährt nach § 312 BGB. Von der Interessenslage, aber auch von der typischen Ausgangssituation her, dass sich auch

59 BAG vom 14.2.1996, NZA 1996, S. 811f.; ebenso Bauer, a.a.O. Rn. 105 m.w.N.

60 Hümmerich, AnwBl. 2002, S. 671, 677 verweist zutreffend darauf, dass der Gesetzgeber eine generalisierende Betrachtungsweise gewählt hat, wo aufgrund situationsbedingter Umstände (»Haustürgeschäfte«) die Vermutung besteht, dass ein Überraschungseffekt eintritt.

61 Reim, DB 2002, S. 2434, 2438.

62 BVerfG vom 19.10.1993, NJW 1994, S. 36ff.

der Arbeitnehmer solchen Verhandlungen kaum schlicht entziehen kann, spricht nichts für den Ausschluss der Anwendung dieser Vorschrift.

Es muss auch die Frage erlaubt sein, was durch die bislang gültige Rechtsauffassung eigentlich verteidigt wurde. Ist ein Aufhebungsvertrag, der ohne Überlegungsfrist unter Zeitdruck zustande gekommen ist, angesichts der meist tief greifenden sozialen Folgen (Verlust des Arbeitsplatzes, Arbeitslosigkeit, Sperre im Leistungsbezug etc.) etwa als seriöses, vom Schutzgedanken des Rechts geprägtes »Geschäft« zu bewerten? Gilt nicht auch hier das Gebot der gegenseitigen Rücksichtnahme (vgl. § 241 Abs. 2 BGB)? Die Rechtsprechung, die oft zur Rechtsfigur des »verständigen« Arbeitgebers greift,[63] müsste es doch als eher »unverständig« ansehen, wenn aus meist sehr nahe liegenden Interessen heraus auf Zeit gedrängt wird, ohne dass die Chance eines Widerrufes bleibt. Demgegenüber würde es doch die »Waffengleichheit« der Vertragsparteien nur unterstützen, die nach dem Gesetz vorgesehene 14-tägige Widerrufsfrist einzuräumen.

Warum soll dies bei einem am Arbeitsplatz abgeschlossenen Zeitschriftenabonnement nötig sein, nicht aber bei einem Aufhebungsvertrag mit seinen nachhaltigen Konsequenzen? Dieser Wertungswiderspruch wäre nicht nachvollziehbar, wenn die Rechtsanwender auch weiterhin entgegen dem veränderten Gesetz und dem Wortlaut des § 312 BGB an den tradierten Vorstellungen festhielten.

9.4.2.5 »Bestimmen« zum Abschluss eines Aufhebungsvertrages

§ 312 BGB setzt voraus, dass der Arbeitnehmer zum Aufhebungsvertrag am Arbeitsplatz »bestimmt« worden ist. Das ist im Sinne dieser Vorschrift erfüllt, wenn der Vertrag anderenfalls nicht, nicht zu diesen Bedingungen oder nicht zu diesem Zeitpunkt abgeschlossen worden wäre.[64]

Dies ist selbstverständlich auszuschließen, wenn der Aufhebungsvertrag auf Initiative des Arbeitnehmers hin abgeschlossen wurde.

9.4.2.6 Systematik des Gesetzes

Ein viel beachtetes Argument gegen die Anwendbarkeit des § 312 BGB wird darin erblickt, dass sich diese Vorschrift unter dem Untertitel »Besondere Vertriebsformen« im BGB findet. Zwar geht es bei Aufhebungsverträgen oft um die »Vertreibung« vom Arbeitsplatz, dennoch ist ohne weiteres zu konzedie-

63 Vgl. nur BAG vom 30.9.1993 in: AP Nr. 37 zu § 123 BGB.
64 vgl. Palandt-Heinrichs, § 312 BGB Rn. 5.

ren, dass Arbeitsverhältnisse und ihre Beendigung nichts mit einer »Vertriebsform« zu tun haben.[65]

Auch sind die Überschriften der gesetzlichen Vorschriften jetzt ausdrücklich als Teil des Gesetzes selbst – und nicht mehr nur als Vorschlag der juristische Texte herausgebenden Verlage – zu verstehen.[66] Dennoch greift dieser Einwand zu kurz.

Es geht bei den §§ 312f BGB um den Schutz des Verbrauchers vor Überrumpelung. Welche Verträge hiervon erfasst werden, regelt dann aber die Vorschrift des § 312 BGB. Die Frage der Vertriebsform kann dies nicht beantworten. Vielmehr kommt es insoweit auf den Inhalt der entsprechenden Gesetzesnorm an. Kommt also unter den dort formulierten Bedingungen (»Bestimmen« zum Vertragsschluss durch mündliche Verhandlungen am Arbeitsplatz) ein Aufhebungsvertrag zustande, sind die im Wortlaut niedergelegten Tatbestandsvoraussetzungen des Gesetzes erfüllt.[67] Dann aber ist das Recht zum Widerruf gegeben, wenn der Aufhebungsvertrag in einer der Situationen des § 312 BGB vereinbart wurde. Grundstein[68] verweist zutreffend darauf, dass auch schon zu Zeiten des Haustürwiderrufsgesetzes dessen Anwendungsbereich auf eine Vielzahl von Verträgen erstreckt wurde, die ebenso wie arbeitsrechtliche Aufhebungsverträge nicht typischerweise im Direktvertrieb geschlossen werden (z.B. Mietverträge, Gesellschaftsbeitritt, Schuldanerkenntnis etc.). Der Wortlaut des Gesetzes hat eindeutig Vorrang vor dem Wortlaut einer Zwischenüberschrift.[69]

9.4.2.7 Anwendung auf Abwicklungsverträge

§ 312 BGB gilt für alle unter den dort formulierten Voraussetzungen zustande gekommenen entgeltlichen Verträge. Für so genannte Abwicklungsverträge gilt daher nichts anderes.[70]

Hier wird aber zu beachten sein, ob es sich um eine »echte« Abwicklungsvereinbarung handelt, der eine nicht angefochtene, arbeitgeberseitige Kündigung vorausgegangen ist. Der Widerruf einer solchen Vereinbarung hätte mithin nur deren Vernichtung zur Folge, ohne sich auf die wirksame, weil nicht angegriffene Kündigung auszuwirken. Der sein Widerrufsrecht aus-

65 vgl. Bauer, NZA 2002, S. 169, 171; Hoß, ArbRB 2002, S. 181, 182.
66 vgl. Palandt-Heinrichs, Einleitung zum Ergänzungsband Rn. 11.
67 Schleusener, a.a.O.; Reim, a.a.O.
68 Grundstein, FA 2003, S. 41, 42.
69 Hümmerich, AnwBl. 2002, S. 671, 677.
70 Hümmerich, AnwBl. 2002, S. 671, 676.

übende Arbeitnehmer würde also die Ansprüche auf die regelmäßig im Abwicklungsvertrag geregelten Leistungen z.B. auf Zahlung einer Abfindung verlieren, sein dann entschädigungsloser Arbeitsplatzverlust durch die Kündigung wäre aber rechtskräftig.

Ein Widerruf kann daher in dieser Konstellation keineswegs angeraten werden, es sei denn, der sichere Befund ist erlaubt, dass die zugrunde liegende Kündigung mit Sicherheit unwirksam, insbesondere nichtig ist und zwar unabhängig von der Wahrung der Frist für die Einreichung einer Kündigungsschutzklage.

Anders könnte die Situation allenfalls bei den so genannten »unechten« Abwicklungsverträgen bewertet werden, wo der Ausspruch der Kündigung Teil des Vereinbarungspakets ist, es sich also in Wahrheit um einen Aufhebungsvertrag handelt, der jedenfalls nach Auffassung der Arbeitsverwaltung nur anders verpackt ist.[71] Hier könnte also ein Widerruf das gesamte Rechtsgeschäft vernichten, also auch die Kündigung als Teil des »Deals« erfassen. Dafür spricht auch die Vorschrift des § 312f Satz 2 BGB. Danach ist das Widerrufsrecht auch in den Fällen gegeben, wenn die Vorschriften der §§ 312ff. BGB »durch anderweitige Gestaltungen umgangen werden«. Bei »unechten« Abwicklungsverträgen werden mehrere Stufen der Abwicklung vorgespiegelt, obwohl es sich doch um ein einheitliches Rechtsgeschäft handelt. Im Falle des Widerrufs müsste dies allerdings ebenfalls der Arbeitnehmer beweisen. Deshalb sollte auch in dieser Konstellation keinesfalls ohne fundierte rechtliche Beratung eine ggf. sehr risikoreiche Ausübung des Widerrufsrechts erfolgen.

9.5 Inhalt und Ausübung des Widerrufsrechts

Das Widerrufsrecht selbst ist in § 355 BGB geregelt. Es kann ausgeübt werden binnen zwei Wochen nach Abschluss einer entsprechenden, dem § 312 BGB unterfallenden Vereinbarung. Der in Textform abzufassende Widerruf bedarf keiner Begründung. Für die Fristwahrung reicht die rechtzeitige Absendung innerhalb der 2-Wochen-Frist, wobei hierfür der Arbeitnehmer beweisbelastet ist.

Wird der Arbeitnehmer bei Abschluss der Vereinbarung nicht über sein Widerrufsrecht belehrt, so beginnt die Frist für die Ausübung nicht zu laufen.

71 vgl. die Durchführungsanweisung der Bundesanstalt für Arbeit zu § 144 SGB III. Rn. 22ff.

Durch eine weitere Veränderung des § 355 Abs. 3 BGB ist nunmehr auch kein Erlöschen des Widerrufsrechts nach Ablauf von sechs Monaten gegeben.[72]

Die Belehrung über den Widerruf muss im Übrigen deutlich gestaltet sein und in Textform vorliegen. Notwendiger Bestandteil einer wirksamen Belehrung sind ferner die Benennung des Widerrufsrechts selbst, des Erklärungsgegners, dem gegenüber ein etwaiger Widerruf zu erfolgen hat, einschließlich seines Namens und seiner Anschrift, des Fristbeginns. Eine solche Widerrufsbelehrung ist gesondert vom Vertragspartner (hier: Arbeitnehmer) zu unterschreiben.

Nur bei Wahrung dieser Voraussetzungen, für deren Erfüllung der Unternehmer beweispflichtig ist, wird der Lauf der Widerrufsfrist ausgelöst.

72 vgl. OLG-Vertretungsänderungsgesetz vom 23.7.2002, BGBl. I, S. 2850.

Anhang

A. Vertragsmuster

1. Aufhebungsvereinbarung über die Kernpunkte gemäß Kapitel 5

1. Beendigung

Das Arbeitsverhältnis der Parteien endet aufgrund fristgerechter, ordentlicher Kündigung mit Schreiben des Arbeitgebers vom 27. 12. 2003 zum 30. 6. 2004.

oder

Die Parteien sind sich einig, dass das Arbeitsverhältnis einvernehmlich unter Einhaltung der ordentlichen Kündigungsfrist auf Veranlassung des Arbeitgebers zum 30. 6. 2004 enden wird.

Bei betriebsbedingter Veranlassung:
Das Arbeitsverhältnis der Parteien endet aufgrund fristgerechter, ordentlicher Kündigung **aus betriebsbedingten Gründen** mit Schreiben des Arbeitgebers vom 27. 12. 2003 zum 30. 6. 2004.

oder

Die Parteien sind sich einig, dass das Arbeitsverhältnis einvernehmlich unter Einhaltung der ordentlichen Kündigungsfrist[1] auf Veranlassung des Arbeitgebers **aus betriebsbedingten Gründen** zum 30. 6. 2004 enden wird.

Alternativformulierung:
Die Parteien sind sich einig, dass das Arbeitsverhältnis zur Vermeidung einer ansonsten unumgänglichen betriebsbedingten Kündigung einvernehmlich unter Einhaltung der ordentlichen Kündigungsfrist auf Veranlassung des Arbeitgebers zum 30. 6. 2004 enden wird.

Ergänzung zu betriebsbedingten Gründen:
Der Arbeitsplatz fällt aufgrund notwendiger Umstrukturierungsmaßnahmen ersatzlos weg. Andere vergleichbare und freie Arbeitsplätze kann der Arbeitgeber nicht zur Verfügung stellen.

1 Hier könnte auch stattdessen die Formulierung »***fristgerecht***« verwendet werden.

2. Abfindung

Für den Verlust des Arbeitsplatzes zahlt der Arbeitgeber an den Arbeitnehmer in entsprechender Anwendung der § 3 Nr. 9 EStG, §§ 9, 10 KSchG eine Abfindung in Höhe von € 20 000,00 (i.W.:EURO zwanzigtausend).

oder

Für den Verlust des Arbeitsplatzes zahlt der Arbeitgeber an den Arbeitnehmer in entsprechender Anwendung der § 3 Nr. 9 EStG, §§ 9, 10 KSchG eine Abfindung in Höhe von € 20 000,00 (i.W.: EURO zwanzigtausend) ohne Abzüge, wobei der Arbeitgeber die darauf entfallenden Steuerlasten übernimmt und an das Finanzamt abführt.

oder

Für den Verlust des Arbeitsplatzes zahlt der Arbeitgeber an den Arbeitnehmer eine Abfindung in Höhe von € 20 000,00 ohne Abzüge, wobei der Arbeitgeber die darauf entfallenden Steuerlasten übernimmt und an das Finanzamt abführt.

und

Der Anspruch auf die vereinbarte Abfindung entsteht mit Abschluss dieser Vereinbarung und ist vererblich.

und

Die Abfindung ist fällig zum 30. 6. 2004 und wird zu diesem Zeitpunkt an den Arbeitnehmer[2] ausgezahlt (es folgt ggf. die Angabe der Kontoverbindung).

3. Abrechnung

Das Arbeitsverhältnis wird bis zum Beendigungszeitpunkt ordnungsgemäß abgerechnet und die sich daraus ergebenden Nettobeträge an den Arbeitnehmer ausgezahlt.

oder

Bis zum Beendigungszeitpunkt werden dem Arbeitnehmer die vertragsgemäßen Bezüge ausgezahlt.

Zusätzlich
Das Weihnachtsgeld[3] für das Jahr 20... wird trotz des Ausscheidens ungekürzt ausgezahlt zusammen mit der letzten fälligen Gehaltszahlung.[4]

oder

2 Statt des Arbeitnehmers kann auch dessen Bevollmächtigter angegeben werden, was beispielsweise sinnvoll ist, wenn dieser die pünktliche Auszahlung und Abrechnung kontrollieren soll.

3 Weihnachtsgeld ist hier nur als Beispiel angeführt – es kann sich auch um jede andere Art der Gratifikation handeln.

4 Als Fälligkeitszeitpunkt kann natürlich auch der Zeitpunkt der regulären Fälligkeit des Weihnachtsgeldes gewählt werden, in der Regel der 30. 11. eines Jahres.

Das Weihnachtsgeld[5] für das Jahr 20… wird trotz des Ausscheidens zu 9/12 mit der letzten fälligen Gehaltszahlung ausgezahlt.

oder

Die Gratifikation[6] ist in diesem Jahr wegen des Ausscheidens aus dem Arbeitsverhältnis nicht geschuldet.

Zusätzlich
Der für das laufende Jahr in Höhe von … % des Jahresgewinns bestehende Anspruch auf Gewinnbeteiligung wird trotz vorzeitigen Ausscheidens des Arbeitnehmers in voller Höhe ausbezahlt. Die Auszahlung ist vorzunehmen nach Ende des laufenden Geschäftsjahres und Erstellung der Bilanz.

oder

Der für das laufende Jahr in Höhe von … % des Jahresgewinns bestehende Anspruch auf Gewinnbeteiligung wird wegen vorzeitigen Ausscheidens zum … zu …/12 ausbezahlt. Die Auszahlung ist vorzunehmen nach Ende des laufenden Geschäftsjahres und Erstellung der Bilanz. Die Bilanz ist dem Arbeitnehmer unverzüglich nach Erstellung unaufgefordert zur Verfügung zu stellen.

Zusätzlich
Die bis zum Zeitpunkt der Beendigung des Arbeitsverhältnisses aufgrund zustande gekommener Geschäfte mit Kunden entstandenen Provisionsansprüche stehen dem Arbeitnehmer auch dann zu, wenn der Provisionsanspruch erst nach dem Beendigungszeitpunkt fällig geworden ist. Bei nach dem Beendigungszeitpunkt bis zum … 2004[7] mit bisher vom Arbeitnehmer betreuten Kunden zustande gekommenen Geschäften wird aufgrund der vermuteten Mitwirkung des Arbeitnehmers an deren Zustandekommen ein Provisionsanteil in Höhe von 50 %[8] ausgezahlt.

oder

Der Arbeitgeber rechnet über die entstehende Provision auch nach Beendigung des Arbeitsverhältnisses monatlich ab und erteilt gem. § 87c Abs. 2 HGB für alle provisionspflichtigen Geschäfte gleichzeitig einen Buchauszug.

4. Freistellung

Der Arbeitnehmer wird ab sofort bis zum Beendigungszeitpunkt widerruflich unter Fortzahlung der Vergütung von der Verpflichtung zur Arbeitsleistung freigestellt. Der Arbeitgeber behält sich vor, den Arbeitnehmer während der Restlaufzeit teilweise oder ganz an seinem Arbeitsplatz zu beschäftigen.

oder

---

5 S. Fußnote 32 (oben S. 117).

6 Um welche Gratifikation es sich hier konkret handelt, ist dabei anzugeben.

7 Zeitpunkt nach Beendigung des Arbeitsverhältnisses verhandelbar, z.B. für einen Zeitraum von zwölf Monaten danach.

8 Die andere Hälfte würde dann an den Nachfolger des Arbeitnehmers fließen; vgl. § 87 Abs. 3 S. 2 HGB.

Der Arbeitnehmer wird ab sofort/nach Fertigstellung der (ggf. näher zu beschreibenden) Restarbeiten ab … von der Verpflichtung zur Arbeitsleistung unter Fortzahlung der Vergütung unter Anrechnung etwaiger ihm noch zustehenden (Rest-)Urlaubsansprüche bzw. Freizeitausgleichsansprüche[9] unwiderruflich freigestellt.

und/oder

Während der Freistellung finden § 615 Satz 2 BGB (Anrechnung anderweitigen Verdienstes) und § 60 HGB (Wettbewerbsverbot) Anwendung/keine Anwendung.

5. Urlaubsansprüche

Der Arbeitnehmer wird den ihm im Umfang von … Arbeitstagen noch zustehenden Urlaub in der Zeit vom … bis … nehmen.

oder

Wegen der bereits erfolgten Gewährung von Urlaub bestehen keine restlichen Urlaubsansprüche mehr.[10]

oder

Der Arbeitnehmer hat noch einen Urlaubsanspruch von … Arbeitstagen, der bis zur Beendigung des Arbeitsverhältnisses nicht erfüllt werden konnte. Hierfür zahlt der Arbeitgeber eine Urlaubsabgeltung in Höhe von € …, fällig am …[11]

6. Zeugnis

Der Arbeitnehmer erhält ein wohlwollendes, berufsförderndes Zeugnis, das sich auf Führung und Leistung erstreckt.

oder

Der Arbeitnehmer erhält ein wohlwollendes, berufsförderndes Zeugnis, das sich auf Führung und Leistung erstreckt und das das Prädikat »stets zu unserer vollen[12] Zufriedenheit« ausweist.

oder

Der Arbeitnehmer erhält das als Anlage beigefügte qualifizierte und berufsfördernde Zeugnis.

oder

Der Arbeitnehmer erhält ein wohlwollendes, qualifiziertes Zeugnis gemäß seinem Entwurf.

oder

9 Freizeitausgleichsansprüche können etwa bestehen aufgrund eines Arbeitszeitguthabens wegen geleisteter Mehrarbeit.

10 Dies ist auch als so genannter Tatsachenvergleich (wenn z.B. die Zahl der bereits genommenen Urlaubstage strittig ist) möglich: vgl. BAG vom 31.7.1967, DB 1967, 1859.

11 Fälligkeitszeitpunkt ist hier sinnvollerweise gleichzeitig der Beendigungszeitpunkt bzw. der Zeitpunkt der letzten Gehaltszahlung.

12 Dies entspricht in der Zeugnissprache einem »gut«.

Der Arbeitnehmer erhält ein wohlwollendes, qualifiziertes Zeugnis gemäß seinem Entwurf, von dem der Arbeitgeber nur aus wichtigem Grund abweichen wird.

und/oder

Dieses Zeugnis wird auf Wunsch des Mitarbeiters vorab als Zwischenzeugnis und unter dem Datum der Beendigung des Anstellungsverhältnisses als Schlusszeugnis erteilt.

7. Erledigungsklausel

Mit der Erfüllung dieser Vereinbarung sind alle Ansprüche aus dem Anstellungsverhältnis und seiner Beendigung, gleich aus welchem Rechtsgrund erledigt.

und/oder

Die Parteien sind sich einig, dass der Arbeitnehmer im laufenden Jahr bereits 30 Urlaubstage erhalten hat, so dass der Urlaubsanspruch vollständig erfüllt ist.

8. Widerrufsbelehrung

Der Arbeitnehmer wurde darauf hingewiesen, dass er diesen Aufhebungsvertrag widerrufen kann. Der Widerruf muss keine Begründung enthalten und ist in Textform innerhalb einer Frist von zwei Wochen, beginnend mit dem Zeitpunkt der Unterschriftsleistung gegenüber dem Arbeitgeber, der Firma ... (es folgt genaue Anschrift) zu erklären; zur Fristwahrung genügt die rechtzeitige Absendung. Wird vom Widerrufsrecht durch den Arbeitnehmer Gebrauch gemacht, so gilt der vorstehende Aufhebungsvertrag als nicht geschlossen.

Ort, den ....

....
Vertreter des Arbeitgebers

....
Hiermit bestätige ich (Arbeitnehmer), dass ich von meinem Widerrufsrecht Kenntnis genommen und ein Exemplar dieser Erklärung erhalten habe.

Ort, den ....

....
(Arbeitnehmer)

2. Weitere Regelungspunkte in Aufhebungsverträgen gemäß Kapitel 6

1. Sicherungsklausel

Sollte die vereinbarte Abfindung nicht bis zum ... sowohl abgerechnet als auch der nach Abzug der anfallenden Steuern sich ergebende Betrag dem Arbeitnehmer unwiderruflich zugeflossen sein, gilt der Aufhebungsvertrag als nicht geschlossen. Das Arbeitsverhältnis wird sodann ungekündigt zu den zum jetzigen Zeitpunkt bestehenden vertraglichen Bedingungen fortgesetzt.

oder

Der Arbeitgeber verpflichtet sich, für die Zahlung der Abfindung eine selbstschuldnerische Bürgschaft beizubringen. Sollte eine entsprechende Bürgschaftsurkunde nicht bis zum ... dem Arbeitnehmer im Original vorgelegt werden, ist der Arbeitnehmer berechtigt, vom Vertrag zurückzutreten. Das Arbeitsverhältnis wird dann unverändert fortgesetzt.

oder

Der Arbeitgeber verpflichtet sich, für die Zahlung der Abfindung eine selbstschuldnerische Bürgschaft beizubringen. Der Aufhebungsvertrag tritt nur in Kraft, wenn der Arbeitgeber bis zum ... dem Arbeitnehmer eine entsprechende Bürgschaftsurkunde im Original vorlegt. Ist dies nicht der Fall, wird das Arbeitsverhältnis unverändert fortgesetzt.

2. Betriebliche Altersversorgung

Durch diese Vereinbarung werden die Ansprüche und Anwartschaften des Arbeitnehmers aus der betrieblichen Altersversorgung nicht berührt.

Zusätzlich
Alsbald nach Beendigung des Arbeitsverhältnisses wird der Arbeitgeber dem Arbeitnehmer eine schriftliche Bestätigung darüber erteilen, ob für ihn die Voraussetzungen einer unverfallbaren betrieblichen Altersversorgung erfüllt sind und in welcher Höhe Versorgungsleistungen bei Erreichen der in der Versorgungsordnung vorgesehenen Altersgrenze beansprucht werden können.

und/oder

Hinsichtlich der betrieblichen Altersversorgung wird der Arbeitnehmer so gestellt, dass diesbezüglich von einer Beendigung des Arbeitsverhältnisses mit Ablauf des 31. 12. 2005[13] ausgegangen wird.

oder

Abweichend von § 1 BetrAVG sind sich die Parteien einig, dass zugunsten des Arbeitnehmers eine unverfallbare Anwartschaft auf betriebliche Altersversorgung besteht.

3. Anrechnung anderweitigen Verdienstes/Wettbewerbsverbot

Anderweitig während der Freistellung erzielte Einkünfte des Arbeitnehmers werden auf bis zum Beendigungszeitpunkt fällige Gehaltsbezüge nicht angerechnet.

und

Der Arbeitgeber verzichtet dabei auf die Einrede des Wettbewerbsverbots gem. § 60 HGB.

oder

Unberührt hiervon besteht das Wettbewerbsverbot gem. § 60 HGB fort.

---

13 Obwohl das Arbeitsverhältnis tatsächlich schon Monate vorher beendet wurde.

4. Vorzeitiges Ausscheiden und Anrechnung der Abfindung

Der Arbeitnehmer ist berechtigt, das Arbeitsverhältnis vorzeitig durch einseitige schriftliche Erklärung gegenüber dem Arbeitgeber mit einer Ankündigung von einer/zwei Woche(n) zum jeweiligen Monatsende zu beenden. Die in Ziff. …[14] vereinbarte Abfindung erhöht sich für jeden Monat der vorzeitigen Beendigung um die hierauf entfallende Bruttovergütung zzgl. 10 %.[15] Bei vorzeitiger Beendigung wird die Gesamtabfindung in dem Monat fällig, der dem Beendigungsmonat nachfolgt.[16]

5. Outplacement

Der Arbeitgeber stellt dem Arbeitnehmer auf seine Kosten eine Outplacement-Beratung bei der Beratungsfirma … zur Verfügung (ggf. befristet bis …).

oder

Der Arbeitnehmer wird bei einer Outplacement-Beratungsfirma seiner Wahl deren Beratungstätigkeit in Anspruch nehmen. Der dafür entstehende Aufwand wird vom Arbeitgeber nach Vorlage entsprechender Rechnungen ausgeglichen (bis zu einem Betrag von – z.B. – € 12 500,00 zzgl. gesetzlicher Mehrwertsteuer).

6. Nachvertragliches Wettbewerbsangebot

Mit dieser Vereinbarung wird das nachvertragliche Wettbewerbsverbot aufgehoben.

oder

Das vereinbarte nachvertragliche Wettbewerbsverbot wird durch den Abschluss dieses Aufhebungsvertrages nicht berührt.

7. Rückzahlungsverpflichtungen bei vorangegangener Aus- und Fortbildung

Die Rückzahlungsverpflichtung des Arbeitnehmers aus der Ausbildungsvereinbarung vom … entfällt mit Abschluss dieses Aufhebungsvertrages.

8. Dienstwagen

Der Arbeitnehmer ist verpflichtet, das dem Unternehmen gehörende Kfz mit dem amtlichen Kennzeichen … einschließlich sämtlicher Fahrzeugpapiere und Schlüssel sowie sonstigem Zubehör unverzüglich, spätestens bis zum … herauszugeben. Die Herausgabe hat am Sitz des Unternehmens stattzufinden.

und

---

14 S.o. Kap. 5.2, S. 112 ff.

15 10 % sind ein Beispiel, es kann natürlich auch eine andere Größenordnung ausgehandelt werden.

16 Bei dieser Regelung des vorzeitigen Ausscheidens ist es sinnvoll, die Fälligkeitsregelung zu modifizieren und die Auszahlung nicht wie üblich zusammen mit dem letzten zu zahlenden Gehalt zu verbinden. Bei einer so kurzen Ankündigungsfrist dürfte es »technisch« oft nicht realisierbar sein, eine Auszahlung zum Monatsende auch tatsächlich zu gewährleisten.

Als Entschädigung hierfür erhält der Arbeitnehmer eine Ausgleichszahlung in Höhe von € …

oder

Das Eigentum an dem Fahrzeug mit dem amtlichen Kennzeichen … wird auf den Arbeitnehmer Zug um Zug gegen Zahlung des Kaufpreises übertragen. Der Kaufpreis bemisst sich gemäß Sachverständigengutachten vom … (nach dem Buchwert) auf € … einschließlich Mehrwertsteuer.

9. Handy/Laptop/PC

Der Arbeitnehmer ist verpflichtet, die nachfolgenden Gegenstände (Handy/Laptop/PC) an das Unternehmen unverzüglich, spätestens zum … herauszugeben. Die Herausgabe hat am Sitz des Unternehmens stattzufinden.

und/oder

Als Entschädigung hierfür erhält der Arbeitnehmer eine Ausgleichszahlung in Höhe von € ….

10. Werkswohnung

Der Arbeitnehmer verpflichtet sich, die ihm überlassene Wohnung in …, Straße …, Stockwerk … bis spätestens zum … vollständig geräumt an den Arbeitgeber zu übergeben. Eine Verpflichtung zur Schlussdekoration besteht nicht. Der Arbeitgeber wird über die Betriebs- und Heizkosten bis spätestens Ende des 1. Quartals des Folgejahres abschließend abrechnen.

oder

Die Parteien sind sich einig, dass unabhängig von der Auflösung des Arbeitsverhältnisses ein Mietverhältnis über die bereits überlassene Wohnung in …, Straße …, Stockwerk … fortgesetzt wird. Der Mietzins beträgt € … zzgl. Vorauszahlungen auf die Betriebs- und Heizkosten gem. § 28 II. BVO in Höhe von zurzeit … Im Übrigen bleibt der Mietvertrag vom … aufrechterhalten.[17]

11. Erstattung von Arbeitslosengeld bei Gleichwohlgewährung und sonstige Ansprüche

12. Erstattung von Arbeitslosengeld bei älteren Arbeitnehmern

Für den Fall, dass der Arbeitnehmer Arbeitslosengeld in Anspruch nimmt und der Arbeitgeber deshalb nach § 147a SGB III rechtmäßig von der Bundesanstalt für Arbeit zur Erstattung herangezogen wird, verpflichtet sich der Arbeitnehmer, dem Arbeitgeber die entsprechenden Beträge zu ersetzen.

und/oder

17 Sollte es sich um eine nicht eigenständig vermietete Werkdienstwohnung i.S.v. § 576b BGB handeln, wäre bei einer Fortsetzung der Überlassung des Wohnraums ein gesonderter Mietvertrag abzuschließen, dessen einzelne Regelungen hier nicht vorgezeichnet werden können.

Für den Fall der Heranziehung zur Erstattung von Arbeitslosengeldern durch Bescheid des Arbeitsamtes verpflichtet sich der Arbeitgeber, den Arbeitnehmer hiervon zu unterrichten und die erforderlichen Rechtsmittel einzulegen. Die Ersatzpflicht des Arbeitnehmers tritt erst ein, wenn der Erstattungsbescheid der Bundesanstalt für Arbeit rechtskräftig wird.

13. Arbeitspapiere und gegenseitige Informationspflichten

Der Arbeitgeber verpflichtet sich, unverzüglich nach Beendigung des Arbeitsverhältnisses dem Arbeitnehmer die vollständigen Arbeitspapiere auszuhändigen und die Arbeitsbescheinigung nach § 312 SGB III nach deren Vorlage unverzüglich ausgefüllt dem Arbeitsamt zuzuleiten. Im Übrigen verpflichten sich die Parteien über den Inhalt dieser Aufhebungsvereinbarung Stillschweigen zu bewahren, soweit nicht Auskunftsverpflichtungen gegenüber Dritten aufgrund gesetzlicher Bestimmungen bestehen.

14. Klagrücknahme und Kostenverteilung

Der Arbeitnehmer verpflichtet sich, die beim Arbeitsgericht (oder LAG/BAG) anhängige Klage unter der Geschäfts-Nr.... zurückzunehmen. Jede Partei trägt ihre außergerichtlichen Kosten selbst, die Gerichtskosten werden geteilt.[18]

15. Übernahme von Anwaltskosten

Der Arbeitgeber erstattet die dem Arbeitnehmer entstandenen Anwaltskosten auf der Grundlage eines Gegenstandswertes von € .... Erstattet werden 30/10 Gebühren zzgl. Auslagen und Mehrwertsteuer.

16. Salvatorische Klausel

Im Falle der Unwirksamkeit einer Bestimmung dieses Aufhebungsvertrages führt dies nicht zur Unwirksamkeit der Vereinbarung insgesamt. Beide Seiten verpflichten sich in diesem Fall, anstelle der unwirksamen Bestimmung eine dieser Bestimmung möglichst nahekommende wirksame Regelung zu vereinbaren.

18 Hierfür wird auch oft die Formulierung verwandt »Die Kosten werden gegeneinander aufgehoben«.

B. Gesetzliche Vorschriften

1. Kündigungsschutzgesetz (KSchG)

vom 25. August 1969 (BGBl. I S. 1317),
zuletzt geändert durch Gesetz vom 23. Juli 2001 (BGBl. I S. 1852)

Erster Abschnitt
Allgemeiner Kündigungsschutz

§ 1 Sozial ungerechtfertigte Kündigungen

(1) Die Kündigung des Arbeitsverhältnisses gegenüber einem Arbeitnehmer, dessen Arbeitsverhältnis in demselben Betrieb oder Unternehmen ohne Unterbrechung länger als sechs Monate bestanden hat, ist rechtsunwirksam, wenn sie sozial ungerechtfertigt ist.

(2) Sozial ungerechtfertigt ist die Kündigung, wenn sie nicht durch Gründe, die in der Person oder in dem Verhalten des Arbeitnehmers liegen, oder durch dringende betriebliche Erfordernisse, die einer Weiterbeschäftigung des Arbeitnehmers in diesem Betrieb entgegenstehen, bedingt ist. Die Kündigung ist auch sozial ungerechtfertigt, wenn

1. in Betrieben des privaten Rechts
   a. die Kündigung gegen eine Richtlinie nach § 95 des Betriebsverfassungsgesetzes verstößt,
   b. der Arbeitnehmer an einem anderen Arbeitsplatz in demselben Betrieb oder in einem anderen Betrieb des Unternehmens weiterbeschäftigt werden kann

   und der Betriebsrat oder eine andere nach dem Betriebsverfassungsgesetz insoweit zuständige Vertretung der Arbeitnehmer aus einem dieser Gründe der Kündigung innerhalb der Frist des § 102 Abs. 2 Satz 1 des Betriebsverfassungsgesetzes schriftlich widersprochen hat,
2. in Betrieben und Verwaltungen des öffentlichen Rechts
   a. die Kündigung gegen eine Richtlinie über die personelle Auswahl bei Kündigungen verstößt,
   b. der Arbeitnehmer an einem anderen Arbeitsplatz in derselben Dienststelle oder in einer anderen Dienststelle desselben Verwaltungszweigs an demselben Dienstort einschließlich seines Einzugsgebiets weiterbeschäftigt werden kann und die zuständige Personalvertretung aus einem dieser Gründe fristgerecht gegen die Kündigung Einwendungen erhoben hat, es sei denn, daß die Stufenvertretung in der Verhandlung mit der übergeordneten Dienststelle die Einwendungen nicht aufrechterhalten hat.

Satz 2 gilt entsprechend, wenn die Weiterbeschäftigung des Arbeitnehmers nach zumutbaren Umschulungs- oder Fortbildungsmaßnahmen oder eine Weiterbeschäftigung des Arbeitnehmers unter geänderten Arbeitsbedingungen möglich ist und der Arbeitnehmer sein Einverständnis hiermit erklärt hat. Der Arbeitgeber hat die Tatsachen zu beweisen, die die Kündigung bedingen.

(3) Ist einem Arbeitnehmer aus dringenden betrieblichen Erfordernissen im Sinne des Absatzes 2 gekündigt worden, so ist die Kündigung trotzdem sozial ungerechtfertigt, wenn der Arbeitgeber bei der Auswahl des Arbeitnehmers soziale Gesichtspunkte nicht oder nicht

ausreichend berücksichtigt hat; auf Verlangen des Arbeitnehmers hat der Arbeitgeber dem Arbeitnehmer die Gründe anzugeben, die zu der getroffenen sozialen Auswahl geführt haben. Satz 1 gilt nicht, wenn betriebstechnische, wirtschaftliche oder sonstige berechtigte betriebliche Bedürfnisse die Weiterbeschäftigung eines oder mehrerer bestimmter Arbeitnehmer bedingen und damit der Auswahl nach sozialen Gesichtspunkten entgegenstehen. Der Arbeitnehmer hat die Tatsachen zu beweisen, die die Kündigung als sozial ungerechtfertigt im Sinne des Satzes 1 erscheinen lassen.

(4) Ist in einem Tarifvertrag, in einer Betriebsvereinbarung nach § 95 des Betriebsverfassungsgesetzes oder in einer entsprechenden Richtlinie nach den Personalvertretungsgesetzen festgelegt, welche sozialen Gesichtspunkte nach Absatz 3 Satz 1 zu berücksichtigen sind und wie diese Gesichtspunkte im Verhältnis zueinander zu bewerten sind, so kann die soziale Auswahl der Arbeitnehmer nur auf grobe Fehlerhaftigkeit überprüft werden.

§ 2 Änderungskündigung

Kündigt der Arbeitgeber das Arbeitsverhältnis und bietet er dem Arbeitnehmer im Zusammenhang mit der Kündigung die Fortsetzung des Arbeitsverhältnisses zu geänderten Arbeitsbedingungen an, so kann der Arbeitnehmer dieses Angebot unter dem Vorbehalt annehmen, daß die Änderung der Arbeitsbedingungen nicht sozial ungerechtfertigt ist (§ 1 Abs. 2 Satz 1 bis 3, Abs. 3 Satz 1 und 2). Diesen Vorbehalt muß der Arbeitnehmer dem Arbeitgeber innerhalb der Kündigungsfrist, spätestens jedoch innerhalb von drei Wochen nach Zugang der Kündigung erklären.

§ 3 Kündigungseinspruch

Hält der Arbeitnehmer eine Kündigung für sozial ungerechtfertigt, so kann er binnen einer Woche nach der Kündigung Einspruch beim Betriebsrat einlegen. Erachtet der Betriebsrat den Einspruch für begründet, so hat er zu versuchen, eine Verständigung mit dem Arbeitgeber herbeizuführen. Er hat seine Stellungnahme zu dem Einspruch dem Arbeitnehmer und dem Arbeitgeber auf Verlangen schriftlich mitzuteilen.

§ 4 Anrufung des Arbeitsgerichts

Will ein Arbeitnehmer geltend machen, daß eine Kündigung sozial ungerechtfertigt ist, so muß er innerhalb von drei Wochen nach Zugang der Kündigung Klage beim Arbeitsgericht auf Feststellung erheben, daß das Arbeitsverhältnis durch die Kündigung nicht aufgelöst ist. Im Falle des § 2 ist die Klage auf Feststellung zu erheben, daß die Änderung der Arbeitsbedingungen sozial ungerechtfertigt ist. Hat der Arbeitnehmer Einspruch beim Betriebsrat eingelegt (§ 3), so soll er der Klage die Stellungnahme des Betriebsrats beifügen. Soweit die Kündigung der Zustimmung einer Behörde bedarf, läuft die Frist zur Anrufung des Arbeitsgerichts erst von der Bekanntgabe der Entscheidung der Behörde an den Arbeitnehmer ab.

§ 5 Zulassung verspäteter Klagen

(1) War ein Arbeitnehmer nach erfolgter Kündigung trotz Anwendung aller ihm nach Lage der Umstände zuzumutenden Sorgfalt verhindert, die Klage innerhalb von drei Wochen nach Zugang der Kündigung zu erheben, so ist auf seinen Antrag die Klage nachträglich zuzulassen.

(2) Mit dem Antrag ist die Klageerhebung zu verbinden; ist die Klage bereits eingereicht, so ist auf sie im Antrag Bezug zu nehmen. Der Antrag muß ferner die Angabe der die nachträg-

liche Zulassung begründenden Tatsachen und der Mittel für deren Glaubhaftmachung enthalten.

(3) Der Antrag ist nur innerhalb von zwei Wochen nach Behebung des Hindernisses zulässig. Nach Ablauf von sechs Monaten, vom Ende der versäumten Frist an gerechnet, kann der Antrag nicht mehr gestellt werden.

(4) Über den Antrag entscheidet die Kammer durch Beschluss, der ohne mündliche Verhandlung ergehen kann.

§ 6 Verlängerte Anrufungsfrist

Hat ein Arbeitnehmer innerhalb von drei Wochen nach Zugang der Kündigung aus anderen als den in § 1 Abs. 2 und 3 bezeichneten Gründen im Klageweg geltend gemacht, daß eine rechtswirksame Kündigung nicht vorliege, so kann er in diesem Verfahren bis zum Schluß der mündlichen Verhandlung erster Instanz auch die Unwirksamkeit der Kündigung gemäß § 1 Abs. 2 und 3 geltend machen. Das Arbeitsgericht soll ihn hierauf hinweisen.

§ 7 Wirksamwerden der Kündigung

Wird die Rechtsunwirksamkeit einer sozial ungerechtfertigten Kündigung nicht rechtzeitig geltend gemacht (§ 4 Satz 1, §§ 5 und 6), so gilt die Kündigung, wenn sie nicht aus anderem Grunde rechtsunwirksam ist, als von Anfang an rechtswirksam; ein vom Arbeitnehmer nach § 2 erklärter Vorbehalt erlischt.

§ 8 Wiederherstellung der früheren Arbeitsbedingungen

Stellt das Gericht im Falle des § 2 fest, daß die Änderung der Arbeitsbedingungen sozial ungerechtfertigt ist, so gilt die Änderungskündigung als von Anfang an rechtsunwirksam.

§ 9 Auflösung des Arbeitsverhältnisses durch Urteil des Gerichts; Abfindung des Arbeitnehmers

(1) Stellt das Gericht fest, daß das Arbeitsverhältnis durch die Kündigung nicht aufgelöst ist, ist jedoch dem Arbeitnehmer die Fortsetzung des Arbeitsverhältnisses nicht zuzumuten, so hat das Gericht auf Antrag des Arbeitnehmers das Arbeitsverhältnis aufzulösen und den Arbeitgeber zur Zahlung einer angemessenen Abfindung zu verurteilen. Die gleiche Entscheidung hat das Gericht auf Antrag des Arbeitgebers zu treffen, wenn Gründe vorliegen, die eine den Betriebszwecken dienliche weitere Zusammenarbeit zwischen Arbeitgeber und Arbeitnehmer nicht erwarten lassen. Arbeitnehmer und Arbeitgeber können den Antrag auf Auflösung des Arbeitsverhältnisses bis zum Schluß der letzten mündlichen Verhandlung in der Berufungsinstanz stellen.

(2) Das Gericht hat für die Auflösung des Arbeitsverhältnisses den Zeitpunkt festzusetzen, an dem es bei sozial gerechtfertigter Kündigung geendet hätte.

§ 10 Höhe der Abfindung

(1) Als Abfindung ist ein Betrag bis zu zwölf Monatsverdiensten festzusetzen.

(2) Hat der Arbeitnehmer das fünfzigste Lebensjahr vollendet und hat das Arbeitsverhältnis mindestens fünfzehn Jahre bestanden, so ist ein Betrag bis zu fünfzehn Monatsverdiensten, hat der Arbeitnehmer das fünfundfünfzigste Lebensjahr vollendet und hat das Arbeitsverhältnis mindestens zwanzig Jahre bestanden, so ist ein Betrag bis zu achtzehn Monatsverdiensten

festzusetzen. Dies gilt nicht, wenn der Arbeitnehmer in dem Zeitpunkt, den das Gericht nach § 9 Abs. 2 für die Auflösung des Arbeitsverhältnisses festsetzt, das in der Vorschrift des Sechsten Buches Sozialgesetzbuch über die Regelaltersrente bezeichnete Lebensalter erreicht hat.

(3) Als Monatsverdienst gilt, was dem Arbeitnehmer bei der für ihn maßgebenden regelmäßigen Arbeitszeit in dem Monat, in dem das Arbeitsverhältnis endet (§ 9 Abs. 2), an Geld und Sachbezügen zusteht.

§ 11 Anrechnung auf entgangenen Zwischenverdienst

Besteht nach der Entscheidung des Gerichts das Arbeitsverhältnis fort, so muß sich der Arbeitnehmer auf das Arbeitsentgelt, das ihm der Arbeitgeber für die Zeit nach der Entlassung schuldet, anrechnen lassen,

1. was er durch anderweitige Arbeit verdient hat,
2. was er hätte verdienen können, wenn er es nicht böswillig unterlassen hätte, eine ihm zumutbare Arbeit anzunehmen,
3. was ihm an öffentlich-rechtlichen Leistungen infolge Arbeitslosigkeit aus der Sozialversicherung, der Arbeitslosenversicherung, der Arbeitslosenhilfe oder der Sozialhilfe für die Zwischenzeit gezahlt worden ist. Diese Beträge hat der Arbeitgeber der Stelle zu erstatten, die sie geleistet hat.

§ 12 Neues Arbeitsverhältnis des Arbeitnehmers; Auflösung des alten Arbeitsverhältnisses

Besteht nach der Entscheidung des Gerichts das Arbeitsverhältnis fort, ist jedoch der Arbeitnehmer inzwischen ein neues Arbeitsverhältnis eingegangen, so kann er binnen einer Woche nach der Rechtskraft des Urteils durch Erklärung gegenüber dem alten Arbeitgeber die Fortsetzung des Arbeitsverhältnisses bei diesem verweigern. Die Frist wird auch durch eine vor ihrem Ablauf zur Post gegebene schriftliche Erklärung gewahrt. Mit dem Zugang der Erklärung erlischt das Arbeitsverhältnis. Macht der Arbeitnehmer von seinem Verweigerungsrecht Gebrauch, so ist ihm entgangener Verdienst nur für die Zeit zwischen der Entlassung und dem Tag des Eintritts in das neue Arbeitsverhältnis zu gewähren. § 11 findet entsprechende Anwendung.

§ 13 Verhältnis zu sonstigen Kündigungen

(1) Die Vorschriften über das Recht zur außerordentlichen Kündigung eines Arbeitsverhältnisses werden durch das vorliegende Gesetz nicht berührt. Die Rechtsunwirksamkeit einer außerordentlichen Kündigung kann jedoch nur nach Maßgabe des § 4 Satz 1 und der §§ 5 bis 7 geltend gemacht werden. Stellt das Gericht fest, daß die außerordentliche Kündigung unbegründet ist, ist jedoch dem Arbeitnehmer die Fortsetzung des Arbeitsverhältnisses nicht zuzumuten, so hat auf seinen Antrag das Gericht das Arbeitsverhältnis aufzulösen und den Arbeitgeber zur Zahlung einer angemessenen Abfindung zu verurteilen; die Vorschriften des § 9 Abs. 2 und der §§ 10 bis 12 gelten entsprechend.

(2) Verstößt eine Kündigung gegen die guten Sitten, so kann der Arbeitnehmer ihre Nichtigkeit unabhängig von den Vorschriften dieses Gesetzes geltend machen. Erhebt er innerhalb von drei Wochen nach Zugang der Kündigung Klage auf Feststellung, daß das Arbeitsverhältnis durch die Kündigung nicht aufgelöst ist, so finden die Vorschriften des § 9 Abs. 1 Satz 1 und Abs. 2 und der §§ 10 bis 12 entsprechende Anwendung; die Vorschriften des § 5 über Zulassung verspäteter Klagen und des § 6 über verlängerte Anrufungsfrist gelten gleichfalls entsprechend.

(3) Im übrigen finden die Vorschriften dieses Abschnitts auf eine Kündigung, die bereits aus anderen als den in § 1 Abs. 2 und 3 bezeichneten Gründen rechtsunwirksam ist, keine Anwendung.

§ 14 Angestellte in leitender Stellung

(1) Die Vorschriften dieses Abschnitts gelten nicht
1. in Betrieben einer juristischen Person für die Mitglieder des Organs, das zur gesetzlichen Vertretung der juristischen Person berufen ist,
2. in Betrieben einer Personengesamtheit für die durch Gesetz, Satzung oder Gesellschaftsvertrag zur Vertretung der Personengesamtheit berufenen Personen.

(2) Auf Geschäftsführer, Betriebsleiter und ähnliche leitende Angestellte, soweit diese zur selbständigen Einstellung oder Entlassung von Arbeitnehmern berechtigt sind, finden die Vorschriften dieses Abschnitts mit Ausnahme des § 3 Anwendung. § 9 Abs. 1 Satz 2 findet mit der Maßgabe Anwendung, daß der Antrag des Arbeitgebers auf Auflösung des Arbeitsverhältnisses keiner Begründung bedarf.

Zweiter Abschnitt
Kündigungsschutz im Rahmen der Betriebsverfassung und Personalvertretung

§ 15 Unzulässigkeit der Kündigung

(1) Die Kündigung eines Mitglieds eines Betriebsrats, einer Jugend- und Auszubildendenvertretung, einer Bordvertretung oder eines Seebetriebsrats ist unzulässig, es sei denn, daß Tatsachen vorliegen, die den Arbeitgeber zur Kündigung aus wichtigem Grund ohne Einhaltung einer Kündigungsfrist berechtigen, und daß die nach § 103 des Betriebsverfassungsgesetzes erforderliche Zustimmung vorliegt oder durch gerichtliche Entscheidung ersetzt ist. Nach Beendigung der Amtszeit ist die Kündigung eines Mitglieds eines Betriebsrats, einer Jugend- und Auszubildendenvertretung oder eines Seebetriebsrats innerhalb eines Jahres, die Kündigung eines Mitglieds einer Bordvertretung innerhalb von sechs Monaten, jeweils vom Zeitpunkt der Beendigung der Amtszeit an gerechnet, unzulässig, es sei denn, daß Tatsachen vorliegen, die den Arbeitgeber zur Kündigung aus wichtigem Grund ohne Einhaltung einer Kündigungsfrist berechtigen; dies gilt nicht, wenn die Beendigung der Mitgliedschaft auf einer gerichtlichen Entscheidung beruht.

(2) Die Kündigung eines Mitglieds einer Personalvertretung, einer Jugend- und Auszubildendenvertretung oder einer Jugendvertretung ist unzulässig, es sei denn, daß Tatsachen vorliegen, die den Arbeitgeber zur Kündigung aus wichtigem Grund ohne Einhaltung einer Kündigungsfrist berechtigen, und daß die nach dem Personalvertretungsrecht erforderliche Zustimmung vorliegt oder durch gerichtliche Entscheidung ersetzt ist. Nach Beendigung der Amtszeit der in Satz 1 genannten Personen ist ihre Kündigung innerhalb eines Jahres, vom Zeitpunkt der Beendigung der Amtszeit an gerechnet, unzulässig, es sei denn, daß Tatsachen vorliegen, die den Arbeitgeber zur Kündigung aus wichtigem Grund ohne Einhaltung einer Kündigungsfrist berechtigen; dies gilt nicht, wenn die Beendigung der Mitgliedschaft auf einer gerichtlichen Entscheidung beruht.

(3) Die Kündigung eines Mitglieds eines Wahlvorstands ist vom Zeitpunkt seiner Bestellung an, die Kündigung eines Wahlbewerbers vom Zeitpunkt der Aufstellung des Wahlvorschlags an, jeweils bis zur Bekanntgabe des Wahlergebnisses unzulässig, es sei denn, daß Tat-

sachen vorliegen, die den Arbeitgeber zur Kündigung aus wichtigem Grund ohne Einhaltung einer Kündigungsfrist berechtigen, und daß die nach § 103 des Betriebsverfassungsgesetzes oder nach dem Personalvertretungsrecht erforderliche Zustimmung vorliegt oder durch eine gerichtliche Entscheidung ersetzt ist. Innerhalb von sechs Monaten nach Bekanntgabe des Wahlergebnisses ist die Kündigung unzulässig, es sei denn, daß Tatsachen vorliegen, die den Arbeitgeber zur Kündigung aus wichtigem Grund ohne Einhaltung einer Kündigungsfrist berechtigen; dies gilt nicht für Mitglieder des Wahlvorstands, wenn dieser durch gerichtliche Entscheidung durch einen anderen Wahlvorstand ersetzt worden ist.

(3a) Die Kündigung eines Arbeitnehmers, der zu einer Betriebs-, Wahl- oder Bordversammlung nach § 17 Abs. 3, § 17a Nr. 3 Satz 2, § 115 Abs. 2 Nr. 8 Satz 1 des Betriebsverfassungsgestzes einlädt oder die Bestellung eines Wahlvorstands nach § 16 Abs. 2 Satz 1, § 17 Abs. 4, § 17a Nr. 4, § 63 Abs. 3, § 115 Abs. 2 Nr. 8 Satz 2 oder § 116 Abs. 2 Nr. 7 Satz 5 des Betriebsverfassungsgesetzes beantragt, ist vom Zeitpunkt der Einladung oder Antragstellung an bis zur Bekanntgabe des Wahlergebnisses unzulässig, es sei denn, dass Tatsachen vorliegen, die den Arbeitgeber zur Kündigung aus wichtigem Grund ohne Einhaltung einer Kündigungsfrist berechtigen; der Kündigungsschutz gilt für die ersten drei in der Einladung oder Antragstellung aufgeführten Arbeitnehmer. Wird ein Betriebsrat, eine Jugend- und Auszubildendenvertretung, eine Bordvertretung oder ein Seebetriebsrat nicht gewählt, besteht der Kündigungsschutz nach Satz 1 vom Zeitpunkt der Einladung oder Antragstellung an drei Monate.

(4) Wird der Betrieb stillgelegt, so ist die Kündigung der in den Absätzen 1 bis 3a genannten Personen frühestens zum Zeitpunkt der Stillegung zulässig, es sei denn, daß ihre Kündigung zu einem früheren Zeitpunkt durch zwingende betriebliche Erfordernisse bedingt ist.

(5) Wird eine der in den Absätzen 1 bis 3 genannten Personen in einer Betriebsabteilung beschäftigt, die stillgelegt wird, so ist sie in eine andere Betriebsabteilung zu übernehmen. Ist dies aus betrieblichen Gründen nicht möglich, so findet auf ihre Kündigung die Vorschrift des Absatzes 4 über die Kündigung bei Stillegung des Betriebs sinngemäß Anwendung.

§ 16 Neues Arbeitsverhältnis; Auflösung des alten Arbeitsverhältnisses

Stellt das Gericht die Unwirksamkeit der Kündigung einer der in § 15 Abs. 1 bis 3a genannten Personen fest, so kann diese Person, falls sie inzwischen ein neues Arbeitsverhältnis eingegangen ist, binnen einer Woche nach Rechtskraft des Urteils durch Erklärung gegenüber dem alten Arbeitgeber die Weiterbeschäftigung bei diesem verweigern. Im übrigen finden die Vorschriften des § 11 und des § 12 Satz 2 bis 4 entsprechende Anwendung.

Dritter Abschnitt
Anzeigepflichtige Entlassungen

§ 17 Anzeigepflicht

(1) Der Arbeitgeber ist verpflichtet, dem Arbeitsamt Anzeige zu erstatten, bevor er

1. in Betrieben mit in der Regel mehr als 20 und weniger als 60 Arbeitnehmern mehr als 5 Arbeitnehmer,
2. in Betrieben mit in der Regel mindestens 60 und weniger als 500 Arbeitnehmern 10 vom Hundert der im Betrieb regelmäßig beschäftigten Arbeitnehmer oder aber mehr als 25 Arbeitnehmer,

3. in Betrieben mit in der Regel mindestens 500 Arbeitnehmern mindestens 30 Arbeitnehmer innerhalb von 30 Kalendertagen entläßt. Den Entlassungen stehen andere Beendigungen des Arbeitsverhältnisses gleich, die vom Arbeitgeber veranlaßt werden.

(2) Beabsichtigt der Arbeitgeber, nach Absatz 1 anzeigepflichtige Entlassungen vorzunehmen, hat er dem Betriebsrat rechtzeitig die zweckdienlichen Auskünfte zu erteilen und ihn schriftlich insbesondere zu unterrichten über
1. die Gründe für die geplanten Entlassungen,
2. die Zahl und die Berufsgruppen der zu entlassenden Arbeitnehmer,
3. die Zahl und die Berufsgruppen der in der Regel beschäftigten Arbeitnehmer,
4. den Zeitraum, in dem die Entlassungen vorgenommen werden sollen,
5. die vorgesehenen Kriterien für die Auswahl der zu entlassenden Arbeitnehmer,
6. die für die Berechnung etwaiger Abfindungen vorgesehenen Kriterien.

Arbeitgeber und Betriebsrat haben insbesondere die Möglichkeiten zu beraten, Entlassungen zu vermeiden oder einzuschränken und ihre Folgen zu mildern.

(3) Der Arbeitgeber hat gleichzeitig dem Arbeitsamt eine Abschrift der Mitteilung an den Betriebsrat zuzuleiten; sie muß zumindest die in Absatz 2 Satz 1 Nr. 1 bis 5 vorgeschriebenen Angaben enthalten. Die Anzeige nach Absatz 1 ist schriftlich unter Beifügung der Stellungnahme des Betriebsrats zu den Entlassungen zu erstatten. Liegt eine Stellungnahme des Betriebsrats nicht vor, so ist die Anzeige wirksam, wenn der Arbeitgeber glaubhaft macht, daß er den Betriebsrat mindestens zwei Wochen vor Erstattung der Anzeige nach Absatz 2 Satz 1 unterrichtet hat, und er den Stand der Beratungen darlegt. Die Anzeige muß Angaben über den Namen des Arbeitgebers, den Sitz und die Art des Betriebes enthalten, ferner die Gründe für die geplanten Entlassungen, die Zahl und die Berufsgruppen der zu entlassenden und der in der Regel beschäftigten Arbeitnehmer, den Zeitraum, in dem die Entlassungen vorgenommen werden sollen und die vorgesehenen Kriterien für die Auswahl der zu entlassenden Arbeitnehmer. In der Anzeige sollen ferner im Einvernehmen mit dem Betriebsrat für die Arbeitsvermittlung Angaben über Geschlecht, Alter, Beruf und Staatsangehörigkeit der zu entlassenden Arbeitnehmer gemacht werden. Der Arbeitgeber hat dem Betriebsrat eine Abschrift der Anzeige zuzuleiten. Der Betriebsrat kann gegenüber dem Arbeitsamt weitere Stellungnahmen abgeben. Er hat dem Arbeitgeber eine Abschrift der Stellungnahme zuzuleiten.

(3a) Die Auskunfts-, Beratungs- und Anzeigepflichten nach den Absätzen 1 bis 3 gelten auch dann, wenn die Entscheidung über die Entlassungen von einem den Arbeitgeber beherrschenden Unternehmen getroffen wurde. Der Arbeitgeber kann sich nicht darauf berufen, daß das für die Entlassungen verantwortliche Unternehmen die notwendigen Auskünfte nicht übermittelt hat.

(4) Das Recht zur fristlosen Entlassung bleibt unberührt. Fristlose Entlassungen werden bei Berechnung der Mindestzahl der Entlassungen nach Absatz 1 nicht mitgerechnet.

(5) Als Arbeitnehmer im Sinne dieser Vorschrift gelten nicht
1. in Betrieben einer juristischen Person die Mitglieder des Organs, das zur gesetzlichen Vertretung der juristischen Person berufen ist,
2. in Betrieben einer Personengesamtheit die durch Gesetz, Satzung oder Gesellschaftsvertrag zur Vertretung der Personengesamtheit berufenen Personen,
3. Geschäftsführer, Betriebsleiter und ähnliche leitende Personen, soweit diese zur selbständigen Einstellung oder Entlassung von Arbeitnehmern berechtigt sind.

§ 18 Entlassungssperre

(1) Entlassungen, die nach § 17 anzuzeigen sind, werden vor Ablauf eines Monats nach Eingang der Anzeige beim Arbeitsamt nur mit dessen Zustimmung wirksam; die Zustimmung kann auch rückwirkend bis zum Tage der Antragstellung erteilt werden.

(2) Das Arbeitsamt kann im Einzelfall bestimmen, daß die Entlassungen nicht vor Ablauf von längstens zwei Monaten nach Eingang der Anzeige wirksam werden.

(3) (weggefallen)

(4) Soweit die Entlassungen nicht innerhalb von 90 Tagen nach dem Zeitpunkt, zu dem sie nach den Absätzen 1 und 2 zulässig sind, durchgeführt werden, bedarf es unter den Voraussetzungen des § 17 Abs. 1 einer erneuten Anzeige.

§ 19 Zulässigkeit von Kurzarbeit

(1) Ist der Arbeitgeber nicht in der Lage, die Arbeitnehmer bis zu dem in § 18 Abs. 1 und 2 bezeichneten Zeitpunkt voll zu beschäftigen, so kann das Landesarbeitsamt zulassen, daß der Arbeitgeber für die Zwischenzeit Kurzarbeit einführt.

(2) Der Arbeitgeber ist im Falle der Kurzarbeit berechtigt, Lohn oder Gehalt der mit verkürzter Arbeitszeit beschäftigten Arbeitnehmer entsprechend zu kürzen; die Kürzung des Arbeitsentgelts wird jedoch erst von dem Zeitpunkt an wirksam, an dem das Arbeitsverhältnis nach den allgemeinen gesetzlichen oder den vereinbarten Bestimmungen enden würde.

(3) Tarifvertragliche Bestimmungen über die Einführung, das Ausmaß und die Bezahlung von Kurzarbeit werden durch die Absätze 1 und 2 nicht berührt.

§ 20 Entscheidungen des Arbeitsamtes

(1) Die Entscheidungen des Arbeitsamtes nach § 18 Abs. 1 und 2 trifft dessen Direktor oder ein Ausschuß (Entscheidungsträger). Der Direktor darf nur dann entscheiden, wenn die Zahl der Entlassungen weniger als 50 beträgt.

(2) Der Ausschuß setzt sich aus dem Direktor des Arbeitsamtes oder einem von ihm beauftragten Angehörigen des Arbeitsamtes als Vorsitzenden und je zwei Vertretern der Arbeitnehmer, der Arbeitgeber und der öffentlichen Körperschaften zusammen, die von dem Verwaltungsausschuß des Arbeitsamtes benannt werden. Er trifft seine Entscheidungen mit Stimmenmehrheit.

(3) Der Entscheidungsträger hat vor seiner Entscheidung den Arbeitgeber und den Betriebsrat anzuhören. Dem Entscheidungsträger sind, insbesondere vom Arbeitgeber und Betriebsrat, die von ihm für die Beurteilung des Falles erforderlich gehaltenen Auskünfte zu erteilen.

(4) Der Entscheidungsträger hat sowohl das Interesse des Arbeitgebers als auch das der zu entlassenden Arbeitnehmer, das öffentliche Interesse und die Lage des gesamten Arbeitsmarktes unter besonderer Beachtung des Wirtschaftszweiges, dem der Betrieb angehört, zu berücksichtigen.

§ 21 Entscheidungen der Hauptstelle der Bundesanstalt für Arbeit

Für Betriebe, die zum Geschäftsbereich des Bundesministeriums für Verkehr oder des Bundesministeriums für Post und Telekommunikation gehören, trifft, wenn mehr als 500 Arbeitnehmer entlassen werden sollen, ein gemäß § 20 Abs. 1 bei der Hauptstelle der Bundesanstalt für Arbeit zu bildender Ausschuß die Entscheidungen nach § 18 Abs. 1 und 2. Das zuständige Bundesministerium kann zwei Vertreter mit beratender Stimme in den Ausschuß entsenden.

Die Anzeigen nach § 17 sind in diesem Falle an die Hauptstelle der Bundesanstalt für Arbeit zu erstatten. Im übrigen gilt § 20 Abs. 1 bis 3 entsprechend.

§ 22 Ausnahmebetriebe

(1) Auf Saisonbetriebe und Kampagnebetriebe finden die Vorschriften dieses Abschnitts bei Entlassungen, die durch diese Eigenart der Betriebe bedingt sind, keine Anwendung.

(2) Keine Saisonbetriebe oder Kampagnebetriebe sind Betriebe des Baugewerbes, in denen die ganzjährige Beschäftigung nach dem Dritten Buch Sozialgesetzbuch gefördert wird. Das Bundesministerium für Arbeit und Sozialordnung wird ermächtigt, durch Rechtsverordnung Vorschriften zu erlassen, welche Betriebe als Saisonbetriebe oder Kampagnebetriebe im Sinne des Absatzes 1 gelten.

Vierter Abschnitt
Schlußbestimmungen

§ 23 Geltungsbereich

(1) Die Vorschriften des Ersten und Zweiten Abschnitts gelten für Betriebe und Verwaltungen des privaten und des öffentlichen Rechts, vorbehaltlich der Vorschriften des § 24 für die Seeschiffahrts-, Binnenschiffahrts- und Luftverkehrsbetriebe. Die Vorschriften des Ersten Abschnitts gelten nicht für Betriebe und Verwaltungen, in denen in der Regel fünf oder weniger Arbeitnehmer ausschließlich der zu ihrer Berufsbildung Beschäftigten beschäftigt werden. Bei der Feststellung der Zahl der beschäftigten Arbeitnehmer nach Satz 2 sind teilzeitbeschäftigte Arbeitnehmer mit einer regelmäßigen wöchentlichen Arbeitszeit von nicht mehr als 20 Stunden mit 0,5 und nicht mehr als 30 Stunden mit 0,75 zu berücksichtigen.

(2) Die Vorschriften des Dritten Abschnitts gelten für Betriebe und Verwaltungen des privaten Rechts sowie für Betriebe, die von einer öffentlichen Verwaltung geführt werden, soweit sie wirtschaftliche Zwecke verfolgen. Sie gelten nicht für Seeschiffe und ihre Besatzung.

§ 24 Anwendung des Gesetzes auf Betriebe der Schiffahrt und des Luftverkehrs

(1) Die Vorschriften des Ersten und Zweiten Abschnitts finden nach Maßgabe der Absätze 2 bis 5 auf Arbeitsverhältnisse der Besatzung von Seeschiffen, Binnenschiffen und Luftfahrzeugen Anwendung. Als Betrieb im Sinne dieses Gesetzes gilt jeweils die Gesamtheit der Seeschiffe oder der Binnenschiffe eines Schiffahrtsbetriebs oder der Luftfahrzeuge eines Luftverkehrsbetriebs.

(2) Dauert die erste Reise eines Besatzungsmitglieds im Dienst einer Reederei oder eines Luftverkehrsbetriebs länger als sechs Monate, so verlängert sich die Sechsmonatsfrist des § 1 Abs. 1 bis drei Tage nach Beendigung dieser Reise.

(3) Die Klage nach § 4 ist binnen drei Wochen, nachdem das Besatzungsmitglied zum Sitz des Betriebs zurückgekehrt ist, zu erheben, spätestens jedoch binnen sechs Wochen nach Zugang der Kündigung. Wird die Kündigung während der Fahrt des Schiffes oder des Luftfahrzeugs ausgesprochen, so beginnt die sechswöchige Frist nicht vor dem Tage, an dem das Schiff oder das Luftfahrzeug einen deutschen Hafen oder Liegeplatz erreicht. An die Stelle der Dreiwochenfrist in § 6 treten die hier in den Sätzen 1 und 2 bestimmten Fristen.

(4) Für Klagen der Kapitäne und der Besatzungsmitglieder im Sinne der §§ 2 und 3 des Seemannsgesetzes nach § 4 dieses Gesetzes tritt an die Stelle des Arbeitsgerichts das Gericht, das für Streitigkeiten aus dem Arbeitsverhältnis dieser Personen zuständig ist. Soweit in Vorschrif-

ten des Seemannsgesetzes für die Streitigkeiten aus dem Arbeitsverhältnis Zuständigkeiten des Seemannsamts begründet sind, finden die Vorschriften auf Streitigkeiten über Ansprüche aus diesem Gesetz keine Anwendung.

(5) Der Kündigungsschutz des Ersten Abschnitts gilt, abweichend von § 14, auch für den Kapitän und die übrigen als leitende Angestellte im Sinne des § 14 anzusehenden Angehörigen der Besatzung.

§ 25 Kündigung in Arbeitskämpfen

Die Vorschriften dieses Gesetzes finden keine Anwendung auf Kündigungen und Entlassungen, die lediglich als Maßnahmen in wirtschaftlichen Kämpfen zwischen Arbeitgebern und Arbeitnehmern vorgenommen werden.

§ 26

(Inkrafttreten, nicht abgedruckt)

2. Bürgerliches Gesetzbuch (BGB)

vom 18. August 1896 (RGBl. S. 195), in der Fassung der Bekanntmachung vom 2. Januar 2002 (BGBl. I, S. 42) zuletzt geändert durch Gesetz vom 24. August 2002 (BGBl. I, S. 3412)

– Auszug –

§ 13 Verbraucher

Verbraucher ist jede natürliche Person, die ein Rechtsgeschäft zu einem Zwecke abschließt, der weder ihrer gewerblichen noch ihrer selbständigen beruflichen Tätigkeit zugerechnet werden kann.

§ 14 Unternehmer

(1) Unternehmer ist eine natürliche oder juristische Person oder eine rechtsfähige Personengesellschaft, die bei Abschluss eines Rechtsgeschäfts in Ausübung ihrer gewerblichen oder selbständigen beruflichen Tätigkeit handelt.

(2) Eine rechtsfähige Personengesellschaft ist eine Personengesellschaft, die mit der Fähigkeit ausgestattet ist, Rechte zu erwerben und Verbindlichkeiten einzugehen.

§ 312 Widerrufsrecht bei Haustürgeschäften

(1) Bei einem Vertrag zwischen einem Unternehmer und einem Verbraucher, der eine entgeltliche Leistung zum Gegenstand hat und zu dessen Abschluss der Verbraucher

1. durch mündliche Verhandlungen an seinem Arbeitsplatz oder im Bereich einer Privatwohnung,
2. anlässlich einer vom Unternehmer oder von einem Dritten zumindest auch im Interesse des Unternehmens durchgeführten Freizeitveranstaltung oder
3. im Anschluss an ein überraschendes Ansprechen in Verkehrsmitteln oder im Bereich öffentlich zugänglicher Verkehrsflächen

bestimmt worden ist (Haustürgeschäft), steht dem Verbraucher ein Widerrufsrecht gemäß § 355 zu. Dem Verbraucher kann anstelle des Widerrufsrechts ein Rückgaberecht nach § 356 eingeräumt werden, wenn zwischen dem Verbraucher und dem Unternehmer im Zusammenhang mit diesem oder einem späteren Geschäft auch eine ständige Verbindung aufrechterhalten werden soll.

§ 355 Widerrufsrecht bei Verbraucherverträgen

(1) Wird einem Verbraucher durch Gesetz ein Widerrufsrecht nach dieser Vorschrift eingeräumt, so ist er an seine auf den Abschluss der Vertrags gerichtete Willenserklärung nicht mehr gebunden, wenn er sie fristgerecht widerrufen hat. Der Widerruf muss keine Begründung enthalten und ist in Textform oder durch Rücksendung der Sache innerhalb von zwei Wochen gegenüber dem Unternehmer zu erklären; zur Fristwahrung genügt die rechtzeitige Absendung.

(2) Die Frist beginnt mit dem Zeitpunkt, zu dem dem Verbraucher eine deutlich gestaltete Belehrung über sein Widerrufsrecht, die ihm entsprechend den Erfordernissen des eingesetzten Kommunikationsmittels seine Rechte deutlich macht, in Textform mitgeteilt worden ist, die auch Namen und Anschrift desjenigen, gegenüber dem der Widerruf zu erklären ist, und einen Hinweis auf den Fristbeginn und die Regelung des Absatzes 1 Satz 2 enthält. Wird die Belehrung nach Vertragsschluss mitgeteilt, beträgt die Frist abweichend von Absatz 1 Satz 2 einen Monat. Ist der Vertrag schriftlich abzuschließen, so beginnt die Frist nicht zu laufen, bevor dem Verbraucher auch eine Vertragsurkunde, der schriftliche Antrag des Verbrauchers oder eine Abschrift der Vertragsurkunde oder des Antrags zur Verfügung gestellt werden. Ist der Fristbeginn streitig, so trifft die Beweislast den Unternehmer.

(3) Das Widerrufsrecht erlischt spätestens sechs Monate nach Vertragsschluss. Bei der Lieferung von Waren beginnt die Frist nicht vor dem Tag ihres Eingangs beim Empfänger. Abweichend von Satz 1 erlischt das Widerrufsrecht nicht, wenn der Verbraucher nicht ordnungsgemäß über sein Widerrufsrecht belehrt worden ist.

§ 611 Vertragstypische Pflichten beim Dienstvertrag

(1) Durch den Dienstvertrag wird derjenige, welcher Dienste zusagt, zur Leistung der versprochenen Dienste, der andere Teil zur Gewährung der vereinbarten Vergütung verpflichtet.

(2) Gegenstand des Dienstvertrags können Dienste jeder Art sein.

§ 611a Geschlechtsbezogene Benachteiligung

(1) Der Arbeitgeber darf einen Arbeitnehmer bei einer Vereinbarung oder einer Maßnahme, insbesondere bei der Begründung des Arbeitsverhältnisses, beim beruflichen Aufstieg, bei einer Weisung oder einer Kündigung, nicht wegen seines Geschlechts benachteiligen. Eine unterschiedliche Behandlung wegen des Geschlechts ist jedoch zulässig, soweit eine Vereinbarung oder eine Maßnahme die Art der vom Arbeitnehmer auszuübenden Tätigkeit zum Gegenstand hat und ein bestimmtes Geschlecht unverzichtbare Voraussetzung für diese Tätigkeit ist. Wenn im Streitfall der Arbeitnehmer Tatsachen glaubhaft macht, die eine Benachteiligung wegen des Geschlechts vermuten lassen, trägt der Arbeitgeber die Beweislast dafür, dass nicht auf das Geschlecht bezogene, sachliche Gründe eine unterschiedliche Behandlung rechtfertigen oder das Geschlecht unverzichtbare Voraussetzung für die auszuübende Tätigkeit ist.

(2) Verstößt der Arbeitgeber gegen das in Absatz 1 geregelte Benachteiligungsverbot bei der Begründung eines Arbeitsverhältnisses, so kann der hierdurch benachteiligte Bewerber eine angemessene Entschädigung in Geld verlangen; ein Anspruch auf Begründung eines Arbeitsverhältnisses besteht nicht.

(3) Wäre der Bewerber auch bei benachteiligungsfreier Auswahl nicht eingestellt worden, so hat der Arbeitgeber eine angemessene Entschädigung in Höhe von höchstens drei Monatsverdiensten zu leisten. Als Monatsverdienst gilt, was dem Bewerber bei regelmäßiger Arbeitszeit in dem Monat, in dem das Arbeitsverhältnis hätte begründet werden sollen, an Geld- und Sachbezügen zugestanden hätte.

(4) Ein Anspruch nach den Absätzen 2 und 3 muss innerhalb einer Frist, die mit Zugang der Ablehnung der Bewertung beginnt, schriftlich geltend gemacht werden. Die Länge der Frist bemisst sich nach einer für die Geltendmachung von Schadenersatzansprüchen im angestrebten Arbeitsverhältnis vorgesehenen Ausschlussfrist; sie beträgt mindestens zwei Monate. Ist eine solche Frist für das angestrebte Arbeitsverhältnis nicht bestimmt, so beträgt die Frist sechs Monate.

(5) Die Absätze 2 bis 4 gelten beim beruflichen Aufstieg entsprechend, wenn auf den Aufstieg kein Anspruch besteht.

§ 611b Arbeitsplatzausschreibung

Der Arbeitgeber darf einen Arbeitsplatz weder öffentlich noch innerhalb des Betriebs nur für Männer oder nur für Frauen ausschreiben, es sei denn, dass ein Fall des § 611a Abs. 1 Satz 2 vorliegt.

§ 612 Vergütung

(1) Eine Vergütung gilt als stillschweigend vereinbart, wenn die Dienstleistung den Umständen nach nur gegen eine Vergütung zu erwarten ist.

(2) Ist die Höhe der Vergütung nicht bestimmt, so ist bei dem Bestehen einer Taxe die taxmäßige Vergütung, in Ermangelung einer Taxe die übliche Vergütung als vereinbart anzusehen.

(3) Bei einem Arbeitsverhältnis darf für gleiche oder für gleichwertige Arbeit nicht wegen des Geschlechts des Arbeitnehmers eine geringere Vergütung vereinbart werden als bei einem Arbeitnehmer des anderen Geschlechts. Die Vereinbarung einer geringeren Vergütung wird nicht dadurch gerechtfertigt, dass wegen des Geschlechts des Arbeitnehmers besondere Schutzvorschriften gelten. § 611a Abs. 1 Satz 3 ist entsprechend anzuwenden.

§ 612a Maßregelungsverbot

Der Arbeitgeber darf einen Arbeitnehmer bei einer Vereinbarung oder einer Maßnahme nicht benachteiligen, weil der Arbeitnehmer in zulässiger Weise seine Rechte ausübt.

§ 613 Unübertragbarkeit

Der zur Dienstleistung Verpflichtete hat die Dienste im Zweifel in Person zu leisten. Der Anspruch auf die Dienste ist im Zweifel nicht übertragbar.

§ 613a Rechte und Pflichten bei Betriebsübergang

(1) Geht ein Betrieb oder Betriebsteil durch Rechtsgeschäft auf einen anderen Inhaber über, so tritt dieser in die Rechte und Pflichten aus den im Zeitpunkt des Übergangs bestehenden Arbeitsverhältnissen ein. Sind diese Rechte und Pflichten durch Rechtsnormen eines Tarifvertrags oder durch eine Betriebsvereinbarung geregelt, so werden sie Inhalt des Arbeitsverhältnisses zwischen dem neuen Inhaber und dem Arbeitnehmer und dürfen nicht vor Ablauf eines

Jahres nach dem Zeitpunkt des Übergangs zum Nachteil des Arbeitnehmers geändert werden. Satz 2 gilt nicht, wenn die Rechte und Pflichten bei dem neuen Inhaber durch Rechtsnormen eines anderen Tarifvertrags oder durch eine andere Betriebsvereinbarung geregelt werden. Vor Ablauf der Frist nach Satz 2 können die Rechte und Pflichten geändert werden, wenn der Tarifvertrag oder die Betriebsvereinbarung nicht mehr gilt oder bei fehlender beiderseitiger Tarifgebundenheit im Geltungsbereich eines anderen Tarifvertrags dessen Anwendung zwischen dem neuen Inhaber und dem Arbeitnehmer vereinbart wird.

(2) Der bisherige Arbeitgeber haftet neben dem neuen Inhaber für Verpflichtungen nach Absatz 1, soweit sie vor dem Zeitpunkt des Übergangs entstanden sind und vor Ablauf von einem Jahr nach diesem Zeitpunkt fällig werden, als Gesamtschuldner. Werden solche Verpflichtungen nach dem Zeitpunkt des Übergangs fällig, so haftet der bisherige Arbeitgeber für sie jedoch nur in dem Umfang, der dem im Zeitpunkt des Übergangs abgelaufenen Teil ihres Bemessungszeitraums entspricht.

(3) Absatz 2 gilt nicht, wenn eine juristische Person oder eine Personenhandelsgesellschaft durch Umwandlung erlischt.

(4) Die Kündigung des Arbeitsverhältnisses eines Arbeitnehmers durch den bisherigen Arbeitgeber oder durch den neuen Inhaber wegen des Übergangs eines Betriebs oder eines Betriebsteils ist unwirksam. Das Recht zur Kündigung des Arbeitsverhältnisses aus anderen Gründen bleibt unberührt.

(5) Der bisherige Arbeitgeber oder der neue Inhaber hat die von einem Übergang betroffenen Arbeitnehmer vor dem Übergang in Textform zu unterrichten über:

1. den Zeitpunkt oder den geplanten Zeitpunkt des Übergangs,
2. den Grund für den Übergang,
3. die rechtlichen, wirtschaftlichen und sozialen Folgen des Übergangs für die Arbeitnehmer und
4. die hinsichtlich der Arbeitnehmer in Aussicht genommenen Maßnahmen.

(6) Der Arbeitnehmer kann dem Übergang des Arbeitsverhältnisses innerhalb eines Monats nach Zugang der Unterrichtung nach Absatz 5 schriftlich widersprechen. Der Widerspruch kann gegenüber dem bisherigen Arbeitgeber oder dem neuen Inhaber erklärt werden.

§ 614 Fälligkeit der Vergütung

Die Vergütung ist nach der Leistung der Dienste zu entrichten. Ist die Vergütung nach Zeitabschnitten bemessen, so ist sie nach dem Ablauf der einzelnen Zeitabschnitte zu entrichten.

§ 615 Vergütung bei Annahmeverzug und bei Betriebsrisiko

Kommt der Dienstberechtigte mit der Annahme der Dienste in Verzug, so kann der Verpflichtete für die infolge des Verzugs nicht geleisteten Dienste die vereinbarte Vergütung verlangen, ohne zur Nachleistung verpflichtet zu sein. Er muss sich jedoch den Wert desjenigen anrechnen lassen, was er infolge des Unterbleibens der Dienstleistung erspart oder durch anderweitige Verwendung seiner Dienste erwirbt oder zu erwerben böswillig unterlässt. Die Sätze 1 und 2 gelten entsprechend in den Fällen, in denen der Arbeitgeber das Risiko des Arbeitsausfalls trägt.

§ 616 Vorübergehende Verhinderung

Der zur Dienstleistung Verpflichtete wird des Anspruchs auf die Vergütung nicht dadurch verlustig, dass er für eine verhältnismäßig nicht erhebliche Zeit durch einen in seiner Person liegenden Grund ohne sein Verschulden an der Dienstleistung verhindert wird. Er muss sich jedoch den Betrag anrechnen lassen, welcher ihm für die Zeit der Verhinderung aus einer auf Grund gesetzlicher Verpflichtung bestehenden Kranken- oder Unfallversicherung zukommt.

§ 617 Pflicht zur Krankenfürsorge

(1) Ist bei einem dauernden Dienstverhältnis, welches die Erwerbstätigkeit des Verpflichteten vollständig oder hauptsächlich in Anspruch nimmt, der Verpflichtete in die häusliche Gemeinschaft aufgenommen, so hat der Dienstberechtigte ihm im Falle der Erkrankung die erforderliche Verpflegung und ärztliche Behandlung bis zur Dauer von sechs Wochen, jedoch nicht über die Beendigung des Dienstverhältnisses hinaus, zu gewähren, sofern nicht die Erkrankung von dem Verpflichteten vorsätzlich oder durch grobe Fahrlässigkeit herbeigeführt worden ist. Die Verpflegung und ärztliche Behandlung kann durch Aufnahme des Verpflichteten in eine Krankenanstalt gewährt werden. Die Kosten können auf die für die Zeit der Erkrankung geschuldete Vergütung angerechnet werden. Wird das Dienstverhältnis wegen der Erkrankung von dem Dienstberechtigten nach § 626 gekündigt, so bleibt die dadurch herbeigeführte Beendigung des Dienstverhältnisses außer Betracht.

(2) Die Verpflichtung des Dienstberechtigten tritt nicht ein, wenn für die Verpflegung und ärztliche Behandlung durch eine Versicherung oder durch eine Einrichtung der öffentlichen Krankenpflege Vorsorge getroffen ist.

§ 618 Pflicht zu Schutzmaßnahmen

(1) Der Dienstberechtigte hat Räume, Vorrichtungen oder Gerätschaften, die er zur Verrichtung der Dienste zu beschaffen hat, so einzurichten und zu unterhalten und Dienstleistungen, die unter seiner Anordnung oder seiner Leitung vorzunehmen sind, so zu regeln, dass der Verpflichtete gegen Gefahr für Leben und Gesundheit soweit geschützt ist, als die Natur der Dienstleistung es gestattet.

(2) Ist der Verpflichtete in die häusliche Gemeinschaft aufgenommen, so hat der Dienstberechtigte in Ansehung des Wohn- und Schlafraums, der Verpflegung sowie der Arbeits- und Erholungszeit diejenigen Einrichtungen und Anordnungen zu treffen, welche mit Rücksicht auf die Gesundheit, die Sittlichkeit und die Religion des Verpflichteten erforderlich sind.

(3) Erfüllt der Dienstberechtigte die ihm in Ansehung des Lebens und der Gesundheit des Verpflichteten obliegenden Verpflichtungen nicht, so finden auf seine Verpflichtung zum Schadensersatz die für unerlaubte Handlungen geltenden Vorschriften der §§ 842 bis 846 entsprechende Anwendung.

§ 619 Unabdingbarkeit der Fürsorgepflichten

Die dem Dienstberechtigten nach den §§ 617, 618 obliegenden Verpflichtungen können nicht im Voraus durch Vertrag aufgehoben oder beschränkt werden.

§ 619a Beweislast bei Haftung des Arbeitnehmers

Abweichend von § 280 Abs. 1 hat der Arbeitnehmer dem Arbeitgeber Ersatz für den aus der Verletzung einer Pflicht aus dem Arbeitsverhältnis entstehenden Schaden nur zu leisten, wenn er die Pflichtverletzung zu vertreten hat.

§ 620 Beendigung des Dienstverhältnisses

(1) Das Dienstverhältnis endigt mit dem Ablauf der Zeit, für die es eingegangen ist.

(2) Ist die Dauer des Dienstverhältnisses weder bestimmt noch aus der Beschaffenheit oder dem Zweck der Dienste zu entnehmen, so kann jeder Teil das Dienstverhältnis nach Maßgabe der §§ 621 bis 623 kündigen.

(3) Für Arbeitsverträge, die auf bestimmte Zeit abgeschlossen werden, gilt das Teilzeit- und Befristungsgesetz.

§ 621 Kündigungsfristen bei Dienstverhältnissen

Bei einem Dienstverhältnis, das kein Arbeitsverhältnis im Sinne des § 622 ist, ist die Kündigung zulässig,

1. wenn die Vergütung nach Tagen bemessen ist, an jedem Tag für den Ablauf des folgenden Tages;
2. wenn die Vergütung nach Wochen bemessen ist, spätestens am ersten Werktag einer Woche für den Ablauf des folgenden Sonnabends;
3. wenn die Vergütung nach Monaten bemessen ist, spätestens am fünfzehnten eines Monats für den Schluss des Kalendermonats;
4. wenn die Vergütung nach Vierteljahren oder längeren Zeitabschnitten bemessen ist, unter Einhaltung einer Kündigungsfrist von sechs Wochen für den Schluss eines Kalendervierteljahres;
5. wenn die Vergütung nicht nach Zeitabschnitten bemessen ist, jederzeit; bei einem die Erwerbstätigkeit des Verpflichteten vollständig oder hauptsächlich in Anspruch nehmenden Dienstverhältnis ist jedoch eine Kündigungsfrist von zwei Wochen einzuhalten.

§ 622 Kündigungsfristen bei Arbeitsverhältnissen

(1) Das Arbeitsverhältnis eines Arbeiters oder eines Angestellten (Arbeitnehmers) kann mit einer Frist von vier Wochen zum Fünfzehnten oder zum Ende eines Kalendermonats gekündigt werden.

(2) Für eine Kündigung durch den Arbeitgeber beträgt die Kündigungsfrist, wenn das Arbeitsverhältnis in dem Betrieb oder Unternehmen

1. zwei Jahre bestanden hat, einen Monat zum Ende eines Kalendermonats,
2. fünf Jahre bestanden hat, zwei Monate zum Ende eines Kalendermonats,
3. acht Jahre bestanden hat, drei Monate zum Ende eines Kalendermonats,
4. zehn Jahre bestanden hat, vier Monate zum Ende eines Kalendermonats,
5. zwölf Jahre bestanden hat, fünf Monate zum Ende eines Kalendermonats,
6. 15 Jahre bestanden hat, sechs Monate zum Ende eines Kalendermonats,
7. 20 Jahre bestanden hat, sieben Monate zum Ende eines Kalendermonats.

   Bei der Berechnung der Beschäftigungsdauer werden Zeiten, die vor der Vollendung des 25. Lebensjahres des Arbeitnehmers liegen, nicht berücksichtigt.

(3) Während einer vereinbarten Probezeit, längstens für die Dauer von sechs Monaten, kann das Arbeitsverhältnis mit einer Frist von zwei Wochen gekündigt werden.

(4) Von den Absätzen 1 bis 3 abweichende Regelungen können durch Tarifvertrag vereinbart werden. Im Geltungsbereich eines solchen Tarifvertrags gelten die abweichenden tarifvertraglichen Bestimmungen zwischen nichttarifgebundenen Arbeitgebern und Arbeitnehmern, wenn ihre Anwendung zwischen ihnen vereinbart ist.

(5) Einzelvertraglich kann eine kürzere als die in Absatz 1 genannte Kündigungsfrist nur vereinbart werden,

1. wenn ein Arbeitnehmer zur vorübergehenden Aushilfe eingestellt ist; dies gilt nicht, wenn das Arbeitsverhältnis über die Zeit von drei Monaten hinaus fortgesetzt wird;
2. wenn der Arbeitgeber in der Regel nicht mehr als 20 Arbeitnehmer ausschließlich der zu ihrer Berufsbildung Beschäftigten beschäftigt und die Kündigungsfrist vier Wochen nicht unterschreitet.

   Bei der Feststellung der Zahl der beschäftigten Arbeitnehmer sind teilzeitbeschäftigte Arbeitnehmer mit einer regelmäßigen wöchentlichen Arbeitszeit von nicht mehr als 20 Stunden mit 0,5 und nicht mehr als 30 Stunden mit 0,75 zu berücksichtigen. Die einzelvertragliche Vereinbarung längerer als der in den Absätzen 1 bis 3 genannten Kündigungsfristen bleibt hiervon unberührt.

(6) Für die Kündigung des Arbeitsverhältnisses durch den Arbeitnehmer darf keine längere Frist vereinbart werden als für die Kündigung durch den Arbeitgeber.

§ 623 Schriftform der Kündigung

Die Beendigung von Arbeitsverhältnissen durch Kündigung oder Auflösungsvertrag bedürfen zu ihrer Wirksamkeit der Schriftform; die elektronische Form ist ausgeschlossen.

§ 624 Kündigungsfrist bei Verträgen über mehr als fünf Jahre

Ist das Dienstverhältnis für die Lebenszeit einer Person oder für längere Zeit als fünf Jahre eingegangen, so kann es von dem Verpflichteten nach dem Ablauf von fünf Jahren gekündigt werden. Die Kündigungsfrist beträgt sechs Monate.

§ 625 Stillschweigende Verlängerung

Wird das Dienstverhältnis nach dem Ablauf der Dienstzeit von dem Verpflichteten mit Wissen des anderen Teiles fortgesetzt, so gilt es als auf unbestimmte Zeit verlängert, sofern nicht der andere Teil unverzüglich widerspricht.

§ 626 Fristlose Kündigung aus wichtigem Grund

(1) Das Dienstverhältnis kann von jedem Vertragsteil aus wichtigem Grund ohne Einhaltung einer Kündigungsfrist gekündigt werden, wenn Tatsachen vorliegen, auf Grund derer dem Kündigenden unter Berücksichtigung aller Umstände des Einzelfalles und unter Abwägung der Interessen beider Vertragsteile die Fortsetzung des Dienstverhältnisses bis zum Ablauf der Kündigungsfrist oder bis zu der vereinbarten Beendigung des Dienstverhältnisses nicht zugemutet werden kann.

(2) Die Kündigung kann nur innerhalb von zwei Wochen erfolgen. Die Frist beginnt mit dem Zeitpunkt, in dem der Kündigungsberechtigte von den für die Kündigung maßgebenden Tatsachen Kenntnis erlangt. Der Kündigende muss dem anderen Teil auf Verlangen den Kündigungsgrund unverzüglich schriftlich mitteilen.

§ 627 Fristlose Kündigung bei Vertrauensstellung

(1) Bei einem Dienstverhältnis, das kein Arbeitsverhältnis im Sinne des § 622 ist, ist die Kündigung auch ohne die im § 626 bezeichnete Voraussetzung zulässig, wenn der zur Dienstleistung Verpflichtete, ohne in einem dauernden Dienstverhältnis mit festen Bezügen zu stehen, Dienste höherer Art zu leisten hat, die auf Grund besonderen Vertrauens übertragen zu werden pflegen.

(2) Der Verpflichtete darf nur in der Art kündigen, dass sich der Dienstberechtigte die Dienste anderweit beschaffen kann, es sei denn, dass ein wichtiger Grund für die unzeitige Kündigung vorliegt. Kündigt er ohne solchen Grund zur Unzeit, so hat er dem Dienstberechtigten den daraus entstehenden Schaden zu ersetzen.

§ 628 Teilvergütung und Schadensersatz bei fristloser Kündigung

(1) Wird nach dem Beginn der Dienstleistung das Dienstverhältnis auf Grund des § 626 oder des § 627 gekündigt, so kann der Verpflichtete einen seinen bisherigen Leistungen entsprechenden Teil der Vergütung verlangen. Kündigt er, ohne durch vertragswidriges Verhalten des anderen Teiles dazu veranlasst zu sein, oder veranlasst er durch sein vertragswidriges Verhalten die Kündigung des anderen Teiles, so steht ihm ein Anspruch auf die Vergütung insoweit nicht zu, als seine bisherigen Leistungen infolge der Kündigung für den anderen Teil kein Interesse haben. Ist die Vergütung für eine spätere Zeit im Voraus entrichtet, so hat der Verpflichtete sie nach Maßgabe des § 346 oder, wenn die Kündigung wegen eines Umstands erfolgt, den er nicht zu vertreten hat, nach den Vorschriften über die Herausgabe einer ungerechtfertigten Bereicherung zurückzuerstatten.

(2) Wird die Kündigung durch vertragswidriges Verhalten des anderen Teiles veranlasst, so ist dieser zum Ersatz des durch die Aufhebung des Dienstverhältnisses entstehenden Schadens verpflichtet.

§ 629 Freizeit zur Stellensuche

Nach der Kündigung eines dauernden Dienstverhältnisses hat der Dienstberechtigte dem Verpflichteten auf Verlangen angemessene Zeit zum Aufsuchen eines anderen Dienstverhältnisses zu gewähren.

§ 630 Pflicht zur Zeugniserteilung

Bei der Beendigung eines dauernden Dienstverhältnisses kann der Verpflichtete von dem anderen Teil ein schriftliches Zeugnis über das Dienstverhältnis und dessen Dauer fordern. Das Zeugnis ist auf Verlangen auf die Leistungen und die Führung im Dienst zu erstrecken. Die Erteilung des Zeugnisses in elektronischer Form ist ausgeschlossen. Wenn der Verpflichtete ein Arbeitnehmer ist, findet § 109 Gewerbeordnung Anwendung.

3. Betriebsverfassungsgesetz (BetrVG)

vom 15. Januar 1972 (BGBl .I, S. 13) in der Fassung der Bekanntmachung vom 25. September 2001 (BGBl. I, S. 2518), zuletzt geändert durch Gesetz vom 10.Dezember 2001 (BGBl. I, S. 3443)

– Auszug –

§ 99 Mitbestimmung bei personellen Einzelmaßnahmen

(1) In Unternehmen mit in der Regel mehr als zwanzig wahlberechtigten Arbeitnehmern hat der Arbeitgeber den Betriebsrat vor jeder Einstellung, Eingruppierung, Umgruppierung und Versetzung zu unterrichten, ihm die erforderlichen Bewerbungsunterlagen vorzulegen und Auskunft über die Person der Beteiligten zu geben; er hat dem Betriebsrat unter Vorlage der erforderlichen Unterlagen Auskunft über die Auswirkungen der geplanten Maßnahme zu geben und die Zustimmung des Betriebsrats zu der geplanten Maßnahme einzuholen. Bei Einstellungen und Versetzungen hat der Arbeitgeber insbesondere den in Aussicht genommenen Arbeitsplatz und die vorgesehene Eingruppierung mitzuteilen. Die Mitglieder des Betriebsrats sind verpflichtet, über die ihnen im Rahmen der personellen Maßnahmen nach den Sätzen 1 und 2 bekannt gewordenen persönlichen Verhältnisse und Angelegenheiten der Arbeitnehmer, die ihrer Bedeutung oder ihrem Inhalt nach einer vertraulichen Behandlung bedürfen, Stillschweigen zu bewahren; § 79 Abs. 1 Satz 2 bis 4 gilt entsprechend.

(2) Der Betriebsrat kann die Zustimmung verweigern, wenn

1. die personelle Maßnahme gegen ein Gesetz, eine Verordnung, eine Unfallverhütungsvorschrift oder gegen eine Bestimmung in einem Tarifvertrag oder in einer Betriebsvereinbarung oder gegen eine gerichtliche Entscheidung oder eine behördliche Anordnung verstoßen würde,
2. die personelle Maßnahme gegen eine Richtlinie nach § 95 verstoßen würde,
3. die durch Tatsachen begründete Besorgnis besteht, dass infolge der personellen Maßnahme im Betrieb beschäftigte Arbeitnehmer gekündigt werden oder sonstige Nachteile erleiden, ohne dass dies aus betrieblichen oder persönlichen Gründen gerechtfertigt ist; als Nachteil gilt bei unbefristeter Einstellung auch die Nichtberücksichtigung eines gleich geeigneten befristet Beschäftigten,
4. der betroffene Arbeitnehmer durch die personelle Maßnahme benachteiligt wird, ohne dass dies aus betrieblichen oder in der Person des Arbeitnehmers liegenden Gründen gerechtfertigt ist,
5. eine nach § 93 erforderliche Ausschreibung im Betrieb unterblieben ist oder
6. die durch Tatsachen begründete Besorgnis besteht, dass der für die personelle Maßnahme in Aussicht genommene Bewerber oder Arbeitnehmer den Betriebsfrieden durch gesetzwidriges Verhalten oder durch grobe Verletzung der in § 75 Abs. 1 enthaltenen Grundsätze, insbesondere durch rassistische oder fremdenfeindliche Betätigung, stören werde.

(3) Verweigert der Betriebsrat seine Zustimmung, so hat er dies unter Angabe von Gründen innerhalb einer Woche nach Unterrichtung durch den Arbeitgeber diesem schriftlich mitzuteilen. Teilt der Betriebsrat dem Arbeitgeber die Verweigerung seiner Zustimmung nicht innerhalb der Frist schriftlich mit, so gilt die Zustimmung als erteilt.

(4) Verweigert der Betriebsrat seine Zustimmung, so kann der Arbeitgeber beim Arbeitsgericht beantragen, die Zustimmung zu ersetzen.

§ 102 Mitbestimmung bei Kündigungen

(1) Der Betriebsrat ist vor jeder Kündigung zu hören. Der Arbeitgeber hat ihm die Gründe für die Kündigung mitzuteilen. Eine ohne Anhörung des Betriebsrats ausgesprochene Kündigung ist unwirksam.

(2) Hat der Betriebsrat gegen eine ordentliche Kündigung Bedenken, so hat er diese unter Angabe der Gründe dem Arbeitgeber spätestens innerhalb einer Woche schriftlich mitzuteilen. Äußert er sich innerhalb dieser Frist nicht, gilt seine Zustimmung zur Kündigung als erteilt. Hat

der Betriebsrat gegen eine außerordentliche Kündigung Bedenken, so hat er diese unter Angabe der Gründe dem Arbeitgeber unverzüglich, spätestens jedoch innerhalb von drei Tagen, schriftlich mitzuteilen. Der Betriebsrat soll, soweit dies erforderlich erscheint, vor seiner Stellungnahme den betroffenen Arbeitnehmer hören. § 99 Abs. 1 Satz 3 gilt entsprechend.

(3) Der Betriebsrat kann innerhalb der Frist des Absatzes 2 Satz 1 der ordentlichen Kündigung widersprechen, wenn

1. der Arbeitgeber bei der Auswahl des zu kündigenden Arbeitnehmers soziale Gesichtspunkte nicht oder nicht ausreichend berücksichtigt hat,
2. die Kündigung gegen eine Richtlinie nach § 95 verstößt,
3. der zu kündigende Arbeitnehmer an einem anderen Arbeitsplatz im selben Betrieb oder in einem anderen Betrieb des Unternehmens weiterbeschäftigt werden kann,
4. die Weiterbeschäftigung des Arbeitnehmers nach zumutbaren Umschulungs- oder Fortbildungsmaßnahmen möglich ist oder
5. eine Weiterbeschäftigung des Arbeitnehmers unter geänderten Vertragsbedingungen möglich ist und der Arbeitnehmer sein Einverständnis hiermit erklärt hat.

(4) Kündigt der Arbeitgeber, obwohl der Betriebsrat nach Absatz 3 der Kündigung widersprochen hat, so hat er dem Arbeitnehmer mit der Kündigung eine Abschrift der Stellungnahme des Betriebsrats zuzuleiten.

(5) Hat der Betriebsrat einer ordentlichen Kündigung frist- und ordnungsgemäß widersprochen, und hat der Arbeitnehmer nach dem Kündigungsschutzgesetz Klage auf Feststellung erhoben, dass das Arbeitsverhältnis durch die Kündigung nicht aufgelöst ist, so muss der Arbeitgeber auf Verlangen des Arbeitnehmers diesen nach Ablauf der Kündigungsfrist bis zum rechtskräftigen Abschluss des Rechtsstreits bei unveränderten Arbeitsbedingungen weiterbeschäftigen. Auf Antrag des Arbeitgebers kann das Gericht ihn durch einstweilige Verfügung von der Verpflichtung zur Weiterbeschäftigung nach Satz 1 entbinden, wenn

1. die Klage des Arbeitnehmers keine hinreichende Aussicht auf Erfolg bietet oder mutwillig erscheint oder
2. die Weiterbeschäftigung des Arbeitnehmers zu einer unzumutbaren wirtschaftlichen Belastung des Arbeitgebers führen würde oder
3. der Widerspruch des Betriebsrats offensichtlich unbegründet war.

(6) Arbeitgeber und Betriebsrat können vereinbaren, dass Kündigungen der Zustimmung des Betriebsrats bedürfen und dass bei Meinungsverschiedenheiten über die Berechtigung der Nichterteilung der Zustimmung die Einigungsstelle entscheidet.

(7) Die Vorschriften über die Beteiligung des Betriebsrats nach dem Kündigungsschutzgesetz bleiben unberührt.

§ 103 Außerordentliche Kündigung und Versetzung in besonderen Fällen

(1) Die außerordentliche Kündigung von Mitgliedern des Betriebsrats, der Jugend- und Auszubildendenvertretung, der Bordvertretung und des Seebetriebsrats, des Wahlvorstands sowie von Wahlbewerbern bedarf der Zustimmung des Betriebsrats.

(2) Verweigert der Betriebsrat seine Zustimmung, so kann das Arbeitsgericht sie auf Antrag des Arbeitgebers ersetzen, wenn die außerordentliche Kündigung unter Berücksichtigung aller Umstände gerechtfertigt ist. In dem Verfahren vor dem Arbeitsgericht ist der betroffene Arbeitnehmer Beteiligter.

(3) Die Versetzung der in Absatz 1 genannten Personen, die zu einem Verlust des Amtes oder der Wählbarkeit führen würde, bedarf der Zustimmung des Betriebsrats; dies gilt nicht, wenn der betroffene Arbeitnehmer mit der Versetzung einverstanden ist. Absatz 2 gilt ent-

sprechend mit der Maßgabe, dass das Arbeitsgericht die Zustimmung zu der Versetzung ersetzen kann, wenn diese auch unter Berücksichtigung der betriebsverfassungsrechtlichen Stellung des betroffenen Arbeitnehmers aus dringenden betrieblichen Gründen notwendig ist.

§ 105 Leitende Angestellte

Eine beabsichtigte Einstellung oder personelle Veränderung eines in § 5 Abs. 3 genannten leitenden Angestellten ist dem Betriebsrat rechtzeitig mitzuteilen.

4. Sozialgesetzbuch Drittes Buch (SGB III)

Arbeitsförderung
zuletzt geändert durch Gesetz vom 23. Dezember 2002 (BGBl. I S. 4621).

– Auszug –

§ 2 Zusammenwirken von Arbeitgebern und Arbeitnehmern mit den Arbeitsämtern

(1) Die Arbeitsämter erbringen insbesondere Dienstleistungen für Arbeitgeber und Arbeitnehmer, indem sie

1. Arbeitgeber regelmäßig über Ausbildungs- und Arbeitsmarktentwicklungen, Ausbildungsuchende, Fachkräfteangebot und berufliche Bildungsmaßnahmen informieren sowie auf den Betrieb zugeschnittene Arbeitsmarktberatung und Vermittlung anbieten und
2. Arbeitnehmer zur Vorbereitung der Berufswahl und zur Erschließung ihrer beruflichen Entwicklungsmöglichkeiten beraten, Vermittlungsangebote zur Ausbildungs- oder Arbeitsaufnahme entsprechend ihren Fähigkeiten unterbreiten sowie sonstige Leistungen der Arbeitsförderung erbringen.

(2) Die Arbeitgeber haben bei ihren Entscheidungen verantwortungsvoll deren Auswirkungen auf die Beschäftigung der Arbeitnehmer und von Arbeitslosen und damit die Inanspruchnahme von Leistungen der Arbeitsförderung einzubeziehen. Sie sollen dabei insbesondere

1. im Rahmen ihrer Mitverantwortung für die Entwicklung der beruflichen Leistungsfähigkeit der Arbeitnehmer zur Anpassung an sich ändernde Anforderungen sorgen,
2. vorrangig durch betriebliche Maßnahmen die Inanspruchnahme von Leistungen der Arbeitsförderung sowie Entlassungen von Arbeitnehmern vermeiden,
3. Arbeitnehmer vor der Beendigung des Arbeitsverhältnisses frühzeitig über die Notwendigkeit eigener Aktivitäten bei der Suche nach einer anderen Beschäftigung sowie über die Verpflichtung unverzüglicher Meldung beim Arbeitsamt informieren, sie hierzu freistellen und die Teilnahme an erforderlichen Qualifizierungsmaßnahmen ermöglichen.

(3) Die Arbeitgeber sollen die Arbeitsämter frühzeitig über betriebliche Veränderungen, die Auswirkungen auf die Beschäftigung haben können, unterrichten. Dazu gehören insbesondere Mitteilungen über

1. zu besetzende Ausbildungs- und Arbeitsplätze,
2. geplante Betriebserweiterungen und den damit verbundenen Arbeitskräftebedarf,
3. die Qualifikationsanforderungen an die einzustellenden Arbeitnehmer,
4. geplante Betriebseinschränkungen oder Betriebsverlagerungen sowie die damit verbundenen Auswirkungen und

5. Planung, wie Entlassungen von Arbeitnehmern vermieden oder Übergänge in andere Beschäftigungsverhältnisse organisiert werden können.

(4) Die Arbeitnehmer haben bei ihren Entscheidungen verantwortungsvoll deren Auswirkungen auf ihre beruflichen Möglichkeiten einzubeziehen. Sie sollen insbesondere ihre berufliche Leistungsfähigkeit den sich ändernden Anforderungen anpassen.

(5) Die Arbeitnehmer haben zur Vermeidung oder zur Beendigung von Arbeitslosigkeit insbesondere
1. ein zumutbares Beschäftigungsverhältnis forzusetzen,
2. eigenverantwortlich nach Beschäftigung zu suchen, bei bestehenden Beschäftigungsverhältnissen frühzeitig vor dessen Beendigung,
3. eine zumutbare Beschäftigung aufzunehmen und
4. an einer beruflichen Eingliederungsmaßnahme teilzunehmen.

§ 37b Frühzeitige Arbeitssuche

Personen, deren Versicherungspflichtverhältnis endet, sind verpflichtet, sich unverzüglich nach Kenntnis des Beendigungszeitpunkts persönlich beim Arbeitsamt arbeitssuchend zu melden. Im Fall eines befristeten Arbeitsverhältnisses hat die Meldung jedoch frühestens drei Monate vor dessen Beendigung zu erfolgen. Die Pflicht zur Meldung besteht unabhängig davon, ob der Fortbestand des Arbeits- oder Ausbildungsverhältnisses gerichtlich geltend gemacht wird. Die Pflicht zur Meldung gilt nicht bei einem betrieblichen Ausbildungsverhältnis.

§ 140 Minderung wegen verspäteter Meldung[19]

Hat sich der Arbeitslose entgegen § 37b nicht unverzüglich arbeitssuchend gemeldet, so mindert sich das Arbeitslosengeld, das dem Arbeitslosen auf Grund des Anspruchs zusteht, der nach der Pflichtverletzung entstanden ist. Die Minderung beträgt
1. bei einem Bemessungsentgelt bis zu 400 Euro sieben Euro,
2. bei einem Bemessungsentgelt bis zu 700 Euro 35 Euro und
3. bei einem Bemessungsentgelt über 700 Euro 50 Euro

für jeden Tag der verspäteten Meldung. Die Minderung ist auf den Betrag begrenzt, der sich bei einer Verspätung von 30 Tagen errechnet. Die Minderung erfolgt, indem der Minderungsbetrag, der sich nach den Sätzen 2 und 3 ergibt, auf das halbe Arbeitslosengeld angerechnet wird.

§ 141 Anrechnung von Nebeneinkommen[19]

(1) Übt der Arbeitslose während einer Zeit, für die ihm Arbeitslosengeld zusteht, eine weniger als 15 Stunden wöchentlich umfassende Beschäftigung aus, ist das Arbeitsentgelt aus der Beschäftigung nach Abzug der Steuern, der Sozialversicherungsbeiträge und der Werbungskosten sowie eines Freibetrages in Höhe von 20 Prozent des monatlichen Arbeitslosengeldes, mindestens aber von 165 Euro auf das Arbeitslosengeld für den Kalendermonat, in dem die Beschäftigung ausgeübt wird, anzurechnen. Satz 1 gilt für selbständige Tätigkeiten und Tätigkeiten als mithelfender Familienangehöriger entsprechend.

(2) Hat der Arbeitslose in den letzten zwölf Monaten vor der Entstehung des Anspruches neben einem Versicherungspflichtverhältnis eine geringfügige Beschäftigung mindestens zehn

19 In Kraft am 1.7.2003.

Monate lang ausgeübt, so bleibt das Arbeitsentgelt bis zu dem Betrag anrechnungsfrei, der in den letzten zehn Monaten vor der Entstehung des Anspruches aus einer geringfügigen Beschäftigung durchschnittlich auf den Monat entfällt, mindestens jedoch ein Betrag in Höhe des Freibetrages, der sich nach Absatz 1 ergeben würde.

(3) Hat der Arbeitslose in den letzten zwölf Monaten vor der Entstehung des Anspruches neben einem Versicherungspflichtverhältnis eine selbständige Tätigkeit oder Tätigkeit als mithelfender Familienangehöriger von weniger als 18 Stunden wöchentlich mindestens zehn Monate lang ausgeübt, so bleibt das Arbeitseinkommen bis zu dem Betrag anrechnungsfrei, der in den letzten zehn Monaten vor der Entstehung des Anspruches durchschnittlich auf den Monat entfällt, mindestens jedoch ein Betrag in Höhe des Freibetrages, der sich nach Absatz 1 ergeben würde.

§ 142 Ruhen des Anspruchs bei anderen Sozialleistungen

(1) Der Anspruch auf Arbeitslosengeld ruht während der Zeit, für die dem Arbeitslosen ein Anspruch auf eine der folgenden Leistungen zuerkannt ist:

1. Berufsausbildungsbeihilfe für Arbeitslose oder Unterhaltsgeld,
2. Krankengeld, Versorgungskrankengeld, Verletztengeld, Mutterschaftsgeld oder Übergangsgeld nach diesem oder einem anderen Gesetz, dem eine Leistung zur Teilhabe zugrunde liegt, wegen der der Arbeitslose keine ganztätige Erwerbstätigkeit ausüben kann,
3. Rente wegen voller Erwerbsminderung aus der gesetzlichen Rentenversicherung oder
4. Altersrente aus der gesetzlichen Rentenversicherung oder Knappschaftsausgleichsleistung oder ähnliche Leistungen öffentlich-rechtlicher Art. Ist dem Arbeitslosen eine Rente wegen teilweiser Erwerbsminderung zuerkannt, kann er sein Restleistungsvermögen jedoch unter den üblichen Bedingungen des allgemeinen Arbeitsmarktes nicht mehr verwerten, hat das Arbeitsamt den Arbeitslosen unverzüglich aufzufordern, innerhalb eines Monats einen Antrag auf Rente wegen voller Erwerbsminderung zu stellen. Stellt der Arbeitslose den Antrag nicht, ruht der Anspruch auf Arbeitslosengeld vom Tage nach Ablauf der Frist an bis zu dem Tage, an dem der Arbeitslose den Antrag stellt.

(2) Abweichend von Absatz 1 ruht der Anspruch

1. im Falle der Nummer 2 nicht, wenn für denselben Zeitraum Anspruch auf Verletztengeld und Arbeitslosengeld nach § 126 besteht,
2. im Falle der Nummer 3 vom Beginn der laufenden Zahlung der Rente an und
3. im Falle der Nummer 4
   a) mit Ablauf des dritten Kalendermonats nach Erfüllung der Voraussetzungen für den Anspruch auf Arbeitslosengeld, wenn dem Arbeitslosen für die letzten sechs Monate einer versicherungspflichtigen Beschäftigung eine Teilrente oder eine ähnliche Leistung öffentlich-rechtlicher Art zuerkannt ist,
   b) nur bis zur Höhe der zuerkannten Leistung, wenn die Leistung auch während einer Beschäftigung und ohne Rücksicht auf die Höhe des Arbeitsentgelts gewährt wird.

Im Falle des Satzes 1 Nr. 2 gilt § 125 Abs. 3 entsprechend.

(3) Die Absätze 1 und 2 gelten auch für einen vergleichbaren Anspruch auf eine andere Sozialleistung, den ein ausländischer Träger zuerkannt hat.

(4) Der Anspruch auf Arbeitslosengeld ruht auch während der Zeit, für die der Arbeitslose wegen seines Ausscheidens aus dem Erwerbsleben Vorruhestandsgeld oder eine vergleichbare Leistung des Arbeitgebers mindestens in Höhe von 65 Prozent des Bemessungsentgelts bezieht.

§ 143 Ruhen des Anspruchs bei Arbeitsentgelt und Urlaubsabgeltung

(1) Der Anspruch auf Arbeitslosengeld ruht während der Zeit, für die der Arbeitslose Arbeitsentgelt erhält oder zu beanspruchen hat.

(2) Hat der Arbeitslose wegen Beendigung des Arbeitsverhältnisses eine Urlaubsabgeltung erhalten oder zu beanspruchen, so ruht der Anspruch auf Arbeitslosengeld für die Zeit des abgegoltenen Urlaubs. Der Ruhenszeitraum beginnt mit dem Ende des die Urlaubsabgeltung begründenden Arbeitsverhältnisses.

(3) Soweit der Arbeitslose die in den Absätzen 1 und 2 genannten Leistungen (Arbeitsentgelt im Sinne des § 115 des Zehnten Buches) tatsächlich nicht erhält, wird das Arbeitslosengeld auch für die Zeit geleistet, in der der Anspruch auf Arbeitslosengeld ruht. Hat der Arbeitgeber die in den Absätzen 1 und 2 genannten Leistungen trotz des Rechtsübergangs mit befreiender Wirkung an den Arbeitslosen oder an einen Dritten gezahlt, hat der Bezieher des Arbeitslosengeldes dieses insoweit zu erstatten.

§ 143a Ruhen des Anspruchs bei Entlassungsentschädigung

(1) Hat der Arbeitslose wegen der Beendigung des Arbeitsverhältnisses eine Abfindung, Entschädigung oder ähnliche Leistung (Entlassungsentschädigung) erhalten oder zu beanspruchen und ist das Arbeitsverhältnis ohne Einhaltung einer der ordentlichen Kündigungsfrist des Arbeitgebers entsprechenden Frist beendet worden, so ruht der Anspruch auf Arbeitslosengeld von dem Ende des Arbeitsverhältnisses an bis zu dem Tage, an dem das Arbeitsverhältnis bei Einhaltung dieser Frist geendet hätte. Diese Frist beginnt mit der Kündigung, die der Beendigung des Arbeitsverhältnisses vorausgegangen ist, bei Fehlen einer solchen Kündigung mit dem Tage der Vereinbarung über die Beendigung des Arbeitsverhältnisses. Ist die ordentliche Kündigung des Arbeitsverhältnisses durch den Arbeitgeber ausgeschlossen, so gilt bei

1. zeitlich unbegrenztem Ausschluß eine Kündigungsfrist von 18 Monaten,
2. zeitlich begrenztem Ausschluß oder bei Vorliegen der Voraussetzungen für eine fristgebundene Kündigung aus wichtigem Grund die Kündigungsfrist, die ohne den Ausschluß der ordentlichen Kündigung maßgebend gewesen wäre.

Kann dem Arbeitnehmer nur bei Zahlung einer Entlassungsentschädigung ordentlich gekündigt werden, so gilt eine Kündigungsfrist von einem Jahr. Hat der Arbeitslose auch eine Urlaubsabgeltung (§ 143 Abs. 2) erhalten oder zu beanspruchen, verlängert sich der Ruhenszeitraum nach Satz 1 um die Zeit des abgegoltenen Urlaubs. Leistungen, die der Arbeitgeber für den Arbeitslosen, dessen Arbeitsverhältnis frühestens mit Vollendung des 55. Lebensjahres beendet wird, unmittelbar für dessen Rentenversicherung nach § 187a Abs. 1 des Sechsten Buches aufwendet, bleiben unberücksichtigt. Satz 6 gilt entsprechend für Beiträge des Arbeitgebers zu einer berufsständischen Versorgungseinrichtung.

(2) Der Anspruch auf Arbeitslosengeld ruht nach Absatz 1 längstens ein Jahr. Er ruht nicht über den Tag hinaus,

1. bis zu dem der Arbeitslose bei Weiterzahlung des während der letzten Beschäftigungszeit kalendertäglich verdienten Arbeitsentgelts einen Betrag in Höhe von 60 Prozent der nach Absatz 1 zu berücksichtigenden Entlassungsentschädigung als Arbeitsentgelt verdient hätte,
2. an dem das Arbeitsverhältnis infolge einer Befristung, die unabhängig von der Vereinbarung über die Beendigung des Arbeitsverhältnisses bestanden hat, geendet hätte oder
3. an dem der Arbeitgeber das Arbeitsverhältnis aus wichtigem Grunde ohne Einhaltung einer Kündigungsfrist hätte kündigen können.

Der nach Satz 2 Nr. 1 zu berücksichtigende Anteil der Entlassungsentschädigung vermindert sich sowohl für je fünf Jahre des Arbeitsverhältnisses in demselben Betrieb oder Unternehmen als auch für je fünf Lebensjahre nach Vollendung des 35. Lebensjahres um je fünf Prozent; er beträgt nicht weniger als 25 Prozent der nach Absatz 1 zu berücksichtigenden Entlassungsentschädigung. Letzte Beschäftigungszeit sind die am Tage des Ausscheidens aus dem Beschäftigungsverhältnis abgerechneten Entgeltabrechnungszeiträume der letzten 52 Wochen; § 130 Abs. 2 und § 131 Abs. 2 Nr. 1 gelten entsprechend. Arbeitsentgeltkürzungen infolge von Krankheit, Kurzarbeit, Arbeitsausfall oder Arbeitsversäumnis bleiben außer Betracht.

(3) Hat der Arbeitslose wegen Beendigung des Beschäftigungsverhältnisses unter Aufrechterhaltung des Arbeitsverhältnisses eine Entlassungsentschädigung erhalten oder zu beanspruchen, gelten die Absätze 1 und 2 entsprechend.

(4) Soweit der Arbeitslose die Entlassungsentschädigung (Arbeitsentgelt im Sinne des § 115 des Zehnten Buches) tatsächlich nicht erhält, wird das Arbeitslosengeld auch für die Zeit geleistet, in der der Anspruch auf Arbeitslosengeld ruht. Hat der Verpflichtete die Entlassungsentschädigung trotz des Rechtsübergangs mit befreiender Wirkung an den Arbeitslosen oder an einen Dritten gezahlt, hat der Bezieher des Arbeitslosengeldes dieses insoweit zu erstatten.

§ 144 Ruhen des Anspruchs bei Sperrzeit

(1) Hat der Arbeitslose

1. das Beschäftigungsverhältnis gelöst oder durch ein arbeitsvertragswidriges Verhalten Anlaß für die Lösung des Beschäftigungsverhältnisses gegeben und hat er dadurch vorsätzlich oder grobfahrlässig die Arbeitslosigkeit herbeigeführt (Sperrzeit wegen Arbeitsaufgabe),
2. trotz Belehrung über die Rechtsfolgen eine vom Arbeitsamt unter Benennung des Arbeitgebers und der Art der Tätigkeit angebotene Beschäftigung nicht angenommen oder nicht angetreten oder die Anbahnung eines solchen Beschäftigungsverhältnisses, insbesondere das Zustandekommen eines Vorstellungsgespräches, durch sein Verhalten verhindert (Sperrzeit wegen Arbeitsablehnung),
3. sich trotz Belehrung über die Rechtsfolgen geweigert, an einer Maßnahme der Eignungsfeststellung einer Trainingsmaßnahme oder einer Maßnahme zur beruflichen Ausbildung oder Weiterbildung oder einer Maßnahme zur Teilhabe am Arbeitsleben teilzunehmen (Sperrzeit wegen Ablehnung einer beruflichen Eingliederungsmaßnahme), oder
4. die Teilnahme an einer in Nummer 3 genannten Maßnahme abgebrochen oder durch maßnahmewidriges Verhalten Anlaß für den Ausschluß aus einer dieser Maßnahmen gegeben (Sperrzeit wegen Abbruchs einer beruflichen Eingliederungsmaßnahme), ohne für sein Verhalten einen wichtigen Grund zu haben, so tritt eine Sperrzeit ein. Der Arbeitslose hat die für die Beurteilung eines wichtigen Grundes maßgebenden Tatsachen darzulegen und nachzuweisen, wenn diese in seiner Sphäre oder in seinem Verantwortungsbereich liegen.

(2) Die Sperrzeit beginnt mit dem Tag nach dem Ereignis, das die Sperrzeit begründet, oder, wenn dieser Tag in eine Sperrzeit fällt, mit dem Ende dieser Sperrzeit. Während der Sperrzeit ruht der Anspruch auf Arbeitslosengeld.

(3) Die Dauer der Sperrzeit wegen Arbeitsaufgabe beträgt zwölf Wochen. Sie verkürzt sich

1. auf drei Wochen, wenn das Arbeitsverhältnis innerhalb von sechs Wochen nach dem Ereignis, das die Sperrzeit begründet, ohne eine Sperrzeit geendet hätte,
2. auf sechs Wochen, wenn
   a) das Arbeitsverhältnis innerhalb von zwölf Wochen nach dem Ereignis, das die Sperrzeit begründet, ohne eine Sperrzeit geendet hätte oder

b) eine Sperrzeit von zwölf Wochen für den Arbeitslosen nach den für den Eintritt der Sperrzeit maßgebenden Tatsachen eine besondere Härte bedeuten würde.

(4) die Dauer der Sperrzeit wegen Arbeitsablehnung, wegen Ablehnung einer beruflichen Eingliederungsmaßnahme oder wegen Abbruchs einer beruflichen Eingliederungsmaßnahme beträgt

1. drei Wochen
   a) im Falle des Abbruchs einer beruflichen Eingliederungsmaßnahme, wenn die Maßnahme innerhalb von sechs Wochen nach dem Ereignis, das die Sperrzeit begründet, ohne eine Sperrzeit geendet hätte,
   b) im Falle der Ablehnung einer Arbeit oder einer beruflichen Eingliederungsmaßnahme, wenn die Beschäftigung ohne Maßnahme bis zu sechs Wochen befristet war oder
   c) im Falle der erstmaligen Ablehnung einer Arbeit oder beruflichen Eingliederungsmaßnahme oder des erstmaligen Abbruchs einer beruflichen Eingliederungsmaßnahme nach Entstehung des Anspruchs
2. sechs Wochen
   a) im Falle des Abbruchs einer beruflichen Eingliederungsmaßnahme, wenn die Maßnahme innerhalb von zwölf Wochen nach dem Ereignis, das die Sperrzeit begründet, ohne eine Sperrzeit geendet hätte,
   b) im Falle der Ablehnung einer Arbeit oder einer beruflichen Eingliederungsmaßnahme, wenn die Beschäftigung oder Maßnahme bis zu zwölf Wochen befristet war oder
   c) im Falle der zweiten Ablehnung einer Arbeit oder beruflichen Eingliederungsmaßnahme oder des zweiten Abbruchs einer beruflichen Eingliederungsmaßnahme nach Entstehung des Anspruchs
3. zwölf Wochen in den übrigen Fällen.

§ 145 Ruhen des Anspruchs bei Säumniszeit

(1) Kommt der Arbeitslose einer Aufforderung des Arbeitsamts, sich zu melden oder zu einem ärztlichen oder psychologischen Untersuchungstermin zu erscheinen (allgemeine Meldepflicht) trotz Belehrung über die Rechtsfolgen ohne wichtigen Grund nicht nach, so ruht der Anspruch auf Arbeitslosengeld während einer Säumniszeit von zwei Wochen, die mit dem Tag nach dem Meldeversäumnis beginnt.

(2) Versäumt der Arbeitslose innerhalb einer Säumniszeit nach Absatz 1 von zwei Wochen einen weiteren Meldetermin trotz Belehrung über die Rechtsfolgen und ohne wichtigen Grund, so verlängert sich die Säumniszeit nach Absatz 1 bis zur persönlichen Meldung des Arbeitslosen beim Arbeitsamt, mindestens um vier Wochen.

(3) Würde die Dauer einer Säumniszeit von zwei Wochen nach Absatz 1 oder die Verlängerung dieser Säumniszeit nach Absatz 2 nach den für den Eintritt oder für die Verlängerung der Säumniszeit maßgebenden Tatsachen für den Arbeitslosen eine besondere Härte bedeuten, so umfaßt die Säumniszeit im Falle des Absatzes 1 eine Woche, im Falle des Absatzes 2 längstens vier Wochen.

§ 146 Ruhen bei Arbeitskämpfen

(1) Durch die Leistung von Arbeitslosengeld darf nicht in Arbeitskämpfe eingegriffen werden. Ein Eingriff in den Arbeitskampf liegt nicht vor, wenn Arbeitslosengeld Arbeitslosen geleistet wird, die zuletzt in einem Betrieb beschäftigt waren, der nicht dem fachlichen Geltungsbereich des umkämpften Tarifvertrags zuzuordnen ist.

(2) Ist der Arbeitnehmer durch Beteiligung an einem inländischen Arbeitskampf arbeitslos geworden, so ruht der Anspruch auf Arbeitslosengeld bis zur Beendigung des Arbeitskampfes.

(3) Ist der Arbeitnehmer durch einen inländischen Arbeitskampf, an dem er nicht beteiligt ist, arbeitslos geworden, so ruht der Anspruch auf Arbeitslosengeld bis zur Beendigung des Arbeitskampfes nur, wenn der Betrieb, in dem der Arbeitslose zuletzt beschäftigt war,

1. dem räumlichen und fachlichen Geltungsbereich des umkämpften Tarifvertrages zuzuordnen ist oder
2. nicht dem räumlichen, aber dem fachlichen Geltungsbereich des umkämpften Tarifvertrages zuzuordnen ist und im räumlichen Geltungsbereich des Tarifvertrags, dem der Betrieb zuzuordnen ist,
   a) eine Forderung erhoben worden ist, die einer Hauptforderung des Arbeitskampfes nach Art und Umfang gleich ist, ohne mit ihr übereinstimmen zu müssen, und
   b) das Arbeitskampfergebnis aller Voraussicht nach in dem räumlichen Geltungsbereich des nicht umkämpften Tarifvertrages im wesentlichen übernommen wird.

Eine Forderung ist erhoben, wenn sie von der zur Entscheidung berufenen Stelle beschlossen worden ist oder auf Grund des Verhaltens der Tarifvertragspartei im Zusammenhang mit dem angestrebten Abschluß des Tarifvertrags als beschlossen anzusehen ist. Der Anspruch auf Arbeitslosengeld ruht nach Satz 1 nur, wenn die umkämpften oder geforderten Arbeitsbedingungen nach Abschluß eines entsprechenden Tarifvertrages für den Arbeitnehmer gelten oder auf ihn angewendet würden.

(4) Ist bei einem Arbeitskampf das Ruhen des Anspruchs nach Absatz 3 für eine bestimmte Gruppe von Arbeitnehmern ausnahmsweise nicht gerechtfertigt, so kann der Verwaltungsausschuß des Landesarbeitsamtes bestimmen, daß ihnen Arbeitslosengeld zu leisten ist. Erstrecken sich die Auswirkungen eines Arbeitskampfes über den Bezirk eines Landesarbeitsamtes hinaus, so entscheidet der Verwaltungsrat. Dieser kann auch in Fällen des Satzes 1 die Entscheidung an sich ziehen.

(5) Die Feststellung, ob die Voraussetzungen nach Absatz 3 Satz 1 Nr. 2 Buchstaben a und b erfüllt sind, trifft der Neutralitätsausschuß (§ 393). Er hat vor seiner Entscheidung den Fachspitzenverbänden der am Arbeitskampf beteiligten Tarifvertragsparteien Gelegenheit zur Stellungnahme zu geben.

(6) Die Fachspitzenverbände der am Arbeitskampf beteiligten Tarifvertragsparteien können durch Klage die Aufhebung der Entscheidung des Neutralitätsausschusses nach Absatz 5 und eine andere Feststellung begehren. Die Klage ist gegen die Bundesanstalt zu richten. Ein Vorverfahren findet nicht statt. Über die Klage entscheidet das Bundessozialgericht im ersten und letzten Rechtszug. Das Verfahren ist vorrangig zu erledigen. Auf Antrag eines Fachspitzenverbandes kann das Bundessozialgericht eine einstweilige Anordnung erlassen.

§ 147 Erlöschen des Anspruchs

(1) Der Anspruch auf Arbeitslosengeld erlischt

1. mit der Entstehung eines neuen Anspruchs,
2. wenn der Arbeitslose nach der Entstehung des Anspruchs Anlaß für den Eintritt von Sperrzeiten mit einer Dauer von insgesamt mindestens 21 Wochen gegeben hat, der Arbeitslose über den Eintritt der Sperrzeiten nach Entstehung des Anspruchs schriftliche Bescheide erhalten hat und auf die Rechtsfolgen des Eintritts von Sperrzeiten mit einer Dauer von insgesamt mindestens 21 Wochen hingewiesen worden ist.

(2) Der Anspruch auf Arbeitslosengeld kann nicht mehr geltend gemacht werden, wenn nach seiner Entstehung vier Jahre verstrichen sind.

§ 147a Erstattungspflicht des Arbeitgebers

(1) Der Arbeitgeber, bei dem der Arbeitslose innerhalb der letzten vier Jahre vor dem Tag der Arbeitslosigkeit, durch den nach § 124 Abs. 1 die Rahmenfrist bestimmt wird, mindestens 24 Monate in einem Versicherungspflichtverhältnis gestanden hat, erstattet der Bundesanstalt vierteljährlich das Arbeitslosengeld für die Zeit nach Vollendung des 58. Lebensjahres des Arbeitslosen, längstens für 24 Monate. Die Erstattungspflicht tritt nicht ein, wenn das Arbeitsverhältnis vor Vollendung des 56. Lebensjahres des Arbeitslosen beendet worden ist, der Arbeitslose auch die Voraussetzungen für eine der in § 142 Abs. 1 Nr. 2 bis 4 genannten Leistungen oder für eine Rente wegen Berufsunfähigkeit erfüllt oder der Arbeitgeber darlegt und nachweist, daß

1. a) bei Arbeitslosen, deren Arbeitsverhältnis vor Vollendung des 57. Lebensjahres beendet worden ist: der Arbeitslose innerhalb der letzten 18 Jahre vor dem Tag der Arbeitslosigkeit, durch den nach § 124 Abs. 1 die Rahmenfrist bestimmt wird, insgesamt weniger als 15 Jahre,
   b) bei den übrigen Arbeitslosen: der Arbeitslose innerhalb der letzten zwölf Jahre vor dem Tag der Arbeitslosigkeit, durch den nach § 124 Abs. 1 die Rahmenfrist bestimmt wird, insgesamt weniger als zehn Jahre zu ihm in einem Arbeitsverhältnis gestanden hat; Zeiten vor dem 3. Oktober 1990 bei Arbeitgebern in dem in Artikel 3 des Einigungsvertrages genannten Gebiet bleiben unberücksichtigt,
2. er in der Regel nicht mehr als 20 Arbeitnehmer ausschließlich der zu ihrer Berufsausbildung Beschäftigten beschäftigt; § 10 Abs. 2 Satz 2 bis 6 des Lohnfortzahlungsgesetzes gilt entsprechend mit der Maßgabe, daß das Kalenderjahr maßgebend ist, das dem Kalenderjahr vorausgeht, in dem die Voraussetzungen des Satzes 1 für die Erstattungspflicht erfüllt sind,
3. der Arbeitslose das Arbeitsverhältnis durch Kündigung beendet und weder eine Abfindung noch eine Entschädigung oder ähnliche Leistung wegen der Beendigung des Arbeitsverhältnisses erhalten oder zu beanspruchen hat,
4. er das Arbeitsverhältnis durch sozial gerechtfertigte Kündigung beendet hat; § 7 des Kündigungsschutzgesetzes findet keine Anwendung; das Arbeitsamt ist an eine rechtskräftige Entscheidung des Arbeitsgerichts über die soziale Rechtfertigung einer Kündigung gebunden,
5. er bei Beendigung des Arbeitsverhältnisses berechtigt war, das Arbeitsverhältnis aus wichtigem Grund ohne Einhaltung einer Kündigungsfrist oder mit sozialer Auslauffrist zu kündigen,
6. sich die Zahl der Arbeitnehmer in dem Betrieb, in dem der Arbeitslose zuletzt mindestens zwei Jahre beschäftigt war, um mehr als drei Prozent innerhalb eines Jahres vermindert und unter den in diesem Zeitraum ausscheidenden Arbeitnehmern der Anteil der Arbeitnehmer, die das 56. Lebensjahr vollendet haben, nicht höher ist als es ihrem Anteil an der Gesamtzahl der im Betrieb Beschäftigten zu Beginn des Jahreszeitraumes entspricht. Vermindert sich die Zahl der Beschäftigten im gleichen Zeitraum um mindestens zehn Prozent, verdoppelt sich der Anteil der älteren Arbeitnehmer, der bei der Verminderung der Zahl der Arbeitnehmer nicht überschritten werden darf. Rechnerische Bruchteile werden aufgerundet. Wird der gerundete Anteil überschritten, ist in allen Fällen eine Einzelfallentscheidung erforderlich,
7. der Arbeitnehmer im Rahmen eines kurzfristigen drastischen Personalabbaus von mindestens 20 Prozent aus dem Betrieb, in dem er zuletzt mindestens zwei Jahre beschäftigt war, ausgeschieden ist und dieser Personalabbau für den örtlichen Arbeitsmarkt von erheblicher Bedeutung ist.

(2) Die Erstattungspflicht entfällt, wenn der Arbeitgeber

1. darlegt und nachweist, dass in dem Kalenderjahr, das dem Kalenderjahr vorausgeht, für das der Wegfall geltend gemacht wird, die Voraussetzungen für den Nichteintritt der Erstattungspflicht nach Absatz 1 Satz 2 Nr. 2 erfüllt sind, oder
2. insolvenzfähig ist und darlegt und nachweist, dass die Erstattung für ihn eine unzumutbare Belastung bedeuten würde, weil durch die Erstattung der Fortbestand des Unternehmens oder die nach Durchführung des Personalabbaus verbleibenden Arbeitsplätze gefährdet wären. Insoweit ist zum Nachweis die Vorlage einer Stellungnahme einer fachkundigen Stelle erforderlich.

(3) Die Erstattungsforderung mindert sich, wenn der Arbeitgeber darlegt und nachweist, daß er
1. nicht mehr als 40 Arbeitnehmer oder
2. nicht mehr als 60 Arbeitnehmer

im Sinne des Absatzes 1 Satz 2 Nr. 2 beschäftigt, um zwei Drittel im Falle der Nummer 1 und um ein Drittel im Falle der Nummer 2. Für eine nachträgliche Minderung der Erstattungsforderung gilt Absatz 2 Nr. 1 entsprechend.

(4) Die Verpflichtung zur Erstattung des Arbeitslosengeldes schließt die auf diese Leistung entfallenden Beiträge zur Kranken-, Pflege- und Rentenversicherung ein.

(5) Konzernunternehmen im Sinne des § 18 des Aktiengesetzes gelten bei der Ermittlung der Beschäftigungszeiten als ein Arbeitgeber. Die Erstattungspflicht richtet sich gegen den Arbeitgeber, bei dem der Arbeitnehmer zuletzt in einem Arbeitsverhältnis gestanden hat.

(6) Das Arbeitsamt berät den Arbeitgeber auf Verlangen über Voraussetzungen und Umfang der Erstattungsregelung. Auf Antrag des Arbeitgebers entscheidet das Arbeitsamt im voraus, ob die Voraussetzungen des Absatzes 1 Satz 2 Nr. 6 oder 7 erfüllt sind.

(7) Der Arbeitslose ist auf Verlangen des Arbeitsamtes verpflichtet, Auskünfte zu erteilen, sich beim Arbeitsamt persönlich zu melden oder sich einer ärztlichen oder psychologischen Untersuchung zu unterziehen, soweit das Entstehen oder der Wegfall des Erstattungsanspruchs von dieser Mitwirkung abhängt. Voraussetzung für das Verlangen des Arbeitsamtes ist, daß dem Arbeitsamt Umstände in der Person des Arbeitslosen bekannt sind, die für das Entstehen oder den Wegfall der Erstattungspflicht von Bedeutung sind. Die §§ 65 und 65a des Ersten Buches gelten entsprechend.

§ 147b Erstattungspflicht bei witterungsbedingter Kündigung

(1) Der Arbeitgeber, der das Arbeitsverhältnis mit dem Arbeitslosen unter Missachtung eines tarifvertraglichen Ausschlusses der witterungsbedingten Kündigung im Baugewerbe gekündigt hat, erstattet der Bundesanstalt das Arbeitslosengeld, das dem Arbeitslosen für Zeiten der Arbeitslosigkeit in der Schlechtwetterzeit gezahlt worden ist. Besteht die Arbeitslosigkeit über das Ende der Schlechtwetterzeit hinaus und umfasst der Erstattungszeitraum während der Schlechtwetterzeit weniger als zwölf Wochen, ist das Arbeitslosengeld auch für die Zeit nach dem Ende der Schlechtwetterzeit, insgesamt jedoch längstens für zwölf Wochen, zu erstatten.

(2) Die Verpflichtung zur Erstattung des Arbeitslosengeldes schließt die auf diese Leistung entfallenden Beiträge zur Kranken-, Renten- und Pflegeversicherung ein.

§ 148 Erstattungspflicht bei Konkurrenzklausel

(1) Ist der Arbeitslose durch eine Vereinbarung mit dem bisherigen Arbeitgeber in seiner beruflichen Tätigkeit als Arbeitnehmer beschränkt, so erstattet der bisherige Arbeitgeber der Bundesanstalt vierteljährlich 30 Prozent des Arbeitslosengeldes, das dem Arbeitslosen für die

Zeit gezahlt worden ist, in der diese Beschränkung besteht. Der Teil des Arbeitslosengeldes, den der Arbeitgeber erstattet, muss sich der Arbeitnehmer wie Arbeitsentgelt auf die Entschädigung für die Wettbewerbsbeschränkung anrechnen lassen.

(2) Die Verpflichtung zur anteiligen Erstattung des Arbeitslosengeldes schließt die auf diese Leistung anteilig entfallenden Beiträge zur Kranken-, Pflege- und Rentenversicherung ein.

§ 312 **Arbeitsbescheinigung**

(1) Bei Beendigung eines Beschäftigungsverhältnisses hat der Arbeitgeber alle Tatsachen zu bescheinigen, die für die Entscheidung über den Anspruch auf Arbeitslosengeld, Arbeitslosenhilfe, Unterhaltsgeld oder Übergangsgeld erheblich sein können (Arbeitsbescheinigung); dabei hat er den von der Bundesanstalt hierfür vorgesehenen Vordruck zu benutzen. In der Arbeitsbescheinigung sind insbesondere

1. die Art der Tätigkeit des Arbeitnehmers,
2. Beginn, Ende, Unterbrechungen und Grund für die Beendigung des Beschäftigungsverhältnisses und
3. das Arbeitsentgelt und die sonstigen Geldleistungen, die der Arbeitnehmer erhalten oder zu beanspruchen hat,

anzugeben. Die Arbeitsbescheinigung ist dem Arbeitnehmer vom Arbeitgeber bei Beendigung des Beschäftigungsverhältnisses auszuhändigen.

(2) Macht der Arbeitgeber geltend, die Arbeitslosigkeit sei die Folge eines Arbeitskampfes, so hat er dies darzulegen, glaubhaft zu machen und eine Stellungnahme der Betriebsvertretung beizufügen. Der Arbeitgeber hat der Betriebsvertretung die für die Stellungnahme erforderlichen Angaben zu machen.

(3) Für Zwischenmeister und andere Auftraggeber von Heimarbeitern sowie für Leistungsträger und Unternehmen, die Beiträge nach diesem Buch für Bezieher von Sozialleistungen oder Krankentagegeld zu entrichten haben, gelten die Absätze 1 und 2 entsprechend.

(4) Nach Beendigung des Vollzuges einer Untersuchungshaft, Freiheitsstrafe, Jugendstrafe oder freiheitsentziehenden Maßregel der Besserung und Sicherung oder einer einstweiligen Unterbringung nach § 126a der Strafprozeßordnung hat die Vollzugsanstalt dem Entlassenen eine Bescheinigung über die Zeiten auszustellen, in denen er innerhalb der letzten sieben Jahre vor der Entlassung als Gefangener versicherungspflichtig war.

5. Einkommensteuergesetz (EStG)

In der Fassung der Bekanntmachung vom 19. 10. 2002 (BGBl. I, S. 4210)
zuletzt geändert durch Gesetz vom 15. 1. 2003 (BGBl. I, S. 58)

– Auszug –

§ 3

Steuerfrei sind

1. (...);

   (...);

9. Abfindungen wegen einer vom Arbeitgeber veranlassten oder gerichtlich ausgesprochenen Auflösung des Dienstverhältnisses, höchstens jedoch 8181 Euro. Hat der Arbeitnehmer das 50. Lebensjahr vollendet und hat das Dienstverhältnis mindestens 15 Jahre

bestanden, so beträgt der Höchstbetrag 10226 Euro, hat der Arbeitnehmer das 55. Lebensjahr vollendet und hat das Dienstverhältnis mindestens 20 Jahre bestanden, so beträgt der Höchstbetrag 12271 Euro;

10. Übergangsgelder und Übergangsbeihilfen auf Grund gesetzlicher Vorschriften wegen Entlassung aus einem Dienstverhältnis, höchstens jedoch 12271 Euro;

(...)

§ 24

Zu den Einkünften im Sinne des § 2 Abs. 1 gehören auch

1. Entschädigungen, die gewährt worden sind
   a) als Ersatz für entgangene oder entgehende Einnahmen oder
   b) für die Aufgabe oder Nichtausübung einer Tätigkeit, für die Aufgabe einer Gewinnbeteiligung oder einer Anwartschaft auf eine solche;
   c) als Ausgleichszahlungen an Handelsvertreter nach § 89b des Handelsgesetzbuchs;
2. Einkünfte aus einer ehemaligen Tätigkeit im Sinne des § 2 Abs. 1 Nr. 1 bis 4 oder aus einem früheren Rechtsverhältnis im Sinne des § 2 Abs. 1 Nr. 5 bis 7, und zwar auch dann, wenn sie dem Steuerpflichtigen als Rechtsnachfolger zufließen;
3. Nutzungsvergütungen für die Inanspruchnahme von Grundstücken für öffentliche Zwecke sowie Zinsen auf solche Nutzungsvergütungen und auf Entschädigungen, die mit der Inanspruchnahme von Grundstücken für öffentliche Zwecke zusammenhängen.

§ 34

(1) Sind in dem zu versteuernden Einkommen außerordentliche Einkünfte enthalten, so ist im Veranlagungszeitraum bezogenen außerordentlichen Einkünfte entfallende Einkommensteuer nach Sätzen 2 bis 4 zu berechnen. Die für die außerordentlichen Einkünfte anzusetzende Einkommensteuer beträgt das Fünffache des Unterschiedsbetrags zwischen der Einkommensteuer für das um diese Einkünfte verminderte zu versteuernde Einkommen (verbleibendes zu versteuerndes Einkommen) und der Einkommensteuer für das verbleibende zu versteuernde Einkommen zuzüglich eines Fünftels dieser Einkünfte. Ist das verbleibende zu versteuernde Einkommen negativ und das zu versteuernde Einkommen positiv, so beträgt die Einkommensteuer das Fünffache der auf ein Fünftel des zu versteuernden Einkommens entfallenden Einkommensteuer. Die Sätze 1 bis 3 gelten nicht für außerordentliche Einkünfte im Sinne des Absatzes 2 Nr. 1, wenn der Steuerpflichtige auf diese Einkünfte ganz oder teilweise § 6b oder § 6c anwendet.

(2) Als außerordentliche Einkünfte kommen nur in Betracht:

1. Veräußerungsgewinne im Sinne der §§ 14, 14a Abs. 1, der §§ 16 und 18 Abs. 3 mit Ausnahme des steuerpflichtigen Teils der Veräußerungsgewinne, die nach § 3 Nr. 40 Buchstabe b in Verbindung mit § 3c Abs. 2 teilweise steuerbefreit sind;
2. Entschädigungen im Sinne des § 24 Nr. 1;
3. Nutzungsvergütungen und Zinsen im Sinne des § 24 Nr. 3, soweit sie für einen Zeitraum von mehr als drei Jahren nachgezahlt werden;
4. Vergütungen für mehrjährige Tätigkeiten;
5. Einkünfte aus außerordentlichen Holznutzungen im Sinne des § 34b Abs. 1 Nr. 1.

(3) Sind in dem zu versteuernden Einkommen außerordentliche Einkünfte im Sinne des Absatzes 2 Nr. 1 enthalten, so kann auf Antrag abweichend von Absatz 1 die auf den Teil dieser außerordentlichen Einkünfte, der den Betrag von insgesamt 5 Millionen Euro nicht über-

steigt, entfallende Einkommensteuer nach einem ermäßigten Steuersatz bemessen werden, wenn der Steuerpflichtige das 55. Lebensjahr vollendet hat oder wenn er im sozialversicherungsrechtlichen Sinne dauernd berufsunfähig ist. Der ermäßigte Steuersatz beträgt die Hälfte des durchschnittlichen Steuersatzes, der sich ergäbe, wenn die tarifliche Einkommensteuer nach dem gesamten zu versteuernden Einkommen zuzüglich der dem Progressionsvorbehalt unterliegenden Einkünfte zu bemessen wäre, mindestens jedoch 19,9 vom Hundert. Auf das um die in Satz 1 genannten Einkünfte verminderte zu versteuernde Einkommen (verbleibendes zu versteuerndes Einkommen) sind vorbehaltlich des Absatzes 1 die allgemeinen Tarifvorschriften anzuwenden. Die Ermäßigung nach den Sätzen 1 bis 3 kann der Steuerpflichtige nur einmal im Leben in Anspruch nehmen. Erzielt der Steuerpflichtige in einem Veranlagungszeitraum mehr als einen Veräußerungs- oder Aufgabegewinn im Sinne des Satzes 1, kann er die Ermäßigung nach den Sätzen 1 bis 3 nur für einen Veräußerungs- oder Aufgabegewinn beantragen. Absatz 1 Satz 4 ist entsprechend anzuwenden.

6. Anlage 2 zu § 12 Abs. 2 Arbeitsgerichtsgesetz (ArbGG)

Streitwert bis ... Euro	Gebühr ... Euro	Streitwert bis ... Euro	Gebühr ... Euro
150	10	4250	170
300	12	4500	180
450	18	4750	190
600	24	5000	200
750	30	5500	220
900	36	6000	240
1050	42	6500	260
1200	48	7000	280
1350	54	7500	300
1500	60	8000	320
1750	70	8500	340
2000	80	9000	360
2250	90	9500	380
2500	100	10000	400
2750	110	10500	420
3000	120	11000	440
3250	130	11500	460
3500	140	12000	480
3750	150	über 12000	500
4000	160		

7. Anlage 2 zu § 11 Abs. 2 Gerichtskostengesetz (GKG)

Streitwert bis ... Euro	Gebühr ... Euro	Streitwert bis ... Euro	Gebühr ... Euro
300	25	40000	398
600	35	45000	427
900	45	50000	456
1200	55	65000	556
1500	65	80000	656
2000	73	95000	756
2500	81	110000	856
3000	89	125000	956
3500	97	140000	1056
4000	105	155000	1156
4500	113	170000	1256
5000	121	185000	1356
6000	136	200000	1456
7000	151	230000	1606
8000	166	260000	1756
9000	181	290000	1906
10000	196	320000	2056
13000	219	350000	2206
16000	242	380000	2356
20000	265	410000	2506
22000	288	440000	2656
25000	311	470000	2806
30000	340	500000	2956
35000	369		

8. Anlage zu § 11 Bundesrechtsanwaltsgebührenordnung (BRAGO)

Gegenstandswert bis ... Euro	Gebühr ... Euro	Gegenstandswert bis ... Euro	Gebühr ... Euro
300	25	40000	902
600	45	45000	974
900	65	50000	1046
1200	85	65000	1123
1500	105	80000	1200
2000	133	95000	1277
2500	161	110000	1354
3000	189	125000	1431
3500	217	140000	1508
4000	245	155000	1585
4500	273	170000	1662
5000	301	185000	1739
6000	338	200000	1816
7000	375	230000	1934
8000	412	260000	2052
9000	449	290000	2170
10000	486	320000	2288
13000	526	350000	2406
16000	566	380000	2524
19000	606	410000	2642
22000	646	440000	2760
25000	585	470000	2878
30000	758	500000	2996
35000	830		

Stichwortverzeichnis

Arbeitsrecht verständlich

Wolfgang Däubler

Arbeitsrecht

Ratgeber für Beruf, Praxis und Studium
4., überarbeitete Auflage
2002. 384 Seiten, kartoniert

Der Ratgeber vermittelt allgemein verständlich Informationen zu arbeitsrechtlichen Problemen. Er gibt Antworten auf viele wichtige Fragen, wie z.B.:

- Wo findet man die »einschlägigen« Gesetze?
- Welche Befugnisse hat ein Betriebsrat?
- Wann gilt das Kündigungsschutzgesetz?
- Welche Rechte gibt ein Tarifvertrag?

Die vierte Auflage berücksichtigt die neueste Gesetzgebung und Rechtsprechung, insbesondere die betriebliche Altersvorsorge und »Riester-Rente«, die Neufassung des Betriebsverfassungsgesetzes, das Job-Aqtiv-Gesetz sowie das Schuldrechtsmodernisierungsgesetz, das viele Klauseln in Arbeitsverträgen korrigiert. Das Buch setzt keine Rechtskenntnisse voraus. Wegen des ausführlichen Stichwortregisters kann es auch als Nachschlagewerk benutzt werden.